史记探源

崔适

中国学术名著丛书

吉林出版集团股份有限公司

图书在版编目（CIP）数据

崔适 史记探源 / 崔适著 . — 长春 : 吉林出版集团股份有限公司 , 2017.2（2022.3 重印）
（中国学术名著丛书）
ISBN 978-7-5581-1896-8

Ⅰ . ①崔… Ⅱ . ①崔… Ⅲ . ①中国历史—古代史—纪传体②《史记》—研究 Ⅳ . ① K204.2

中国版本图书馆 CIP 数据核字（2016）第 297586 号

崔适 史记探源

著　　者	崔　适
出版策划	杜贞霞
责任编辑	白聪响
封面设计	映象视觉
开　　本	710mm×1000mm　1/16
字　　数	353 千
印　　张	24.5
版　　次	2017 年 6 月第 1 版
印　　次	2022 年 3 月第 2 次印刷

出版发行	吉林出版集团股份有限公司
电　　话	总编办：010-63109269
	发行部：010-63109269
印　　刷	三河市京兰印务有限公司

ISBN 978-7-5581-1896-8　　　　　　　　定价：56.00 元

版权所有　侵权必究

目 录

崔适　史记探源

史记探源卷一　序证 / 3
　　要　略 / 3
　　窜　乱 / 4
　　春秋古文 / 4
　　终始五德 / 5
　　十二分野 / 7
　　变象互体 / 9
　　官则书 / 9
　　官失之 / 11
　　古文尚书 / 11
　　书　序 / 13
　　古　文 / 15
　　传记寓言 / 16
　　汉　书 / 16

麟止后语 / 17
　　补　缺 / 19
史记探源卷二　十二本纪 / 20
　　五帝本纪第一 / 20
　　夏本纪第二 / 30
　　殷本纪第三 / 34
史记探源卷三　十二本纪 / 38
　　周本纪第四 / 38
　　秦本纪第五 / 47
　　秦始皇本纪第六 / 50
　　项羽本纪第七 / 53
　　高祖本纪第八 / 54
　　吕太后本纪第九 / 58
　　孝文本纪第十 / 59
　　孝景本纪第十一 / 59
　　孝武本纪第十二 / 61
史记探源卷四　十表 / 62
　　三代世表第一 / 62
　　十二诸侯年表第二 / 63
　　六国表第三 / 72
　　秦楚之际月表第四 / 76
　　汉兴以来诸侯年表第五 / 85
　　高祖功臣侯〔者〕年表第六 / 85
　　惠景间侯者年表第七 / 86
　　建元以来侯者年表第八 / 86
　　建元以来王子侯者年表第九 / 86
　　汉兴以来将相名臣年表第十 / 86
八　书 / 87
　　礼书第一 / 87

乐书第二 / 87

律书第三 / 88

历书第四 / 88

天官书第五 / 89

封禅书第六 / 89

河渠书第七 / 90

平准书第八 / 90

史记探源卷五　三十世家 / 92

吴太伯世家第一 / 92

齐太公世家第二 / 95

鲁周公世家第三 / 99

燕召公世家第四 / 104

陈杞世家第六 / 105

卫康叔世家第七 / 107

宋微子世家第八 / 110

史记探源卷六　三十世家 / 118

晋世家第九 / 118

楚世家第十 / 121

越王句践世家第十一 / 121

郑世家第十二 / 122

赵世家第十三 / 123

魏世家第十四 / 126

韩世家第十五 / 128

田敬仲完世家第十六 / 128

孔子世家第十七 / 130

陈涉世家第十八 / 139

外戚世家第十九 / 139

楚元王世家第二十 / 140

荆燕世家第二十一 / 142

齐悼惠王世家第二十二 / 142

　　曹相国世家第二十四 / 143

　　陈丞相世家第二十六 / 144

　　绛侯世家第二十七 / 144

　　梁孝王世家第二十八 / 145

　　五宗世家第二十九 / 145

　　三王世家第三十 / 148

史记探源卷七　七十列传 / 149

　　伯夷列传第一 / 149

　　老庄申韩列传第三 / 150

　　司马穰苴列传第四 / 153

　　孙子吴起列传第五 / 154

　　伍子胥列传第六 / 154

　　仲尼弟子列传第七 / 155

　　商君列传第八 / 158

　　苏秦列传第九 / 158

　　张仪列传第十 / 161

　　樗里子甘茂列传第十一 / 161

　　穰侯列传第十二 / 162

　　孟子荀卿列传第十四 / 162

　　孟尝君列传第十五 / 164

　　平原君虞卿列传第十六 / 165

　　信陵君列传第十七 / 166

　　春申君列传第十八 / 166

　　范雎蔡泽列传第十九 / 167

　　廉颇蔺相如列传第二十一 / 168

　　田单列传第二十二 / 169

　　鲁仲连邹阳列传第二十三 / 169

　　屈原贾生列传第二十四 / 171

吕不韦列传第二十五 / 171

刺客列〔传〕第二十六 / 172

李斯列传第二十七 / 173

蒙恬列传第二十八 / 174

史记探源卷八 七十列传 / 175

  张耳陈余列传第二十九 / 175

  黥布列传第三十一 / 176

  淮阴侯列传第三十二 / 176

  韩王信列传第三十三 / 177

  田儋列传第三十四 / 178

  樊郦滕灌列传第三十五 / 179

  张丞相列传第三十六 / 179

  郦生陆贾列传第三十七 / 180

  傅靳蒯成列传第三十八 / 180

  季布栾布列传第四十 / 181

  袁盎晁错列传第四十一 / 181

  万石张叔列传第四十三 / 182

  田叔列传第四十四 / 182

  扁鹊仓公列传第四十五 / 183

  吴王濞列传第四十六 / 185

  李将军列传第四十九 / 185

  匈奴列传第五十止 / 185

  卫将军列传第五十一 / 186

  平津侯主父偃列传第五十二 / 186

  南越尉佗列传第五十三 / 186

  东夷列传第五十四 / 187

  朝鲜列传第五十五 / 187

  西南夷列传第五十六 / 187

  司马相如列传第五十七 / 187

淮南衡山列传第五十八 / 188

循吏列传第五十九 / 188

汲郑列传第六十 / 189

儒林列传第六十一 / 190

酷吏列传第六十二 / 194

大宛列传第六十三 / 195

游侠列传第六十四 / 196

佞幸列传第六十五 / 197

滑稽列传第六十六 / 198

日者列传第六十七 / 198

龟策列传第六十八 / 198

货殖列传第六十九 / 199

太史公自序第七十 / 200

罗根泽　管子探源

叙　目 / 207

第一章　《经言》九篇 / 214

　　《牧民》第一——战国政治思想家作 / 214

　　《形势》第二——亦战国政治思想家作 / 216

　　《权修》第三——秦汉间政治思想家作 / 217

　　《立政》第四——战国末政治思想家作 / 218

　　《乘马》第五——战国末政治思想家作 / 224

　　《七法》第六——战国末为孙吴申韩之学者所作 / 225

　　《版法》第七——似亦战国时人作 / 227

　　《幼官》第八——秦汉间兵阴阳家作 / 227

　　《幼官图》第九——汉以后人作 / 228

第二章　《外言》八篇 / 229

　　《五辅》第十——战国政治思想家作 / 229

《宙合》第十一——战国末阴阳家作 / 230

《枢言》第十二——战国末法家缘道家为之 / 231

《八观》第十三——西汉文景后政治思想家作 / 233

《法禁》第十四《法法》第十六——并战国法家作 / 235

《重令》第十五——秦末汉初政治思想家作 / 240

《兵法》第十七——秦汉兵家作 / 240

第三章 《内言》九篇 / 241

《大匡》第十八——战国人作 / 241

《中匡》第十九——疑亦战国人作 / 244

《小匡》第二十——汉初人作 / 244

《王言》第二十一——亡疑战国中世以后人作 / 250

《霸形》第二十二《霸言》第二十三——并战国中世后政治思想家作 / 250

《问》第二十四——战国政治思想家作 / 251

《谋失》第二十五——亡无考 / 252

《戒》第二十六——战国末调和儒道者作 / 252

第四章 《短语》十八篇 / 254

《地图》第二十七——最早作于战国中世 / 254

《参患》第二十八——汉文景以后人作 / 254

《制分》第二十九——疑战国兵家作 / 256

《君臣上》第三十《君臣下》第三十一——并战国末政治思想家作 / 256

《小称》第三十二——战国儒家作 / 258

《四称》第三十三——疑亦战国人作 / 258

《正言》第三十四——亡无考 / 259

《侈靡》第三十五——战国末阴阳家作 / 259

《心术上》第三十六《心术下》第三十七《白心》第三十八——并战国中世以后道家作 / 260

《水地》第三十九——汉初医家作 / 262

《四时》第四十《五行》第四十一——并战国末阴阳家作 / 264

《势》第四十二——战国末兵阴阳家作 / 264

《正》第四十三——战国末杂家作 / 264

《九变》第四十四——疑战国以后人作 / 265

第五章 《区言》五篇 / 266

《任法》第四十五《明法》第四十六——并战国中世后法家作 / 266

《正世》第四十七《治国》第四十八——并汉文景后政治思想家作 / 269

《内业》第四十九——疑战国中世以后混合儒道者作 / 271

第六章 《杂篇》十三篇 / 274

《封禅》第五十——汉司马迁作 / 274

《小问》第五十一——辑战国关于管仲之传说而成 / 274

《七臣七主》第五十二——战国末政治思想家作 / 276

《禁藏》第五十三——战国末至汉初杂家作 / 276

《入国》第五十四《九守》第五十五《桓公问》第五十六——并疑战国末年人作 / 277

《度地》第五十七——汉初人作 / 278

《地员》第五十八——疑亦汉初人作 / 279

《弟子职》第五十九——疑汉儒家作 / 279

《言昭》第六十《修身》第六十一《问霸》第六十二——并亡无考 / 280

第七章 《管子解》五篇 / 281

《管子解》五篇——并战国末秦未统一前杂家作 / 281

第八章 《轻重》十九篇 / 284

《轻重》十九篇——并汉武昭时理财学家作 / 284

附录一——战国前无私家著作说 / 295

附录二——古代经济学中之本农末商学说 / 358

附录三——古代政治学中之"皇""帝""王""霸" / 366

崔适 史记探源

史记探源卷一　序证

要　略

《史记》者，《五经》之橐龠，群史之领袖也。乃《汉书》已云其缺，于是续者纷起，见于本书者曰褚先生，见于《七略》者曰冯商，见于《后汉·书班彪传》注及《史通》者，有刘歆等十六人。案《汉书》亦有自言出自刘歆者，《艺文志》曰'录《七略》'，《律历志》曰'录《三统历》'是也。乃《儒林传》言经师受授与《七略》相表里，《律历志》言六历五德与《郊祀志》《张苍传》相牵属，《天文》《地理志》言分野与五德相印证，皆可知其为歆作。黄省曾《西京杂记序》谓班固《汉书》全取刘歆，则不必然。《五行志上》曰'歆治《左氏传》，其《春秋》意亦已乖矣'，与《艺文志》专称《左氏传》为得《春秋》真意相反，岂歆语乎？《白虎通义》多主今文说，惟今文家所无乃取古文说补之，则《五行志》乃班固所自作明矣。《后汉书》本传曰：'固著《汉书》，自永平中始受诏，潜精积思二十余年，至建初中乃成。'岂有积思二十余年所成之书，不著一字而袭取前人者乎？当由歆、固各有《汉书》，后人杂录两家之言，遂成今之《汉书》，乃至宗旨岐出尔。《史记》之文，有与全书乖、与此合者，亦歆所续也。至若年代县隔，章句割裂，当是后世妄人所增，与钞胥所脱。其幸免乎此，又有误衍、误倒、误改、误解诸弊，要不若窜乱之祸为剧烈，故下文专释之。

窜　乱

刘歆之续《史记》，非不足于太史公也。亦既颠倒《五经》，不得不波及龙门以为佐证，而售其为新室典文章之绝技也。其所以颠倒《五经》者，刘向在成帝世，刺取《春秋》灾异作《洪范五行传》，端绪虽纷，要以讥切世卿比例王氏为宗旨。歆主翊戴新室，务与向说相反，于是夺孔子之《春秋》而归之鲁史，自造《书序》百篇而托之孔子，说皆详下。如是则孔子之宗旨顿渝，而刘向之传说皆谬矣。又须多造古文经传，广树证据，而辞繁旨博，非歆一人之力所能胜任也，乃'征天下有通逸《礼》、古《书》《毛诗》《周官》《尔雅》、天文、图识、钟律、月令、兵法、《史篇》文字者，皆诣公车。至者前后千数，皆令记说廷中，将令正乖谬、壹异说云。'此文载《王莽传》。适案：歆所谓正乖谬者，即正其父向之乖谬；壹异说者，以齐鲁韩《诗》、欧阳夏侯氏《书》为异说，而壹之于所托之孔安国、毛公云尔。逸《礼》以下书名，亦刘歆所造。此千数人者，孰不仰体国师嘉新公之意旨，向壁虚造妖诬之言以备采纳。于是群经皆受其窜乱，而《史记》为《五经》门户，则亦不得不窜乱矣。

春秋古文

《史记·儒林传》曰：'言《春秋》，于齐、鲁自胡母生，于赵自董仲舒。'《太史公自序》曰'昔孔子何为而作《春秋》哉？余闻董生'云云。是太史公之于《春秋》，一本于董生，即一本于公羊。其取之左氏，乃《国语》也。《自序》曰'左邱失明，厥有《国语》'可证，是时无所谓《左传》也。刘歆破散《国语》，并自造诞妄之辞与释经之语，编入《春秋》逐年之下，托之出自中秘书，命曰《春秋古文》，亦曰《春秋左氏传》。今案其体有四：一曰无《经》之《传》。姑即《隐公篇》言之，如三年冬'郑伯之车偾于济'是也。夫《传》以释《经》，无《经》则非《传》也，是《国语》也。二曰有《经》而不释《经》之《传》。凡《传》以释《经》义，非述其事也。如五年九月'初献六羽'，《公羊传》曰：'何以书？讥始僭诸公也。'是释其义也。《左传》但述羽数，此与《经》同述一事耳，岂似《传》体？以上录自《国语》居多，亦有刘歆窜入者，详下。三曰释不书于《经》之《传》。如元年（五）〔四〕月，'费伯帅师城郎。不书，非公命也。'夫不释《经》而释不书于《经》，则传《书》者不当释黄帝何以无《典》，传《诗》者不当释吴、楚何以无《风》乎？彼《传》不然，则此非《传》也。四曰释《经》之《传》，务与公羊氏、董氏、司马氏、刘向之说相反而已。如隐三年书'尹氏卒'，讥世卿，为昭二十三年立王子朝张本也。宣十年书'齐崔氏出奔'，讥世卿，为襄二十五年弑其君光张本也。虽使'《春秋》三《传》束高阁，独抱遗《经》究终始'者读之，当无异议矣。左氏改'尹'为'君'，谓之隐公之母。于崔氏之出奔，曰'非其罪也'。凡以避世卿之讥，祖庇王氏而已。此皆刘歆所改窜，故公孙禄劾其颠倒《五经》，毁师法；班固曰'歆治《左氏传》，其《春秋》意已乖也'。《史记》之文凡与《左氏传》同，有真出自左邱明者，列国世系及政事典章之属是也；出自刘歆者，详下五节。

终始五德

刘歆欲明新之代汉，迫于皇天威命，非人力所能辞让，乃造为'终始五德'之说，托始于邹衍，说详《孟荀列传》。又增《吕氏春秋》

《十二纪》，于春曰'其帝太皞，其神句芒'；于夏曰'其帝炎帝，其神祝融'；于中央曰'其帝黄帝，其神后土'；于秋曰'其帝少皞，其神蓐收'；于冬曰"其帝颛顼，其神玄冥"，凡十句。《月令》因之。适案：《淮南·时则训》录自《十二纪》，无此十句，《天文训》有之，当是后人窜入。不然，何以此篇与之异。可证《吕氏》本亦无之，今有者，歆所窜入也。《纪》又曰'春祀户，夏祀竈，中央祀中溜，秋祀门，冬祀行'，此《白虎通》所谓五祀也。《左》昭二十九年以句芒、祝融、蓐收、玄冥、后土为五祀，与此《纪》五神之名同，而五祀之说异，可证其为歆说。犹之黄帝、颛顼、帝喾、尧、舜乃孔子所谓五帝，此《纪》去帝喾、尧、舜，而列太皞、炎帝于黄帝之前，增少皞于黄帝之后以为五帝，则五帝之说亦异。《汉书·王莽传》曰"予惟黄帝、帝少昊、帝颛顼"云云，是增少昊为五帝，而分配五德，固自歆为莽典文章始矣。歆所以为此说者，由颛顼水德而下，喾木、尧火、舜土、夏金、殷水、周木，秦说在下。汉复为火，新复为土，则新之当受汉禅，如舜之当受尧禅也。

《后汉书贾逵传》：'逵奏曰："《五经》家皆言颛顼代黄帝，而尧不得为火德。如令尧不得为火，则汉不得为赤。"'案逵此奏，正足与歆意相发明，特逵以媚汉，歆以佐新，意旨不同尔。歆之所言，固自以为密合矣。然其所为《三统历》与《郊祀志》，而后人削为《封禅书》者，详《武帝本纪下》。夏德之属金、属木也，殷德之属水、属金也，周德之属木、属火也，秦德之属金、属水也，汉德之属水、属土、属火也，不合者一。谓秦水德而尚黑，汉火德而尚赤；则夏尚黑非金非木，殷尚白非水，周尚赤非木，不合者二。谓周木德，汉火德，秦以水德在木火之间，不当五行之序。案汉果火德，则秦为金德。栎阳雨金，秦献公自以为金瑞，故作畦畤祀白帝，妪哭白帝子可证。推五胜之义，汉火胜秦金，秦金胜周木，秦非不当五行之序也，秦果水德则汉为土德，黄龙见成纪可证。汉土胜秦水，秦水胜周火，秦仍非不当五行之序也，不合者三。所载张苍、公孙臣、贾谊、司马迁之言，皆歆伪托，不足信也。古无"终始五德"之说，则夏尚黑，殷尚白，周尚赤，其义何居？曰：此因三正，不缘五德也。《白虎通·三正篇》引'《礼三正记》曰："十一月之时，阳气始养根株黄泉之下，万物皆赤。赤者，盛阳之气也，故周为天正，色尚赤也。十二月之时，万物始牙而白。白者阴气，故殷为地正，色尚白也。十三月之时，万物始达，孚甲而出，皆黑，人得加功，故夏为人正，色尚黑也。"《尚书大传》曰："夏以十三月为正，色尚黑，以平旦为朔。殷以十二月为正，色尚白，以鸡鸣为朔。周以十一月为正，色尚赤，以夜半为朔。"是则易服色之义，自改正朔而出，岂由'终始五德'耶？《王莽传》曰：'定有天下之号曰新，服色配德尚黄，牺牲应正用白。'是则别服色于正朔之外，而属之'终始五德'，亦自歆为莽典文章始。于《史记》则窜入《黄帝秦始汉高本纪》《十二诸侯年表》《张耳传》也，详各篇下。通篇皆伪者，不在此列，以下称是。

十二分野

《春秋》所记灾异，刘向以为某事之应者，刘歆必指无事可考之国以当之，入《五行志》。如隐公三年（正）〔二〕月己巳'日有食之'，董仲舒、刘向以为戎执凡伯、郑获鲁隐之应，刘歆则谓正月二日燕、越之分野，以是时燕、越之事，于《国语》《世家》皆无考故也。又托为他国他事之应，入之《左传》。如昭十七年冬，有星孛于大辰，董仲舒、刘向以为王室乱、吴入郢之应，《左传》则谓宋、卫、陈、郑火作之象，而分野之名以立。分野者，以地之十二国，系天之十二次。何谓十二次？分二十八宿隶之。《律历志》谓自斗至女为星纪，自女至危为玄枵，自危至奎为娵訾，自奎至胃为降娄，自胃至井为大梁，自井至柳为鹑首，自柳至张为鹑火，自张至轸为鹑尾，自轸至氐为寿星，自氐至尾为大火，自尾至斗为析木是也。然与《地理志》不同，此志以初轸十二度终氐四度为寿星之次，彼志则自井六度至亢六度矣；此志以初尾十度终斗十一度为析木之次，彼志则自危四度至斗六度矣，又析十二分野为十三。二《志》同出《汉书》，乖异若是。以十二国系十二次者，《保章氏》郑（志）〔《注》〕引《堪舆》曰：'星纪，吴、越也；玄枵，齐也；娵訾，卫也；降娄，鲁也；大梁，赵也；实沈，晋也；鹑首，秦也；鹑火，周也；鹑尾，楚也；寿星，郑也；大火，宋也；析木，燕也。'贾《疏》谓古受封之日，岁星所在之辰。适案：《周语》曰：'昔武王伐殷，岁在鹑火，岁之所在，则我有周之分野。'此为贾《疏》所本。然以《左传》校之：一颛顼之墟也，昭十年以为齐，十七年以为卫，八年、九年以为陈矣。一陈也，九年谓之水族，十七年谓之火房矣。一郑也，襄二十八年以为龙星，《注》谓角、亢，《疏》曰即寿星，昭十七年乃曰祝融之墟，则是大火矣。赵、魏、韩三国同时，郑《注》有赵，无韩、魏；《地理志》魏同晋，韩同郑。然命三家为诸侯，皆在威烈王二十三年，则岁星所次同矣。志以赵属大梁，魏属实沈，韩属寿星，则相去六岁，岂可通乎？以十二国征十二国，以《左传》校《左传》，矛盾层累如此。又有以十二辰与十二州之说击十二次，矛盾更甚，以无与于《左传》，姑弗论。其说实创自刘歆，有三证焉：《尔雅》之名，始见于王莽诏书，即所征之千数人受歆之意旨而作者也。《释天》'玄枵，虚也。颛顼之墟，虚也'，与'冬，其帝颛顼'之说皆当北方水位合。五德刘歆所创，则分野可知，证一也。《书·伏传》《诗·毛传》《周本纪》，周之始年皆谓文王受命之年。案文王受命七年而崩，九年，武王上祭于毕，十一年，武王伐纣。如十一年岁在鹑火，则元年在寿星，寿星乃周之分野，《国语》以鹑火当之，是以武王伐纣为周之始年，岂周之泠州鸠已通汉之古文学乎？此必歆所窜入，证二也。《汉书五行志》中之上曰：'夏侯始昌、夏侯胜、许商教弟子，其传与刘向同，唯刘歆传独异。'下之下凡主分野皆刘歆说，间有入董仲舒、刘向语者，亦为后人窜乱。不然，不当云。'刘歆传独异'矣。昭公七年四月甲辰朔，日有食之。董仲舒、刘向以为楚灵王弑君、陈公子招杀世子之应，刘歆以为鲁、卫分，《左传》曰'鲁、卫恶之'。是歆说与左氏同，与仲舒、向并异，证三也。于《史记》则窜入《十二诸侯年表》《齐宋郑世家》《张耳传》也。

变象互体

《说卦》曰：'观变于阴阳而成卦，发挥于刚柔而生爻。'又曰：'易六画而成卦。'至于成卦之后，不言六爻有变象，有互体也。杜预始发此例，则是说之出晚矣。故钟会论《易》，王弼作《注》，皆无互体，为程子所深取。《左》庄二十二年《传》，筮得《观》之《否》，曰：'《坤》，土也；《巽》，风也；《乾》，天也。风为天于土上，山也。姜，太岳之后也。'注：'《坤》下《巽》上，《观》。《坤》下《乾》上，《否》。《观》六四爻变而为《否》，《巽》变为《乾》。故曰风为天。'适案：《观》三互五为《艮》，《否》二互四亦为《艮》，《艮》为山，故曰山、曰岳也。是此年之《传》，于《易》之变象互体，实兼之矣。岂周太史已通汉学乎？此必刘歆窜入，又窜入《史记》中《十二诸侯年表世家》《陈世家》《晋世家》《魏世家》《田齐世家》也。以上皆无《经》之《传》，与有《经》而不释《经》之《传》之属。

告则书

《左传》谓《春秋》本鲁史，鲁史本赴告、告则书，不告则否。然则《春秋》褒贬之权，全秉于赴告者之手，孔子何为以窃取其义，知我罪我自任乎？《经》书列国君卒之日，《传》辄以为赴之日，别记卒日于前。然隐三年八月庚辰宋公和卒，昭十年七月戊子晋侯彪卒，皆

《经》《传》同日，已无解于赴之太速矣。襄公二十五年五月乙亥齐崔杼弑其君光，亦《经》《传》同日，下文且曰：'辛巳，太史书曰"崔杼弑其君"。'辛巳者，后乙亥七日也。古书计日，皆连本日数之。是日，太史始书于国史，然后赴告他国，至速亦同日尔，何由先七日赴乎？庄公八年十有一月癸未齐无知弑其君诸儿，《传》乃在十二月，先赴而后弑乎？公薨及鲁大夫之卒，以鲁史书鲁事，无待于赴，此必薨卒之正日也。而于各国之君，乃舍其卒日而书赴日，《经》义如是之参差乎？《经》文明书其卒，《传》乃易之以赴，安意失真，孰大于是！比于口说流行者何如乎？然则诸侯卒无赴告之文乎？曰：有之。但《春秋》之文，必不本于赴告尔。名在诸侯之策曰'孙林父、宁殖出其君'，《春秋》书曰'卫侯衎出奔齐'；许人以'悼公卒'赴，《春秋》书曰'许世子止弑其君买'，不据赴告之文有明证矣。至若楚世子商臣弑其君髡，代髡立者商臣也；蔡世子般弑其君固，代固立者般也。赴者即商臣与般之臣，若亦据实以赴，则当何所措辞？虽使刘歆捉刀，得无穷乎！《春秋》书列国之事，自当据列国之史，凡卒之日，皆非赴日。'甲戌、己丑，陈侯鲍卒'，《公羊传》曰'甲戌之日亡，己丑之日死，而得'是也。即实弑而书卒，亦非因赴告之文也。郑伯髡顽卒于操，不言其大夫弑之，为中国讳也。陈侯溺卒，公子招贬不称弟，不言其弑，以楚之托乎讨招以灭陈，陈之灭自招致之，其罪更重于弑君也。盖《春秋》者，孔子托义之书，非列国记事之史。若左邱明作《国语》则异是，据各国之别史最为一家之总史，如陈寿《三国志》、李廷寿《南北史》之比，本不与《春秋》相比附，何得有释《经》之语？《刘歆传》曰：'歆治《左氏》，引《传》文以解《经》。'此语颇持两端，《传》自解《经》，何待歆引？歆引以解，则非《传》文。此《传》歆所自作，非所谓诬善之人其辞游者耶！然左氏解《经》之《传》，歆始为之，则歆固自言之矣。创为赴告则书之说，缘其古文《经》《传》，是非与《春秋》相反。故托是说示人以《春秋》非孔子作，不过杂录各国赴告之文，则其褒贬是非，皆不足据，不如古文学说为足据也。于《史记》则窜入《十二诸侯年表》《齐世家陈世家郑世家》也。

官失之

孔子据各国史记而作《春秋》，笔之削之，断自圣心，无所谓官失之也。如隐公三年二月己巳，日有食之。《公羊传》曰：'日食，则曷为或日、或不日、或言朔、或不言朔？曰某月某日朔日有食之者，食正朔也。其或日，或不日，或失之前，或失之后。失之前者，朔在前也。失之后者，朔在后也。'何氏于'朔在前'《注》曰：'谓二日食，象君行暴急外见畏，故日行疾，月行迟，过朔乃食，失正朔于前也。'"朔在后"《注》曰：'谓晦日食，象君行懦弱见陵，故日行迟，月行疾，未至朔而食，失正朔于后也。'然则官何失之有？刘歆欲夺《春秋》于孔子而归之鲁史，故于桓十七年"冬十月朔，日有食之"，窜其说入《左传》曰：'不书日，官失之也。'又窜入《史记·十二诸侯年表》也。以上皆释《经》之《传》之属。

古文尚书

刘歆假托古文《经》《传》之所出，于《尚书》为独详，今依其说折之。《艺文志》录《七略》曰：'武帝末，鲁共王坏孔子宅，得《古文尚书》及《礼记》《论语》《孝经》凡数十篇，皆古字也。孔安国献之。遭巫蛊事，未列于学官。'《儒林传》曰：'孔氏有《古文尚书》，孔安国以今文字读之，逸《书》得十余篇，盖《尚书》兹多于是矣。此数语《史记·儒林传》亦有之，后人窜入，详彼篇下。司马迁从安国问故，迁载《尧典》《禹贡》《洪范》《微子》《金縢》诸篇多古文说。'适案：《五宗世家》：鲁共王用孝景前二年立，二十六年卒。景帝在位十六年，则共王卒于武帝即位之十一年，即元光五年。武帝在位五十四年，则末年安得有共王？不合者一。孔安国以今文读之，需岁月几何？乃越四十余年，至巫蛊祸作之年，而始献之乎？且安国若有得《古文尚书》事，何以《孔子世家》不言，但曰'安国为今皇帝博士，迁临淮太守，蚤卒'？《汉书·倪宽传》：宽诣博士受业，受业孔安国，补廷尉史，廷尉张汤荐之。亦见《史记·儒林传》，亦后人窜入，详本篇下。《百官表》：汤迁廷尉，在元朔三年。是安国为博士在元朔三年以前，使其年甫逾二十，至巫蛊祸作，已过五十，是时尚在，安得云蚤卒？既云蚤卒，安得献书于巫蛊祸作之年耶？荀悦《汉纪》云：'安国家献之。'此'家'字，亦知安国之年不及巫蛊祸作而增。然安国有子卬，何不云孔卬献之，而于安国下增'家'字，弥缝之迹甚彰，不合者二。《世家》但曰安国为博士，不自言从之问故也。《自序》云：'太史公受《易》于杨何，习道论于黄子。'于其父所受业，尚言之甚详，若迁自从安国问故，何得不言？《汉书·迁传》亦不言，惟于《儒林传》言之。且太史公生年亦不及武帝之末，《七略》言武帝末，鲁共王得《古文尚书》，而后安国献之，迁亦何由从之问故耶？不合者三。刘歆《移让太常博士书》曰：'或以《尚书》为备。'则自歆以前经师所传，固以孔子所定之书，伏生已备，非残缺之本也。《史》《汉》皆言欧阳生事伏生，授倪宽，宽又受业孔安国，不言安国所受业，其为家学可知。欧阳、大小夏侯之学皆自宽出，宽自伏氏出，又自孔氏出，则孔氏之书与伏生同矣。不然宽何不以所异者互补，必待孔壁古文出而滋多耶？伏《书》备则孔《书》亦备，安所得滋多之古文而迁从之问故耶？不合者四。古文说与古文《经》本不同物，《七略》曰'坏孔子宅，得古文数十篇，皆古字也'，《儒林传》曰'孔安国以今文读之'，皆谓古文《经》，非古文说也。《七略》虽云《尚书传》四十一篇，不注作者姓名，惟东晋梅(颐)〔赜〕所上伪孔安国序，有承诏作传之文，亦非汉儒所及料也。《后汉书·儒林传》曰：'杜林传《古文尚书》，贾逵为之作训，马融作传，郑玄注解。'见于《杨伦传》末。然则贾逵以后乃始有古文说，太史公何从载之？不合者五。《儒林传》'迁载古文说'之言，当出马续。《后汉书·列女传》：班彪女昭，兄固著《汉书》，未及竟而卒，和帝诏昭踵而成之，后又诏马融兄续继昭成之。案：融为古文学，续当同之。《尚书》自伏生所传二十八篇后，《太誓》后得，附入大小夏侯书中，篇各为卷，《七略》曰'《经》二十九卷'是也。刘歆伪托孔安国所传，造古文十六篇，亦篇各为卷；又造《书序》百篇，合为一卷，与大小夏侯所传二十九卷杂书之，《七略》曰'《古文经》四十六卷'是也。马、郑虽古文家，不为十六篇作传注，惟为二十九篇作之，于是用古文之学而释今文之经，《儒林传》所谓古文说是也。及汉古文亡，而晋古文出，去马、郑本《太誓》，而别造《太誓》，亦杂伏《书》二十八篇书之，且为作《传》，亦托之孔安国，是后伏生今文之《经》，转附梅氏古文而传，篇名虽今，而文字章句皆古矣。复求一二零章断句之真今文经与说，皆惟《史记》是赖，所载《尧典》《禹贡》《微子》《洪范》《金縢》诸篇，绝无古文说，详《尧本纪》《舜夏本纪》《宋世家》《鲁世家》下，《汉书·儒林传》谓多古文说，不合者六也。晋出古文之伪，阎百诗、惠定宇言之已详，且于《史记》关系甚少，故不之及。

书　序

此亦刘歆所作，托之孔子，然亦穿凿《史记》，以窟宅其鬼蜮也。《三代世表》曰：'孔子次《春秋》，序《尚书》。'犹口序《春秋》，次《尚书》也。《孔子世家》曰：'追迹三代之礼，序《书》《传》，上纪唐虞之际，下至秦缪，编次其事。'此'序'字与'追迹'之'迹'、'上纪'之'纪'，对文同义，下复总括之曰'编次'，皆谓次序之'序'，非序跋之'序'也。《七略》据此而曰'孔子纂书，凡百篇，而为之序'，其说凿矣。《孟子》曰'汤崩，外丙二年、仲壬四年'，乃序太甲之事，《殷本纪》与之同。《书序》曰：'成汤既没，太甲元年。'直以为太甲继成汤而立，岂孔子之数典忘祖欤？抑稽古之力不如孟子欤？其厚诬孔子明矣。今可证其为刘歆作者四焉：《汉书·王莽传》：遣平、宪等多持金币诱塞外羌豪良愿等，使献地，愿内属，曰：'安汉公至仁，天下太平，五谷成熟，或禾长丈余，或一粟三米。'乃造唐叔得禾异母同颖之说，作《嘉禾书序》以张其本。《太平御览·休征部》引《大传》，略说周公践阼，朱草畅生；又曰周公辅幼主，不矜功，则蓂荚生。此亦后人所依托。古人第言咎征，借以修德，故《洪范·五行传》止详灾异，不及祥瑞。《王莽传》：班德祥、符命、福应等篇于天下，言黄龙见成纪，井石金匮，雌鸡化为雄之属，始饰灾异为祥瑞。唐叔之时，安得此矫诬之说耶？证一也。新受汉禅，取法舜受尧禅。《莽传》曰'予前在大麓'，又曰'流菜于幽州，放寻于三危，殛隆于羽山'，凡事比迹重华。尧既有典，舜岂可无？是则《舜典》之名亦为新室而作，故不及顾舜之事业已详于《尧典》也，今之《舜典》本《尧典》文，晋时始割'慎徽五典'以下为之。证二也。《周本纪》：周受命九年，武王上祭于毕，十一年伐纣克殷，后二年，问箕子以天道。《大传》：'武王释箕子之囚，箕子不忍为周之释，走之朝鲜，封之。箕子既受周之封，不得无臣礼，故于十三祀来朝，武王因而问《洪范》。'是问《洪范》在克殷后二年，箕子自朝鲜来也。《书序》曰：'武王胜殷，杀受，立武庚，以箕子归，作《洪范》。'直谓胜殷之年，即以箕子自朝歌归周矣，正与《三统历》文王受命九年而崩，后四年武王克殷，以克殷为在十三年合，证三也。《列子·杨朱篇》'周公摄天子之政，召公不说'。《燕世家》'成王既幼，周公摄政，当国践阼，召公疑之'。案：召公疑之者，疑其践阼也。阼，王位也。《祭统》云'君衮冕立于阼'是也。《书序》曰：'召公为保，周公为师，相成王为左右，召公不说。'马融曰：'召公以周公既摄政，致太平，功配文武，不宜复列在臣位，故不说。'案：此谓不说周公列臣位，与不说周公践君位，义相反对，凡与太史公说相反对者，皆歆说也，证四也。是则《书序》之文固非太史公所及知，亦非《史记》所应载。《玉藻》曰：'动则左史书之，言则右史书之。'郑注以记动为《春秋》，记言为《尚书》。然则《史记》亦记动之书，不当有记言之体。故《五帝本纪》录《尧典》文而不引《尧典》篇名，《殷本纪》录《西伯戡黎》文而不举《西伯戡黎》篇名，《宋世家》录《微子》《洪范》文亦然。录其文所以记动也，非为记言，故不录其篇名，此太史公本文。《夏本纪》'禹乃行相地宜所有以贡'；《殷本纪》'盘庚乃告谕诸侯大臣'；《周本纪》'至于商郊牧野乃誓'，又曰'誓已'；《秦本纪》'乃誓于军曰'，又曰'故作此誓，令后世以记余过'；《鲁世家》'周公藏其策金縢匮中'；《晋世家》'周作《文侯之命》：王若曰'。虽寓篇名，仍是记动，亦太史公本文。至若《夏本纪》之《甘誓》文，《殷本纪》之《高宗（肜）〔肜〕日》文，《鲁世家》之《无逸》《肸誓》文，《燕世家》之《君奭》文'，亦太史公所录，而系其上下文曰'作《甘誓》'，曰'作《高宗（肜）〔肜〕日》及《训》'，曰'作《无逸》'，曰'作《肸誓》'，曰'作《君奭》'，并录篇名，实兼记言之体，与全书不类，必非太史公语也。更有无文可录，如《殷本纪》'伊尹入自北门见女鸠、女房，作《女鸠》《女房》'。此文更属不类，二人之言行无考，何所借以发明，而《史记》载之乎？故无论其篇名为今文、古文，凡曰'为某事作某篇'者，皆刘歆之徒据《书序》窜入也，如《夏殷周本纪》《齐鲁卫宋世家》篇中夥矣。

古　文

《七略》曰：'《古文尚书》及《论语》《孝经》。'然则《论语》《孝经》而书以古文，亦当曰《古文论语》《古文孝经》，必与经名相属，始见其为何经之古文。乃《五帝本纪赞》曰'总之不离于古文者近是'，《仲尼弟子传赞》曰'则论言弟子籍，出孔氏古文近是'，《太史公自序》曰'年十岁则诵古文'，此等古文谓何经耶？惟《说文解字》有此名，别于小篆、籀书也，此又非其例也，直不成语矣。此不通文理者所增窜，不当归咎刘歆矣。余详各篇下。

传记寓言

又有误认传记寓言为实录，附录之以期详备，致与上下文相冲决者，亦《史记》之累也。寓言之类有三：曰托名，曰托言，曰托事。托名者，古实无此人，设为此人之名与其言行，以发其所欲抒之意见，如许由、务光之属是也。托言者，以所言之意为主，托为古人之问答以发明之，非谓真此古人之言也。如《列子·杨朱篇》晏平仲问养生于管夷吾，《庄子·盗跖篇》孔子与柳下季为友，《说苑》咎犯谏平公，介子推行年十五相荆，孔子使人往视之类是也。托事者，以时事为主，设为古人之事以譬喻之，不必古人真有此事也。如《燕世家》苏代曰'禹荐益而以启人为吏，启与友党攻益夺之天下'，为子之谋盗国发也。《后汉书》孔融与曹公书曰'武王伐纣，以妲己赐周公'，为魏文纳甄后发也。"竹书纪年"为魏、晋间人所造，谓'尧老而德衰，为舜所囚'，《史通》、《路史》引之。为山阳公、陈留王发也；谓'太甲杀伊尹，文丁杀季历'，为高贵乡公欲讨司马文王发也。然则舜举十六族，周公为成王祷疾，事类此矣。说详《五帝本纪》《鲁世家》《蒙将军传》下。

汉 书

凡《史》《汉》文同，有《汉》录《史》者，有窜《汉》入《史》

者。《汉》录《史》者姑弗论。窜《汉》入《史》者，如《平准书》曰：'汉兴，接秦之敝。'上无所承，不似起语。《汉书·食货志》上云：'始皇并天下，男子力耕不足粮饷，女子纺绩不足衣服。'此明言秦之敝，故下承以'汉兴，接秦之敝'。岂非《书》截《志》之上文乎？末云：'是岁小旱，上令百官求雨，卜式曰："弘羊令吏坐市列贩求利，亨弘羊，天乃雨。"'下无所接，不成收语，且突然而止，直似弘羊果亨而天果雨者。《志》下云：'武帝拜弘羊为御史大夫'，明式言之不用，而超迁弘羊也。岂非《书》截《志》之下文乎？《五宗世家》：'广川惠王齐数上书，告言汉公卿及幸臣所忠等。'文自此止。《汉书·景十三王传》下云：'又告中尉蔡彭祖捕子明'云云。此后人录《传》入《世家》时。偶尔中辍，续书时忘其未毕而别录胶东王事也。"十二诸侯年表"'不可以书见也'下接'及如荀卿、孟子、公孙固、韩非之徒'云云，今取《七略》'鲁君子左邱明'等语从中插入，致上下文相隔绝，说详彼篇下。《汉书·司马相如传赞》曰：'司马迁称云云，扬雄以为云云'，此班固兼引迁、雄之辞。窜《汉》入《史》者，仍'太史公曰'之文，去'赞曰司马迁称'六字，遂成太史公引扬雄语矣。是则《平准书》者，断头刖足之《食货志》也；《五宗世家》广川惠王章者，椹胸斧腰之《景十三王传》也；《十二诸侯年表序论》者，剖腹纳肝之《七略》也；太史公称扬雄语者，改头换面之班赞也。前一类全录《汉书》，后三类《史》《汉》杂糅。全录《汉书》者，补缺也；《史》《汉》杂糅者，续窜也，'麟止'后语亦是也。

麟止后语

《太史公自序》曰：'故述往事，思来者，卒述陶唐以来至于麟止。'《集解》：'张晏曰："武帝获麟，以为述事之端，上包黄帝，下至'麟止'犹《春秋》止于获麟也。"'然则《孝武本纪》当止于元狩元年冬十月获麟，犹《春秋》止于哀十四年春获麟也。是时尚以十月为岁首，元狩之冬，犹《春秋》之春也。《年表》《世家》《列传》称是。乃篇末更载太史公曰'余述历黄帝以来至太初而讫'，却逾'麟止'年限二十二；《建元以来侯者年表》末褚先生曰'太史公记事尽于孝武之末'，又逾太初年限十四；《集解》《索隐》《正义》皆谓终于天汉，犹介乎其间尔。更校全书，《酷吏传》载杜周捕治桑弘羊昆弟子，且及昭帝元凤间事矣；《楚元王世家》王纯自杀，且载宣帝地节年号矣；《齐悼惠王世家》城阳王景、菑川王横卒，《将相名臣表》薛宣为丞相，且载成帝建始、鸿嘉年号矣，此《史通》所谓卫衡、史岑等相次撰续者耶？亦后人据《汉书》窜入耶？要之太初而讫者，褚先生补，托之太史公者也；尽于孝武者，后人所续，托之褚先生者也。说详《年表》第六、第八下。孝昭后事无所用其托矣。太史公所作自当践其'至于麟止'之言，今可证成其说者八焉：《自序》引其父谈及壶遂之言，比之于《春秋》，汉时亦有获麟之事，此千载难逢之机会，必不肯舍而逾之，一也。《汉书》公孙弘与卜式、倪宽同传，主父偃与严助、朱买臣、吾邱寿王、终军同传、《史记》止为弘、偃作传，以弘相偃诛在'麟止'前故也。后此不为之传，他人姑弗论，若终军者，非《自序》所谓忠臣死义之士其所欲传者耶？军之对策以获麟，死节在太初，如《史记》讫于太初，何不为军作传？而不为之传，非以'至于麟止'故耶？二也。《外戚世家》窦姬长男为太子，王夫人生男为太子，卫子夫生男名据，是则景帝、武帝为太子皆不名，独于卫太子名何耶？未立为太子故也。立据为太子，《汉书·武帝纪》在元狩元年四月，在获麟后，前此犹是皇子，故名。若讫于太初，安知太子之终废而名之耶？三也。别传终于淮南、衡山王，以其狱在'麟止'前一月也，说详本篇下，四也。《自序》大序之末既曰'卒述陶唐以来至于麟止'，小序之末又自为一节曰'余述历黄帝以来至太初而讫'，与上文年限起讫皆异，其为续窜甚明，五也。《汉书·司马迁传》有'至于麟止'之言，无'太初而讫'之语,六也。《扬雄传》曰"太史公记六国,历楚、汉,讫麟止",惟《迁传赞》云'述《楚汉春秋》接其后事,讫于天汉',《叙传》云'太初以后阙而不录',与此二《传》意分为三,岂似一人之言?更以彪语证之,可见天汉、太初二说皆非固语,亦后人窜入也。七也。《后汉书·班彪传》曰'太史令司马迁上自黄帝,下讫获麟,作《本纪》《世家》《列传》《书》《表》,凡百三十篇",上文亦有"太初以后不录"之言,与此乖异,乃范氏信伪班固语,不如彪言为得实也。八也。凡此皆可为'至于麟止'之征,逾此者据《汉书》窜入也。

补　缺

《汉书·司马迁传》曰:'十篇缺,有录无书。'注:'张晏曰:"亡《景纪》《武纪》《礼书》《乐书》《兵书》《汉兴以来将相年表》《日者列传》《三王世家》《龟策列传》《傅靳列传》。元、成之间褚先生补缺,作《武帝纪》,《三王世家》,《日者》《龟策列传》,言辞鄙陋,非迁本意也。"师古曰:"序目无《兵书》。"'刘攽曰:'即《律书》。'适案:今之篇目篇文,不但非太史公之旧,亦非班固、张晏时之旧,今十篇皆补,无一缺者,转视班、张时为备矣,其可信耶?正足为残缺益多之反比例也。《武纪》等篇亦非褚先生补,八《书》皆赝鼎,斤斤于《兵书》《律书》之辨,枉寻直尺而已。惟《景纪》《傅靳列传》转不似缺,今姑舍是证。其为通篇皆伪者二十有九:《文纪》一,《武纪》二,《年表》第五至第十八,八《书》十六。《三王世家》十七,《张苍》《南越》《东越》《朝鲜》《西南夷》《循吏》《汲郑》《酷吏》《大宛》《佞倖》《日者》《龟策》等十二列传二十九是也。惟《年表》第五至第九当是褚先生补,余皆非才妄续,说详各篇下。

史记探源卷二 十二本纪

五帝本纪第一

案：《太史公自序》曰'述陶唐以来，至于麟止'，然则此纪之录本当为《陶唐本纪》，与《夏本纪》《殷本纪》《周本纪》《秦本纪》一例，而上系黄帝，下兼虞舜，犹《周本纪》上系后稷、下统武王之比。且《世家》始泰伯，《列传》始伯夷，表让德也，是则《本纪》始陶唐，又可比例而得者。后人改为《五帝本纪》，遂增《自序》篇末云'述历黄帝以来，至太初而讫'，显与'述陶唐以来，至于麟止'之言相抵牾。由是增窜全书者，至太初不足，至征和、后元复不足，下及昭、宣、元、成之世，此《淮南子》所谓凿一孔而开百隙者矣。

节用水火材物接**黄帝二十五子**

案：各本中云'有土德之瑞，故号黄帝'。此非太史公言也。是时尚无五德之说，详《序证·五德节》。然则'黄'字之义何居？曰："白虎通义号篇"曰：'黄者，中和之色，自然之性，万事不易。黄帝始作制，得其中和，故称黄帝也。'"谥篇"曰：'黄帝始制法度，得道之中，名"黄"，自然也。后世虽圣亦得称帝，不能立制作之时，故不得称"黄"也。'然则黄帝称'黄'，岂与苍、赤、白、黑为辈乎？土德之言，依《三统历》窜入也。今正。

嫘祖为黄帝正妃，生二子，其后皆有天下。其一曰玄嚣，是为青阳；其二曰昌意○黄帝崩，其孙昌意之子高阳立，是为帝颛顼○自玄嚣与蟜极，皆不得在位

案：此文出自《五帝德》《帝系姓》孔子答宰我之言也。《汉书·律历志》曰：'《春秋传》言，"郯子据少昊受黄帝，黄帝受炎帝"，"炎帝氏没，黄帝氏作。火生土，故为土德。"《帝德考》曰"少昊曰清。清者，黄帝之子清阳也"，"土生金，故为金德。"《春秋外传》曰"少昊之衰，九黎乱德，颛顼受之。'"《王莽传》曰'予惟黄帝、帝少昊、帝颛顼'云云，乃言少昊即帝位于黄帝、颛顼之间，且以少昊为清阳，并与此纪言'颛顼继黄帝，玄嚣为青阳，不得在位'意异。又见于《王莽传》，明是刘歆所作，为莽以土德应受汉禅之张本，而少昊实无其人也。贾逵曰：'《五经》家皆言颛顼代黄帝，左氏以为少昊代黄帝，即图谶所谓帝宣也。'然则少昊之名出自图谶，图谶出自哀章，哀章仍受意于刘歆者也。少昊子虚，则少昊之子重、该、修、熙、冥也，左昭二十九年传穷奇也，文十八年传及《舜本纪》亦皆乌有先生而已。

帝尧者名曰放勋

案：各本无'名曰'二字，脱也。今依《舜本纪》'名曰重华'、《夏本纪》'名曰文命'补。彼有'名曰'二字，此不当无也。此'名'字非'自命也'之名，犹号也，谥也。《文选洞箫赋》'幸得谥为洞箫兮'，彼假谥为名，犹此假名为谥。是时虽无谥法，而有其意。尧、舜、禹皆名，放勋、重华、文命，犹后世之徽号也。《集解》

以尧、舜、禹为谥,则《论语》'尧曰"咨尔舜"',《尚书》'舜曰"禹,女平水土"',岂生而有谥耶?舜、禹皆名,则尧可知矣。

日中星鸟

案:《尚书·伪孔传》曰:'鸟,南方朱鸟七宿也。'《疏》曰:'四方皆有七宿,各成一形。东方龙形,西方虎形,南方鸟形,北方龟形。此经举宿,为文不类。春言星鸟,总举七宿;夏言星火,独指房、心、虚、昴,惟举一宿。文不同者,互相通也。'此言小误,若是则总举七宿,四时皆可,何独于春,自有惟宜于春之故。盖火为十二次之一,若春亦举其一次,乃为鹑火,与三方之一名者不同;虚、昴皆七星之中,若春亦举中星,当曰'日中星星',二字同文,又与三时星名不类,故曰'星鸟'。此见古人修辞之诚。

岁三百六十六日

案:《尚书》作'三百有六旬有六日'。上下皆言日数,中举旬数,文奥难晓,若顺文解之,直似三千六百六日矣。故太史公易之如此。

以闰月正四时

案:《汉书·律历志》曰:'阳历者,先朔月生;阴历者,朔而后月生。'今案:先朔月生者,以二十四气定岁也;朔而后月生者,分闰成岁也。尧时置闰,始用阴历;帝喾以前尚用阳历。孔子称尧曰:'焕乎其有文章。'此亦文化渐进之端也。

似恭漫天○洪水滔天

案:《列子·天瑞篇》曰:'天积气耳,亡处亡气,若屈伸呼吸,终日在天中行止。'张湛注:'自地而上,则皆天矣。故俯仰喘息未始离天也。'《荀子·不苟篇》曰'天地比'。杨倞注曰：'天无实形，地之上空虚者，皆天也。'此二'天'字之义，正复当尔，犹言到处皆然也。自来注《尚书》及《史记》者，皆未见及此。

尧使舜入山林川泽，暴风雷雨，舜行不迷

案：《尚书》作'纳于大麓'。伏生《大传》曰'纳之大麓之野'。野即山林川泽也。此今文说也。王充《论衡正说篇》曰：'试之于职，复令人庶之野，而观其圣。'《吉验篇》曰：'尧使舜入大麓之野，虎狼不搏，蝮蛇不噬，逢烈风疾雨，行不迷惑。'应劭《风俗通义·山泽篇》曰：'尧禅舜，纳于大麓。'麓属于山者也。此皆所以发明今文说也。《汉书·王莽传》：张竦称莽功德曰：'比三世为三公，再奉送大行，秉冢宰职，填国家，四方辐奏，靡不得所。《书》曰："纳于大麓，烈风雷雨弗迷"，公之谓矣。'又莽曰：'予前在大麓。'《论衡·正说篇》：'《尚书》曰："入于大麓，烈风雷雨不迷。"言大录三公之位，居一公之位，大总录二公之事，众多并吉，若疾风大雨。'王肃注《尚书》曰：'麓，录也。'是古文家改'山足曰麓'之义为大录万几之政，为王莽居摄而作也。郑注《大传》，乃合'山足曰麓'、'麓，录也'二义而总释之，此合古今文说而一之也。犹之《五行传》'思心之不容'，郑注：'容，当为"睿"。睿，通也。'此用古文改今文也。段氏《古文尚书撰异》不达此义，乃至倒认今古，不思野非山林川泽之谓乎？《史记》本自《大传》，此岂古文说乎？

舜让于德不怿

《集解》：'徐广曰："《今文尚书》作'不怡'。怡，怿也"。'《索隐》：'古文作"不嗣"，今文作"不怡"。怡，即怿也，谓辞让于德不堪，所以心意不悦怿也。'

案：《汉书》《王莽传》：陈崇奏曰：'将为皇帝定立妃后，有司上名，公女为首。公事事谦退，动而固辞。《书》曰"舜让于德不嗣"，公之谓矣。'是古文家改'不怡'为'不嗣'，为莽辞让纳女为后而作也。《撰异》曰：'《后汉书·班固传·典引》曰："有于德不台，渊穆之让。"章怀太子注："《前书》曰：'舜让于德不台。'《音义》曰：'台读曰嗣。'玉裁案云：《前书》者，《王莽传》文，竦奏用《今文尚书》也。俗本依古文改为"不嗣"，而师古不辨。'适案：章怀所见《汉书》作'不台'，转是后人依今文而改。师古所见，方是原本。惟作'不嗣'，乃为谦退固辞之证，即章怀注'台读曰嗣'下，亦引'光武即位，固辞至于再三'之文，足与竦奏相印证。若竦奏从今文作'不台'，则于上文谦退固辞意转不相属矣。然《莽传》固当作'不嗣'，《尧典》自当作'不怡'。'不怡'者，将受终于文祖，而惧不胜任也。若不敢嗣帝位，又何以受终文祖乎？益可见《古文尚书》乃歆为莽作，故于本经义多穿凿附会也。

文祖者，尧太祖也

《集解》："郑曰：'文祖者，五府之大名，犹周之明堂。'"《索隐》："《尚书帝命验》曰：'五府，五帝之庙。苍曰灵府，赤曰文祖，黄曰神斗，白曰显纪，黑曰玄矩。'"

案：《撰异》曰：'尧太祖，盖谓黄帝。《集解》引郑注解之，相去万里。'此说是也。五天帝之说，自五人帝而生，皆以五德配五色，古文家始有此言。《纬书》复为五天帝造名，《春秋文耀钩》曰：'苍曰灵威仰，赤曰赤熛怒，黄曰含枢纽，白曰白招拒，黑曰汁光纪。'与《尚书帝命验》文小异。纬书出哀、平间，与古文《经》《传》同时，皆刘歆与所征千数人作。《殷本纪》《周本纪》虽有吞卵、践迹之言，不谓契为白帝子，稷为苍帝子也，岂应以文祖为赤帝乎？郑谓赤帝乃天帝也，古文说。此谓黄帝乃人帝也，今文说。裴、马之解，援古乱今矣。

五玉

《集解》:"郑曰:'即五瑞也。执之曰瑞,陈列曰玉。'"

案:郑君兼注今古文者,《白虎通》引亦作'五玉',此今文也。《汉书·郊祀志》亦刘歆作,故作'五乐'。师古曰:'五乐谓春则琴瑟,夏则笙竽,季夏则鼓,秋则钟,冬则磬。'此古文说也。

明试以功,车服以庸接象以典刑,流宥五刑

案:上言赏功,下言罚罪,文相承接,岂不甚明!各本中有'肇十有二州,决川'二句,遂致赏罚之辞从中截断,此必古文家插入也。《集解》:"马融曰:'禹平水土,置九州。舜以冀州之北广大,分置并州。燕、齐辽远,分燕置幽州,分齐为营州。于是为十二州。'"适案:《禹贡》九州:冀、青、徐、兖、豫、扬、荆、雍、梁也。《周官·职方氏》无徐、梁而有幽、并;《尔雅·释地》无青、梁,而有幽、营;是幽、并、营三州。《周官》《尔雅》以易《禹贡》之青、徐、梁也。《汉书·武帝纪》'元封五年,初置刺史部十三州'。《地理志》:'武帝攘却胡、越,开地斥境,南置交阯,北置朔方之州,兼徐、梁、幽、并之制,改雍曰凉,改梁曰益,凡十三部。'然则既增幽、并、营,仍不废徐、梁、雍,自武帝时始尔。《王莽传》:'汉家地广二帝三王,凡十二州。州名及界,多不应经义。《尧典》十有二州,后定为九州。汉家廓地辽远,不可为九。谨以经义正十二州名分界,以应正始。'今案《武帝纪》《地理志》皆云汉置十三州,则《莽传》谓汉凡十二州,当是十三州之讹。故谓之不应经义,而以十二州为应经义。然十二州亦本无此经义也,乃撰'肇十有二州,封十有二山,濬川'三句,窜入《尧典》以张其本。又窜其说入《大传》,改'肇'为'兆'。郑注:'兆,域也,为营域以祭十二州之分星也。十

有二山，十有二州之镇也。'案：分星说见《序证·分野节》，分野亦十二，正与州数相应，州各有镇山，亦与《职方氏》相应，皆可见其为刘歆作，乃去'封十有二山'句而窜入此《纪》也。今删。

四岳咸荐舜，曰可接**舜耕历山**至**三年成都**接**于是尧乃以二女妻舜**至**尧九男皆益笃**接**尧乃赐舜絺衣与琴**

案：'三年成都'以上皆'四岳荐舜'之辞，故尧遂以二女妻之，使九男事之，以观其内外也。各本'于是尧乃以二女妻舜'至'九男皆益笃'一节，在'舜耕历山'句上，岂舜尚无所表现，尧遂妻以二女乎？又岂舜居妫汭后复亲耕稼陶渔之业乎？此必文有倒乱也。今订。

乃试舜五典，百官皆治接**入于大麓**

案：各本中言举十六族，去四凶事，于上下文义多乖异，此后人据《左》文十八年《传》窜入也。其曰'舜举"八恺"使主后土，举"八元"使主五教'，然则下云'禹平水土，契敷数五教'何为？《索隐》谓禹在'八恺'之中，契在'八元'之数。适案：禹、契名列九官，即以庭坚当皋陶，余十三族皆不得与，何也？杜注《左传》以垂、益、禹、皋陶之伦当'八恺'，以稷、契、朱虎、熊罴之伦当'八元'。然于元、恺之数复遗其半，且苍舒、隤敳、仲堪、叔献诸人于《尧典》人名终无可比附，乖异者一。'八恺'为高阳氏子，称之曰'世济其美'；梼杌为颛顼氏子，《左传》曰'世济其凶'。颛顼即高阳也。言'八恺'则世德本自高阳，言梼杌则颛顼亦为凶父，岂吉德凶德备于颛顼一身乎？乖异者二。'八元'为高辛氏子，《左传》称其名，有伯奋、季仲、伯虎、季狸；昭元年《传》及《郑世家》曰高辛氏有二子，伯曰阏伯，季曰实沈。然则高辛氏既生挚、尧、稷、契，见《夏本纪》《殷本纪》又生'八元'，复生阏伯、实沈。阏伯视伯奋、伯虎，究孰为伯？实沈视季仲、季狸，究孰为季乎？挚、尧、稷、契伯乎，仲乎，叔乎，季乎？乖异者三。然则舜举十六族，殆亦尧得伯阳、续耳、见《吕氏春秋》禹得横革、直成见《荀子》之比，后儒不能举之与《尧典》人名相比附，此何以异之。且浑沌、穷奇、梼杌、饕餮亦与讙兜、共工、鲧、三苗名义不类。《左传》疏曰'此传安慰宣公，故言不能去，辞各有为，情颇增甚，学者不可即以为实'，则孔颖达辈固知其为寓言矣。然《左传》不举《尧典》，上下文犹相属，此文兼之，乖异者四。又云'舜宾于四门，乃流四凶族，于是四门辟，曰无凶人也。'案：《尧本纪》曰：'宾于四门，诸侯远方宾客，皆敬。'同一'宾于四门'句，于彼训为'敬礼宾客'，于此解作'摈弃凶人'，乖异者五。此必妄人窜入也，今删。

命十二牧

案：此即《大传》所谓'四岳'、'八伯'也。《白虎通·封公侯篇》曰：'唐、虞谓之"牧"何？尚质。使大夫往来牧诸侯，旁立三人，凡十二人。《尚书》曰："咨十有二牧。"'案：此似汉刺史监太守之制，然不曰十二州之牧，亦可见《今文尚书》无'肇十有二州，封十有二山'之文也。不然，以十二州之牧释之，岂不甚便，何待蔡传哉？

黎民始饥

《集解》：'徐广曰："《今文尚书》作'祖饥'。"祖，始也。'

《撰异》曰：'《汉书·食货志》"舜命后稷，以黎民祖饥"。孟康注："祖，始也。古文言'阻'。"《周颂·思文》郑笺："昔尧遭洪水，黎民阻饥。"《正义》引注曰："阻读曰俎。阻，厄也。"盖壁中故书作"俎"，故郑云："俎读曰阻。阻，厄也。"学者既改经文作"阻"，则注文不可通，乃倒之曰"阻读曰俎"。经书此类甚多。'

五流有度，五度三居

《正义》：'度音徒洛反。谓度其远近，为三等之居也。'

案：此《今文尚书》也。《古文尚书》作'五流有宅，五宅三居'。《王制》注引之，《正义》引郑注曰：'宅读曰咤。惩刈之器，谓五刑之流皆有器惩刈。'知作'宅'为古文，作'度'为今文者，《尚书》'三危既宅'，《夏本纪》作'既度'；'是降邱宅土'，《风俗通作》'度土'，此其例也。

女二十有二人

《集解》："马融曰：'稷、契、皋陶皆居官久，有成功，但述而美之，无所复勑。禹及垂已下皆初命，凡六人，与上十二牧、四岳，凡二十二人。'"

案：二十二人之数，可如是之任意弃取乎？四岳乃荐舜者，岂亦居官未久，待舜而始勑命乎？上云'禹、皋陶、契、后稷、伯夷、夔、龙、垂、益、彭祖自尧时而皆举用，未有分职。'适案：自禹至彭祖共为十人，加以十二牧，乃为二十二人也。

舜年二十以孝闻，年三十尧举之，年五十摄行天子事，年五十八尧崩，年六十一代尧践帝位。践帝位三十九年，南巡狩，崩于苍梧之野

案：此《今文尚书》说也。《今文尚书》作'舜生三十征庸，二十在位，五十载陟方乃死'。此云'年三十尧举之'，即所谓'三十征庸'也。'年五十摄行天子事'，即上文所谓'舜得举用事二十年，而尧使摄政'，《尚书》所谓'二十在位'也。'年五十八尧崩，年六十一代尧践帝位'，即上文所谓'摄政八年而尧崩，三年丧毕，让丹朱，天下归舜'也。'践帝位三十九年崩'，即《尚书》所谓'五十载

陟方乃死'。自摄政八年，居丧三年，在位三十九年，合为五十载也。孔疏：'郑读此经，云"舜生三十"，谓生三十年也。"登庸二十"，谓历试二十年。"在位五十载，陟方乃死"，谓摄位至死为五十年，舜年一百岁也。'适案：郑读'三十'、'二十'句绝，虽与此异，然不作'登庸三十'，而云'二十'，义与此同。段氏谓'郑君以今文正古文'是也。《古文尚书》乃作'三十在位'。王肃注曰：'历试二年，摄位二十八年。'又注'五十载陟方乃死'云：'三十征庸，三十在位，服丧三年，其一在三十之数，为天子五十年，凡寿百一十二岁。'王肃注即《伪孔传》，《释文》云：'梅（颐）〔赜〕上孔氏传《古文尚书》，亡《舜典》一篇。以王肃注颇类《孔传》，故取王注从"慎徽五典"以下为《舜典》，以续《孔传》。'适案：王肃亦传《古文尚书》者，则作'三十在位'是古文，而此注为古文说也。《本纪》异是，则非古文说。凡太史公所录《尧典》，今可考定其非古文说者三：入山林川泽，一也；尧太祖，二也；并此而三矣。文与古文义异，无由从古文说者四：不怿也，五玉也，始饥也，有度、五度也。凡七，而从古文说者无一焉，亦可雪'多古文说'之诬矣。

太史公曰

《正义》：'太史公，司马迁自谓也。《自序》"太史公曰先人有言"，又云"太史公曰余闻之董生"，又云"太史公遭李陵之祸"。明太史公，司马迁自号也。迁为太史公官，题赞首也。虞喜云："古者主天官者皆上公，非独迁。"'

案：《自序》云：'谈为太史公。'《索隐》曰：'"公"者，迁所著书尊其父云"公"也。'《自序》又云：'有子曰迁。'又曰：'太史公卒三岁而迁为太史令。'是则迁称其父曰'太史公'，自称其官曰'太史令'，故《汉书·律历志》《后汉书·班彪传》皆称迁为太史令，岂其官名'太史公'哉？《汉书·百官表》，太史令为太常属官，秩六百石耳，虞喜以为上公，谬矣。《自序》'太史公曰先人有言'以下，凡迁自称亦作'太史公'者，后人不达此为迁尊其父之称，从而改之尔。各篇赞语亦然。但此称相沿已久，且尊而公之，敬礼先哲，亦所宜然，故今亦仍其旧云。

长老皆各往往称黄帝、尧、舜之处，风教固殊焉接予观《春秋》《国语》，其发明《五帝德》《帝系姓》章矣接非好学深思云云

案：各本'殊焉'下有'不离于古文者'句，古文不系何经，不成语矣，详《序证·古文节》。'彰矣'下'顾弟弗深考'四句，辞似叠床架屋，意如断港绝流，此岂太史公语乎？或曰：《国语·楚语》亦有'少昊'，与《五帝德》《帝系姓》乖异，此何以谓之发明？曰：此谓《鲁语》黄帝正名百物，颛顼能修之，帝喾能序三辰，尧能单均刑法，舜勤民事而言，其文真出左邱明。若《楚语》有'少昊'，乃刘歆窜入也，今删。

夏本纪第二

夏禹

《集解》："《谥法》曰：'受禅成功曰禹。'"

案：此言谬矣。禹之本义为虫名，犹鲧之本义为鱼名，夔、龙、朱虎、熊罴之本义为毛虫、甲虫之名也。受禅成功，乃禹之勋业，岂'禹'之字义乎？若'禹'是谥，则'鲧'亦谥也，又将曰'方命圮族曰鲧'乎？

均江海

《集解》："郑曰：'均读曰沿。沿，顺水行也。'"

案：作'均'者，《今文尚书》也，《古文尚书》作'沿于江海'。《撰异》曰：'《释文》曰："沿，郑本作'松'。'松'当为'沿'。马本作'均'，云：'平也。'"马本依《今文尚书》也。郑本作'松'。'松'者。'沿'之字误，故云当为'沿'此古文转写，以'木'、'水'淆溷，'公'、'㕣'不分，而郑正之。裴所据与陆异者，当云'均，郑本作"松"，"松"读曰沿'乃合，今本误也。

云梦土

案：此《今文尚书》也。《古文尚书》作'云土梦'。《索隐》单行本大书'云土梦'三字，小注云：'云土、梦，二泽名。'引韦昭云：'云土，今为县，属江夏。'解之曰：'《地理志》江夏有云杜县，是其地也。'是则云杜县出《地理志》，《地理志》有分野语，亦古文学也。经有古文，县有云杜，皆始于汉。夏禹时无云杜县，亦犹太史公时无古文经也。《地理志》从古文经作'云土梦'，故韦昭云尔。后人据《汉书》改《史记》，遂亦作'云土梦'，小司马所见本是也。知《史记》本作'云梦土'者，《秦始皇本纪》'三十七年，行至云梦，望祀虞舜于九疑山'。是秦时尚以'云梦'为一地也。《司马相如传·子虚赋》曰：'臣闻楚有七泽，尝见其一名曰云梦'，亦以为一泽之名也。二司马同时，读'云梦'相属自当同之，其时未有古文，则此读为今文也。自小司马所见本外，皆作'云梦土'，或依《史记》订《汉书》亦作'云梦土'，师古曰'云梦之土可为畎渔之治'是也。即伪孔安国本《古文尚书》亦从今文矣，段氏《撰异》倒认今古，以作'云梦土'为今本《史记》之误，故不可以不辨。

令天子之国以外，五百里甸服至要服外，五百里荒服

案：此《今文尚书》说也。五服皆在天子之国外，面三千里，为方六千里。贾逵、马融说同。《伪孔传》，甸服在天子之国内，加侯、绥、要、荒四服，面二千五百里，为方五千里。贾、马虽古文学，然与《伪孔》异，与《史记》同，当是今文说也。《后汉书·贾逵传》，逵以大夏侯《尚书》教授，则固兼通今文学矣。凡迁所载《禹贡》今可考者：今文说一，即此是也。今文与古文异义二：'均江海'也，'云梦土'也。亦无从古文说者。

七始训

案：各本误作'来始滑'，今依段氏《撰异》订。段氏曰：'《汉书·律历志》曰："予欲闻六律、五声、七始训。""训"字，今本《汉书》误作"咏"，《隋书·律历志》作"训"，引《汉志》也。训，顺也。班《志》曰："顺以歌咏五常之言也。"《大传》曰："定以六律、五声、八音、七始箸其素。"郑注："七始：黄钟、太蔟、大吕、南吕、姑洗、应钟、蕤宾也。"《礼乐志》高祖唐山夫人《安世房中歌》曰："七始华始。"孟康曰："七始，天、地、四时、人之始也。"《叙传》曰："八音、七始、五声、六律。"刘德曰："七始，天、地、四时、人之始也。寻七始，即七政。"《大传》曰："在璇机、玉衡，以齐七政。七政谓春、秋、冬、夏、天文、地理、人道，所以为政者也，道政而万事顺成。"盖泛言之为七政。在乐则为"七始"。"七始"出于《今文尚书》。"七"亦作"桼"，《太(元)〔玄〕经》(元)《〔玄〕摘》曰："运诸桼政。"王莽《候钲铭》曰："重五十桼斤。"桼或误作"来"。'故此纪旧作'来始滑'。或误作'采'，故《古文尚书》作'采政忽'。忽，郑本作'叚'，云：'叚者，臣见君所秉，书思对命者也。君亦有焉，以出

内政，教于五官。'晚出古文更误作'在治忽'，《索隐》转以'采政忽'为今文。而此文旧作'来始滑'者，来为'泰'之形误，滑为'忽'、'曶'之声误也。今正。

予辛壬娶涂山，癸甲生启

案：《楚辞·天问》王逸注曰：'以辛酉日娶，甲子日去而有启也。'有启与生启同，皆谓孕启也。《尚书》'娶于涂山，辛壬癸甲'，谓孕启之日；'启呱呱而泣'，指启乳后而言，各一时事。《索隐》牵《书》之'启呱呱而泣'解此文'癸甲生启'，谓'岂有辛壬娶妻，经二日生子，不经之甚！'已自不达，擅议先哲，妄甚。

将战接乃召六卿

案：各本中云'作《甘誓》'，揆之上下文，此句非不可阙者，后人据《书序》窜入也，详《序证·书序节》，下做此。今删。

太康失国，昆弟五人，须于洛汭接太康崩

案：各本中云'作《五子之歌》'，此东晋《古文尚书·书序》语也。《楚语》：'尧有丹朱，舜有商均，启有五观。'韦注：'五观，太康昆弟也。观，洛汭之地。'《潜夫论·五德志》曰：'夏后启子太康、仲康更立，兄弟五人，皆有昏德，不堪帝事，降须洛汭，是谓五观。'然则'五观'者，即谓昆弟五人须于洛汭也。汉时《书序》'须于洛汭'下当有'作《五观》'句，晋时'观'字始以声转为'歌'，段氏以《左传》'斟灌'，《夏本纪》作'斟戈'例之，是也。晚出《古文尚书》读'歌'如字，增作'五子之歌'，而作歌五章以当之，复改汉时《书序》'作《五观》'为'作《五子之歌》'。后人又依既改之《书序》窜入《史记》，乃成太史公录东晋人语矣，可笑孰甚焉！今删。

是为帝中康接**中康崩**

案：各本中言'作《胤征》'事，亦后人据《书序》窜入也。今删。

帝相崩，子帝少康立

《索隐》：'帝相自被篡弑，中间经羿、浞二氏，盖三数十年。此纪总不言之，疏略之甚。'

案：羿、浞代夏之事，太史公录其文于《吴世家》，而此纪无之，犹《韩非传》载郑武公伐胡事，而《郑世家》亦无之，此寓言非实事故也。太史公弃取自有精意，小司马转讥其疏略，所谓鹔鹴明已翔乎寥廓，罗者犹视乎薮泽也。

诸侯畔之接**孔甲崩**

案：各本中叙刘累豢龙事，此刘歆窜入《左传》，又窜入此纪也。若太史公时即有尧后刘累之言，得不为汉承尧后之说入《高祖本纪》乎？详彼篇下。《高祖本纪》幸未窜乱，而此篇有之，其伪益彰矣。今删。

殷本纪第三

汤始居亳，从先王居接**葛伯不祀至无有攸赦**接**伊尹名阿衡**

案：各本'王居'下云'作《帝诰》，汤征诸侯'、'攸赦'下云'作《汤征》'，皆后人据《书序》窜入也。若《书序》有'汤渔'，今得不于'乃入吾网'下增曰'作《汤渔》'乎？今删。

伊尹名阿衡

《索隐》：'《孙子兵书》："伊尹名挚。"然解者以"阿衡"为官名。阿，倚也；衡，平也。亦曰"保衡"。尹，正也，谓汤使之正天下。'

案：尹亦官名，周之师尹，楚之令尹，义即本此。曰'尹'、曰'阿衡'、曰'保衡'，皆以官名名之，而其人名，则曰挚也。

复归于亳_接汤出

案：各本中云：'入自北门，遇女鸠、女房，作《女鸠》《女房》。'从《书序》窜入，今删。

以告令师_接于是汤曰

案：各本中云'作《汤誓》'，从《书序》窜入，今删。

夏师败绩_接汤乃践天子位_接还亳_接维三月

案：各本'败绩'下云'作《典宝》'、'作《夏社》'，'践天子位'下云'中虺作诰'，'还亳'下云'作《汤诰》'，皆从《书序》窜入，今删。

以令诸侯_接汤乃改正朔

案：各本中云'伊尹作《咸有一德》，咎单作《明居》'，从《书序》窜入，今删。

是为帝太甲_接帝太甲既立

案：各本中云'帝太甲元年，伊尹作《伊训》，作《肆命》'，从《书序》窜入，今删。

伊尹嘉之接**襃帝太甲，称太宗**

案：各本中云'乃作《太甲训》三篇'，从《书序》窜入，今删。

子沃丁立接**沃丁崩**

案：各本中云'帝沃丁之时'至'作《沃丁》'，从《书序》窜入，今删。

而祥桑、（谷）〔榖〕枯死而去接**殷复兴**

案：各本脱（谷）〔榖〕字，今依上文'祥桑、（谷）〔榖〕共生于朝'订。'而去'二字语尤，疑衍。下云'作《咸艾》'，'作《太戊》'，'作《原命》'。今案：'《咸艾》'、'《原命》'从《书序》窜入，但《书序》无'《太戊》'而有'《伊陟》'，此纪反是，当由窜《序》入《纪》者误脱'《伊陟》'而别增'《太戊》'也。今删。

是为帝外壬接**帝外壬崩**

案：各本中云'《仲丁》书阙不具'，此岂记言之书，而泛语及此。文不列于'仲丁崩'下，而在'帝外壬'下，亦可为妄窜之证。今删。

是为帝小辛接**帝小辛崩**

案：各本中云帝小辛时，'百姓思盘庚，乃作《盘庚》三篇'，与上文'盘庚诰谕'云云，其文为盘庚自作，意相冲决，其为窜入无疑。今删。

号曰传说

案：此下不曰'作《说命》'，与《管蔡世家》'是为蔡仲'下不曰'作《蔡仲之命》'，幸未据《书序》窜入也。而《书序》之有'《说命》'，有'《蔡仲之命》'，正因此文与《世家》封蔡仲事而附会尔。

立其庙为高宗接帝祖庚崩

案：各本中云'作高宗（彤）〔肜〕日及《训》'。'《高宗（彤）〔肜〕日》"上既录其文矣，不当复录其篇名，详《序证·书序节》。上文系祖己亲对武丁语，此谓武丁崩后作，亦自相冲决，可为妄人窜入之证。今删。

太师、少师乃持其乐器奔周

案：各本'乐器'二字上有'祭'字，衍也。持祭器者，微子也，见《宋世家》。太师、少师但持乐器奔周，见《周本纪》。此'祭'字因《宋世家》而衍也，今正。

孔子以殷路为善止

案：各本作'孔子曰，殷路车为善，而色尚白'。'曰'字误。车即路也；'色尚白'，纪已言之，此何复言，皆衍文也。今正。

史记探源卷三 十二本纪

周本纪第四

后稷卒，子不窋立至生昌

案：《夏本纪》自禹至桀十七王，及王三，则为十四世。《殷本纪》自契至汤亦十四世，自汤至纣二十九王，及王十，则为十九世，合计自契至纣为三十二世。而周自后稷至文王尚止十五世，历千余年矣，世世年逾七十乃生子乎？但此纪世次既详，《国语》亦曰：'自后稷之始基靖民，十五王而文始平之，十八王而康克安之。'与此纪合，似当无误。

诗人道西伯，盖受命之年称王而断虞、芮之讼。后七年而崩，谥为文王。改法度，制正朔矣。追尊古公为太王，公季为王季

《正义》：'《易纬》云："文王受命，改正朔，（有）〔布〕王号于天下。"郑氏信而用之。若文王自称王，则是功业成矣，武王何复

得云"大勋未集"？《礼记·大传》云："追王太王亶父、王季历、文王昌。"据此文是追王为王，何得文王自称王也？'

案：文王称王之义，经有明征。一征之《易》，《升》之四曰：'王用亨于岐山。'《益》之二曰：'王用亨于帝。'亨帝之王，即亨岐山之王也。岐山者，文王之都会也。亨帝者，郊祭天也。《王制》云：'天子祭天地。'董仲舒《春秋繁露·四祭篇》曰：'已受命而王，必先祭天，乃行王事，文王之伐崇是也。'《诗》曰：'济济辟王，左右奉璋。'此文王之郊辞也。是郊天实王者事，文王不称王，何为郊天？再征之《诗·大雅·皇矣篇》，述文王伐崇之事而曰'是类是祃'。《虞书》曰：'肆类于上帝。'《王制》曰：'天子将出征，类乎上帝，祃于所征之地。'是'类'、'祃'者，天子之祭名，文王不称王何为类、祃哉？三征之《春秋》'元年春王正月'。《传》曰：'元年者何？君之始年也。王者孰谓？谓文王也。曷为先言王而后言正月？王正月也。'即此所谓受命称王、制正朔矣，固属之文王也。四征之《孟子》曰：'以德行仁者王，王不待大。汤以七十里，文王以百里。'又曰：'且以文王之德，百年而后崩。'又曰：'文王亦一怒而安天下之民。'夫曰'王'、曰'崩'、曰'安天下之民'，岂所施于未建王号者乎？惟《论语》'三分天下有其二，以服事殷'，似可为文王未称王之证。然《古论》尔耳，《鲁论》异是，《吕氏春秋·古乐篇》高注云：'《论语》曰："文王为西伯，三分天下有其二，以服事殷。"'则高诱所见《论语》'三分天下'句上有'文王为西伯'句也。何氏《集解》：'包咸曰："殷纣淫乱，文王为西伯而有圣德，天下归周者三分有二，而犹以服事殷。"'据此注惟'殷纣'句乃述《经》文之缘起，'文王'句亦是引《经》，不然何与高氏引《经》无一字差别耶？是包氏所见《论语》'三分天下'句上亦有'文王为西伯'句也。文王享国五十年，在西伯位四十三年，即王位七年。三分天下有其二以服事殷者，专自在西伯位言之，不兼改元称王后言也。改元之六年，助纣为虐之崇侯虎，文王已伐取其国矣。虽欲事殷，岂可得耶？天下所归往之谓王，谓朝觐讼狱所归也。故文王断虞、芮之讼为受命称王之元年。韩太傅、毛公、王肃之说皆同，不惟郑君也。张守节所引以驳《史记》者，乃东晋所出伪《古文尚书》及《礼记·大传》言追王虽及文王，然《中庸》止于王季，岂非文王已早称王不待追王耶？此义也自魏以前尽人所知，自宋以后知者绝少，故详据以申明之。

九年，武王上祭于毕

《正义》：'《尚书·武成篇》云："我文考文王，诞膺天命，惟九年，大统未集。"《泰誓》序云："惟十有一年，武王伐殷。"《泰誓》云："惟十有三年，大会于孟津。"案：文王受命九年而崩，十一年武王服阕，观兵孟津，十三年克纣。太史公与《尚书》违，甚疏矣。'

案：此所引《尚书》皆伪古文，遂致自文王崩，至武王观兵伐纣，皆差二年，不足据也。《大传》曰：'文王受命一年断虞、芮之讼，二年伐邘，三年伐密须，四年伐犬夷，五年伐耆，六年伐崇，七年而崩。'此纪上文叙所伐之国，虽视《大传》互有先后，其谓'七年而崩'则同。七年以前无岁不征，若九年而崩，何以末二年无事可考？岂前七年日不暇给，后二年耄倦于勤乎？且惟七年而崩，故武王三年丧毕，上祭于毕，则为九年，居二年师渡孟津，则为十一年，克殷后二年访《洪范》于箕子，则为十三年也。

有火自上复于下，至于王屋，流为鸟，其色赤，其声魄

《集解》：'郑曰："《书说》云：'鸟有孝名。'武王卒父大业，故（鸟）〔乌〕瑞臻。"'《索隐》：'案：今文《泰誓》"流为雕"。雕，挚鸟也。马融云："明武王能伐纣。"'

案：《汉书·董仲舒传·对策》曰：'《书》曰："有火复于王

屋，流为乌。"'《春秋繁露·同类相动篇》：'《尚书传》曰："周将兴之时，有大赤乌衔谷而集王屋之上。"'《诗·思文·笺》：'火流为乌，五至，以谷俱来。'《疏》引《太誓》云：'有火至于王屋，流之为雕，五至，以谷俱来。'董生二说皆作'乌'，今文也。《诗笺》同。《孔疏》引《书》作'雕'则是古文。《索隐》倒矣。惟《繁露》引《书传》是真乌，余说皆为火所幻形。今案：乌能衔谷，必是真乌。《繁露》仲舒自作，较为可信，策文不应自相乖异，当是刘歆所改。此亦是也。

武王乃_接告于众庶

案：各本中有'作《泰誓》'三字。'自九年上祭于毕'以下，多出《泰誓》文，与《大传》所引略同，至此乃云'作《泰誓》'，是不知上文为《泰誓》者也，且下录《牧誓》文，不曰'作《牧誓》'，则此云'作《泰誓》'，亦可为妄人窜入之证。今删。

命闳夭封比干之墓_接武王追思先圣王，乃褒封神农之后于焦云云

案：各本中叙'作《武成》'，'作《分殷之器物》'，从《书序》窜入，致'封神农、黄帝、尧、舜之后'与上文'释箕子之囚'、'表商容之闾'、'封比干之墓'等句不接。今删。

自发未生于今六十年

案：《大戴礼》本亦有《文王世子篇》，谓文王十五而生武王。《小戴记》曰'文王九十七而终，武王九十三而终'。是则武王少文王十四岁，文王崩时，武王八十三矣。后二年祭毕，又后二年伐纣，则八十七矣。要不若武王之自言为可信也。《管蔡世家》：'武王同母兄弟十人，母曰太姒。''武王克殷纣，封昆弟，康叔封、冉季载皆少，

未得封。'然则二人之年，总在二十以内。若克殷时，武王年八十七，太姒亦年十五生武王，则康叔、冉季生时，太姒年逾八十矣。惟武王年甫六十，则太姒生康叔、冉季时不过五十余岁耳。今妇人年四十余而生子者多矣，过此十年而乳，宜亦世所或有，究胜于八十余岁之母，必无生子之理也。《齐太公世家》：武王即位，太公望为师尚父。《集解》：'刘向《别录》曰："师之、尚之、父之，故曰师尚父。"'案：父之者，必其年可为之父也。萧望之曰：'侯年宁能父我乎？'此其例也。《说苑》：'吕望年七十，钓于渭。'案：此后佐文王受命而王，至七年，文王崩，武王即位，则太公年亦八十余耳。若武王年与之相若，岂得父之？人年二十，乃有为父之道。则武王父之，必当少于太公二十，此二者皆可为克殷后武王年甫六十之证。以邑姜为太公女，此杜预臆说，不足据。《文王世子》云：'梦帝与我九龄。'设言圣德上通于穆之理，'九十七'、'九十三'，修辞之例，不得不然，皆非事实。郑君注《礼》，未可引此以驳本经，裴骃以下解《史记》，于此文目若未睹，謷哉！

以武王少弟封为卫康叔接周公行政七年

案：各本中云'故初作《大诰》，次作《微子之命》，次《归禾》，次《嘉禾》，次《康诰》《酒诰》《梓材》'，皆从《书序》窜入。今删。《归禾》《嘉禾》详《序证·书序节》。《康诰》以下三篇承'为卫康叔'而言，然上文'武王问以天道'下不曰'作《洪范》'，'周公欲代武王'下不曰'作《金縢》'，则增窜今文篇名，尚未尽备也。作《微子之命》，承'以微子代殷后'而言，然《殷本纪》'号曰传说'下不曰'作《说命》'，《管蔡世家》'是为蔡仲'下不曰'作《蔡仲之命》'，则增窜古文篇名，亦有遗漏也。益可为彼皆原文，而凡曰作某篇者，皆后人窜入之证也。

四方入贡道里均〔接〕成王将崩

案：各本中云'作《召诰》《洛诰》'，'作《多士》《无佚》'，'作《多方》'，'作《周官》'，'作《贿息慎之命》'，皆从《书序》窜入。今删。'召公为保，周公为师'二句，本《君奭》序文，此在'东伐淮夷'上，亦足为疏舛之证。'迁其君薄姑'下不曰'作《薄姑》'，此增窜后亦有遗脱也。

成王既崩〔接〕太子钊〔接〕立

案：各本'既崩'下叙'作《顾命》'之意，篇名出自《书序》，而文有妄增。'太子钊'下因增'遂'字。今正。《尚书》：二公申诰康王，但曰'毕协赏罚，张皇六师'而已，此云'务在节俭，毋多欲，以笃信临之'，与《顾命》文意不合，是以狗皮补狐裘也。

是为康王〔接〕成、康之际

案：各本中言'作《康诰》'，《书序》有《康王之诰》篇名，马、郑、王割《顾命》'王若曰'以下为之，《伪孔》'分诸侯出庙门俟'以下为之，太史公时岂知有此篇名耶？据《书序》以窜入《史记》，又说'王之'二字，遂有两《康诰》矣。今删。

刑错四十余年不用〔接〕康王崩至昭王南巡狩，不返，崩于江上〔接〕立昭王子满

案：各本'不用'下叙'作《毕命》'之事，亦从《书序》窜入。二王之崩皆书'卒'，'江上'句下云'其卒不赴告，讳之也'。此袭左氏之例，而又失其本意者也。左氏称'不赴告'，为不书于《春秋》发也。昭王在春秋前，此书'不赴告'，于义无所系属，一也。左氏释《春秋》之例，有讳弑而书卒者，无讳卒而不赴者，此谓讳卒，二也。

左氏'赴'与'卒'连文,皆谓诸侯耳,未有书天王卒者,此文施之天王,三也。此由不通左例而窃取其例以叙昭王并及康王,遂成不可思议之巨谬,所谓非才妄续也。今删。

春秋已五十矣_接穆王将征犬戎

案:各本中云'王道衰微,作《臩命》。复宁。'岂天下安危,空言所能挽回乎?篇名从《书序》窜入,妄增'复宁'二字。今删。

甫侯言于王_接修刑辟

案:各本中有'作'字,从《书序》窜入。今删。'修'谓'修刑辟',甫侯之言也。'作'即'作《吕刑》'之'作',序《书》者之言也,故知非《史记》本文。

召公、周公二相行政,号曰'共和'

《索隐》:'共音如字。若《汲冢纪年》则云"共伯干王位"。共音恭。共,国;伯,爵。言共伯摄王政,故云干王位也。'

案:《庄子·让王篇》曰:'故许由娱于颖阳,而共伯得乎共首。'此与子州支父、石户之农等名相类,皆子虚乌有也。《吕氏春秋·开春论》曰:'共伯和修其行。'高诱注曰:'夏时诸侯也。'是则共伯和纵有其人,不在周世,《古今人表》《竹书纪年》始以为周厉王时人。《古今人表》有少昊之属,亦出刘歆,《竹书纪年》乃魏、晋间人所作,皆不足信。《日知录》转据之以驳《史记》,其时一切伪古书之案未破故也。

襄王十三年,郑伐滑_接十四年,叔带归于周

案:各本叔带节在十二年,误也,今依《年表》及《左传》正。

三十三年，襄王崩

案：各本误作'三十二年'，今依《年表》及《春秋》正。

四十三年，敬王崩

案：各本误作'四十二年'，今依《年表》订。是年，岁在甲子，纪元乃在壬午。《集解》：'徐广曰："皇甫谧曰：敬王四十四年，元己卯，崩壬戌也。"'适案：己卯实景王二十三年，壬戌乃敬王四十一年。皇甫谧减去景王三年，为增敬王一年、定王二年地也。详下。

子元王仁立

《集解》：'徐广曰："《世本》云贞王介也。"'

元王八年崩，子定王介立

《集解》：'徐广曰："《世本》云元王赤也。"皇甫谧曰："元王二十八年崩，三子争立，立应为贞定王。"《索隐》：'《世本》云元王赤，皇甫谧云贞定王。考据二文，则是元有两名，一名仁，一名赤。如《史记》，则元王为定王父，定王即贞王也；依《世本》，则元王是贞王子。必有一误。然此"定"当为"贞"字误耳，岂周家有两定王，代数又非远乎？皇甫谧弥缝《史记》《世本》'之错谬，因谓为贞定王，未为得也。'

二十八年，定王崩

《集解》：'徐广曰："皇甫谧曰：'贞定王十年，元癸亥，崩壬申也。'"'

案：元王、定王，《世本》于《史记》，互倒其父子，又改'定'为'贞'。皇甫谧合之为'贞定'，虽不互倒其父子，乃互倒其年数，增元王之八年为二十八年，减定王之二十八年为十年。但合二王计之，犹羡二年，故又增敬王一年，而减景王三年以符之。然贞定十年，既承元王二十八年之后，而元癸亥，乃上承敬王崩壬戌，悖谬甚矣。司马贞是'贞'而非'定'，疑周不当有两定王，则不记宋有两昭公，卫有两庄公，晋有文侯仇，复有文公重耳乎！且两定王相去中有简、灵、景、敬、元五王，代数又不可谓非远也。

后七岁，秦庄襄王灭东周

案：各本作'灭东、西周'。'西'字涉下文而衍，今依《年表》正。西周前七岁亡矣，是岁复灭东周，故下云东、西周皆入于秦也。

东、西周皆入于秦，周既不祀

案：《秦本纪》：庄襄王元年，东周君与诸侯谋伐秦，秦使相国吕不韦诛之，尽入其国。秦不绝其祀，以阳人地赐周君，奉其祭祀。然则庄襄王灭东周时未绝其祀也。至始皇二十六年，尽灭六国，除封建为郡县，诸子功臣且不得尺寸封，何论前代。赐周阳人地，当复入于秦，不得奉其祭祀矣。此云不祀，终言之也。

太史公曰至毕在镐东南杜中止

案：下云'秦灭周。汉兴九十有余载，天子将封泰山，东巡狩至河南，求周苗裔，封其后嘉三十里地，号曰周子南君。'此后人从《汉书·武帝纪》元鼎四年诏书窜入也。太史公述事至于麟止，岂得及后十年事。且嘉得封，则周复祀，与上文云'周既不祀'非一人之言明矣。今删。

秦本纪第五

> 徐偃王作乱，造父为缪王御

《正义》：'《古史考》云："徐偃王与楚文王同时，去周缪王远矣。"'

案：《后汉书·东夷传》谓周穆王命楚文王伐徐偃王，灭之。直以为楚文王与周穆王同时，虽欲为二史作调人，其如世次太远何？今案：《楚世家》无文王伐徐事，入春秋后，徐夷其微，安得有称王而朝三十六国之事？《常武》之诗曰'徐方绎骚'，曰'濯征徐国'，曰'徐方来庭'。可见徐夷之乱在春秋前，宣王时特其余焰，穆王时乃为极盛，此事亦载于《赵世家》，亦足为此纪之证。《正义》引异说以驳本师，蠹生于木而寇木矣。

> 襄公乃用骝驹、黄牛、羝羊各三，祠上帝西畤○德公祠鄜畤○宣公作密畤

案：《本纪》但载此三畤，惟于初言畤曰'祠上帝'，则筑畤之地殊耳，所祠之帝一也。《封禅书》曰：'襄公自以为主少皞之神，作西畤，祠白帝。文公作鄜时畤，郊祭白帝。宣公作密畤于渭南，祭青

帝。'则畤名同，而帝有青、白之异矣。下云'灵公作吴阳上畤，祭黄帝；作下畤，祭炎帝；献公作畦畤栎阳而祀白帝'。则又增三畤，加二帝矣。皆于此纪如骈拇枝指。且少皞为人帝，此纪云上帝。《周官·大宗伯》'牲璧皆如其方之色'，然则襄公若祠白帝不当用骝驹、黄牛。《封禅书》所言，乖谬特甚。此刘歆所撰，详《序证·五德节》及《封禅书》下。后人据《封禅书》以改《年表》，详《年表》。《集解》引误改之《年表》注此纪'西畤'，《正义》亦引五色帝之说以注'密畤'，故详驳之。

惠文君四年，魏君为王

案：各本作'齐、魏为王'，误也。《年表》是年为周显王三十五年，魏襄王元年，与诸侯相王，《魏世家》同，皆与此合。《田敬仲完世家》：威王二十六年称王，与《年表》同，当周显王十六年，前此十九年矣！何待此年？此衍'齐'字而脱'君'字也，今正。

十三年四月戊午，君为王_接使张仪伐取陕

案：监本误作'魏君为王'。汲古阁本、《年表》无'魏'字，是也。谓惠文君称王尔，故上文皆称君，下文皆称王。《周本纪》：'显王四十四年，秦惠王称王。'《正义》：'《秦本纪》云："惠王十三年，与韩、魏、赵并称王。"'《楚世家》：'（威）〔怀〕王四年，秦惠王称王。'《田敬仲完世家》：'宣王十八年，秦惠王称王。'《张仪传》：'秦惠王十年为相，相秦四岁，立惠王为王。'皆即惠王十三年也。此'魏'字与下文'韩亦称王'句皆衍，今正。韩称王，《世家》谓在宣王十一年，《年表》在十年，即周显王四十六年，后此二年也。

昭襄王二十九年，白起为武安君

《正义》：'言能抚养军士，战必克，得百姓安集，故号武安。故城在潞州武安县西南五十里，七国时赵邑。'

案：此名号侯之滥觞也。名号侯之名，始自《魏志武帝纪》，裴注以为今之虚封。今案：无封邑，但有名号而已。七国时或有封邑而别为名号，如赵以尉文封廉颇为信平君，封乐毅于观津号曰望诸君，秦相吕不韦封为文信侯，食河南洛阳十万户，此如汉世之列侯，而别为名号者也。或有名号而无封邑，如秦相蔡泽为纲成君，赵赐赵奢为马服君，汉初封刘敬为奉春君，叔孙通为稷嗣君，则位下于列侯，《秦始皇本纪》谓之伦侯，汉曰关内侯，即名号侯之类也。赵有两武安君，始苏秦，终李牧，而秦亦以是名封白起，亦但有名号耳。《正义》'故号武安'以上是也；'故城'以下，又以为封邑，一名而两释之，乖矣。秦攻韩阏与，军武安西，大为赵奢所破，在秦昭王三十七年，则前此秦安得有武安以封白起耶？

庄襄王三年四月日食接王龁攻上党至魏将无忌率五国兵击秦

案：各本中有'四年'二字，衍也，今删。'王龁'以下，上承'三年四月'为文，庄襄王无四年也。请列四证以明之：《年表》庄襄王元年，当魏安厘王二十八年，秦虽脱'二年'、'三年'之文，然无忌败秦军在安厘王三十年，则当庄襄王三年也，证一也。《魏世家》安厘王二十六年，秦昭王卒，三十年，无忌归魏，率五国兵攻秦，中更秦孝文王一年，则无忌攻秦在庄襄王三年也，证二也。《楚世家》考烈王十二年，秦昭王卒，十六年，秦庄襄王卒，亦以庄襄王卒为后昭王卒四年，中更孝文一年，则庄襄王卒于三年也，证三也。《吕不韦传》庄襄王即位三年薨，证四也。

子政立，是为秦始皇帝止

案：各本此下终言二世、子婴事，当是后人附记误入正文。不然，全书自此篇外，复有前纪之末附载后纪之年者乎？灼然伪矣。今正。

秦始皇本纪第六

八年，嫪毐

《索隐》：'毐，姓；毒，字。王劭云："贾侍中说，秦始皇母与嫪毐淫，坐诛，故世人骂淫曰'嫪毐'也。"'

案：毐，非字也，《说文》：'毋，止之也，从女，有奸之者。''毐，人无行也，从士、毋。贾侍中说云云。读若娭。'然则毐之为言，犹奸也，淫也，人岂有字奸、字淫者乎？《史记》称嫪毐曰'毐'，訾其无行也；世人骂淫曰'嫪毐'，借寓名为公名也，如《公羊传》曰'公一陈佗也'之比。王劭举贾说而不及许书，差以毫厘，谬以千里矣。

迁蜀四千余家接房陵接迁太后于雍

案：各本重'家'字，无义，衍也，今删。'迁太后'句，各本皆脱，今依下文'迎太后于雍'句补。

十年，大梁人尉缭来，以为秦国尉

案：此以官代姓，犹伊尹、吕尚以官代名也。

十八年，王翦将上郡

案：各本误作'上地'。《正义》：'上郡上县，今绥州等是也。'然则唐时正文作'上郡'也。今正。异日，韩王纳地效玺至虏其王接赵王使其相李牧来约盟接寡人以为善，庶几息兵革接故归其质子

案：各本'寡人以为善'二句，误在'虏其王'下。今正。

二世三世至于万世，传之无穷接改年始。朝贺皆自十月朔，衣服旄旗旄节皆上黑接丞相绾等言

案：各本'无穷'下云'始皇推终始五德之传，以为周得火德，秦代周德，从所不胜。方今水德之始'五句，此刘歆辈从《郊祀志》窜入，详《序证·五德节》及《封禅书》下。即此文亦有可证者，'始朝贺皆自十月朔'，故曰'改年'，仍称十月，不曰正月，故不曰'改正'。颜师古《汉书·高·纪》元年'春正月'注曰：'凡此诸月号，皆太初正历之后记事者追改之。当时以十月为岁首，即谓十月为正月。'今案：谓十月为正月，当谓九月为十二月，此纪三十一年十二月更名腊曰嘉平。秦之腊，即周之蜡。《郊特牲》曰：'蜡也者，索也。十二月合聚万物而索飨之也。'皇氏以为三代各以十二月为蜡，是也，故其祝辞云：'土反其宅，水归其壑，昆虫毋作，草木归其宅。'此必在土功毕、水德衰、昆虫蛰、草木落之时，惟十二月有此物象。若在九月，方筑场圃，何得云'土反其宅'？未交冬令，何得云'水归其壑'耶？秦腊仍在十二月，则不改正明矣。十月者，夏正之十月也，从夏正故服色上黑。《三正记》曰：'十三月之时，万物始达，孚甲而出，皆黑。故夏为人正，色尚黑也'。然则此云'上黑'，乃行夏正，非以水德也，今正。'旄旗旄节'，各本倒作'旄旄节旗'，今依《正义》，先释旄，次释旗，次释旄节，正。'上黑'下云'数以六为纪，符、法冠皆六寸'，《集解》'水数六'，亦以水德为言。适案：《吕氏十二纪》以五数分配五时，然则五德之数，自五至九，岁遍用之，不谓一朝之制有凡事用六者也。《高祖本纪》'封皇帝玺符节"。《索隐》：'韦昭云："天子印称玺，又以玉。符，发兵将也。"'是则符亦玺

类，皆谓印也。符，广六寸，当用六字。《汉书·武帝纪》：'太初元年，数用五。'注：'张晏曰：'用五，谓印文也。若丞相曰"丞相之印章"，诸卿及守相印文不足五字者，以"之"足之。"'以彼例此，则秦玺当方六寸，用六字矣。乃此《纪》'九年，矫王御玺'。《正义》：'韦曜《吴书》云："玺方四寸，上句绞五龙，文曰'受命于天，既寿永昌'。"'寸数、龙数、字数，于六字无一应者。下又云'更名河曰德水，以为水德之始。刚毅戾深，事皆决于法，刻削毋仁恩和义，然后合五德之数'等语，亦袭《郊祀志》而杂增之。二十八年（邹峄山）〔琅邪台〕刻石文曰：'除疑定法，咸知所辟。'固亦以'忧恤黔首'为言，岂有自以'戾深刻削'为德者耶？且造为'终始五德'之说者，为水德始于颛顼，岂亦以'刻削毋仁恩'为德耶？今皆删正。

徐市

案：此与魏人周市、《魏豹传》齐王田市，《项羽本纪·田儋传》解者皆不作音义，误以为'市井'之'市'，尽人所知故也。不思《淮南王传》引作'徐福'，则太史公以此为'韨珽'之'韨'；《说文》部首'巿'篆作'韨韠也'；《易》之'赤绂'，《诗》之'朱芾'，皆即'巿'字。'巿'、'福'一声之转，故相通，与隶书'市井'之'市'形近而误解也。

非博士官所职，天下敢有藏《诗》《书》、百家语者，悉诣守、尉杂烧之至若欲有学接以吏为师

案：各本作'若欲有学法令'，今依《集解》徐广曰'一无"法令"二字'正。若欲有学者，学《诗》、《书》、百家语也。吏谓博士也。第烧民间之书，不烧官府之书；第禁私相受授，可诣博士受业。故陈胜反，二世召问博士诸生，博士诸生三十余人前曰'人臣无将'，语本《公羊传》，事载《叔孙通传》。若并在官者禁之，三十余人者，焉

敢公犯诏书,擅引经义哉?

太史公曰_至故旷日长久而社稷安矣_止

案:贾生《过秦论》三篇,自为首尾,此录其下篇也。各本复录其上篇、中篇于下,此王船山所谓尻下出头者,必非《史记》本文。中篇'南面称帝'下,《集解》:'徐广曰:"一本有此篇,无前者'秦孝公'已下,而又以'秦并兼诸侯山东三十余郡'继此末也。"'《索隐》:'邹诞生曰:"太史公删著此论(当)〔富〕其义而省其辞。褚先生增续既已混淆,而世俗小智不惟删省之旨,合写本论于此,故不同也。"'是徐广所见本,固有不录其上篇者;邹诞生亦以全录三篇,为世俗所增。下载班固云:'贾谊、司马迁曰,向使子婴有庸主之才'云云,文出下篇,则下篇固汉时《史记》所已录,而晋时一本有中篇者,亦后人窜入也。《陈涉世家·集解》引班固奏事曰:'太史迁取贾谊《过秦论》上下篇以为《秦始皇本纪》《陈涉世家》下赞文。'今案:《世家》录其上篇,则此惟录其下篇,无中篇,有明证矣,今据以正。'襄公立,享国十二年'以下,当是后人附录,若以为太史公作,何以余篇无此体例乎?

项羽本纪第七

使刘贾将兵,烧楚积聚_接项王乃谓海春侯大司马曹咎等曰_至汉军畏楚,尽走险阻_接项王与汉俱临广武而军,相守数月_接项王闻淮阴侯已举河北,破齐、赵_至是时彭越复反,下梁地,绝楚粮_接项王患之,为高祖置太公其上_至汉王伤走入成皋_接病愈复如广武_接是时汉兵盛食多云云

案:此依《高祖本纪》及《汉书·高帝纪》《项羽传》正。各本

'曹咎自到汜水上'误在'楚、汉俱临广武而军'后。汜水在成皋西，广武在成皋东。汉渡汜水，然后入成皋，复东临广武。若汉王先临广武，曹咎何由西守成皋乎？'病愈复如广武'二句，各本皆脱，今依《高祖本纪》补。

汉王乃封侯公为平国君接曰：此天下辩士，所居倾国，故号为平国君接侯公匿，弗肯复见

案：各本误移'匿，弗肯复见'句于'曰此天下辩士'上，'匿'字上脱'侯公'二字，致不可解。今正。

高祖本纪第八

高祖，沛丰邑中阳里人，姓刘氏

《索隐》：'高祖，刘累之后，别食邑于范，士会之裔，留秦不反，更为刘氏'。

案：《左》昭二十九年《传》；蔡墨曰：'陶唐氏既衰，其后有刘累，学扰龙于豢龙氏，夏后赐氏曰御龙，以更豕韦之后。'此刘氏为尧后一说也。襄二十四年《传》；范宣子曰：'昔匄之祖，自虞以上为陶唐氏，在夏为御龙氏，在商为豕韦氏，在周为唐杜氏。晋主夏盟为范氏。'文十三年《传》：'士会之帑处秦者为刘氏。'此刘氏为尧后之又一说也。《汉书·王莽传》：莽曰：'予之皇始祖考虞帝受嬗于唐，汉氏初祖唐帝，世有传国之象。'实始为汉承尧后之说。姑无论刘累既更豕韦之后，则非豕韦氏，范氏若系豕韦氏后，则非陶唐氏后；又无论左氏云'其处者为刘氏'，果如《疏》曰'为先儒插注'否也。即使刘氏果为尧后，安知汉是此刘氏之后？周有刘康公，王季子也，食采于刘，见《左》文十五年《传》注。《毛诗》：'彼留子嗟。'《传》：

'留，大夫氏。'案：留之为氏，亦系邑名，即古者郑国'处于留'之留，与刘同在王畿之内。《说文》无'刘'字，有'鎦'字，从'留'声，盖'鎦'即'留'，亦即'刘'也。彼皆无后乎？是则汉承尧后与刘氏为尧后，不得并为一谈。且一姓不再兴，故尧、舜、禹为天子，后世为诸侯；契、稷、益为诸侯，后世为天子。未闻天子之苗裔势微，累千年复为天子者也。莽自比于舜受尧禅，自以为舜后，因以汉为尧后。贾逵曰：'《五经》皆无证圆谶明刘氏为尧后者，左氏独有明文。'是左氏此文以证图谶，此谶即哀章所作金匮策书，持之高庙，莽所借以受禅者。刘歆为莽典文章，遂复散布诸说入《左传》，假刘累为得氏之始，其称御龙氏即寓乘龙御天之意，继以豕韦以配王氏之陈胡王、敬王并峙，为遥遥华胄尔。然刘氏为尧后，左氏虽有明文，汉为尧后刘氏之后，其有明文者惟王莽诏书耳。太史公所未及闻，故为高祖作《本纪》，始述其里居，言其为家人子也；次详其姓氏，明其世系无考也。岂若《秦本纪》曰'帝颛顼之苗裔'，《项羽本纪》曰'世世为楚将'出自世家大族之比哉！小司马所引，可谓渣滓太清矣。

字季

《集解》：'《汉书音义》："讳邦"'。《索隐》：'《汉书》："名邦，字季。"此单云字，可疑。汉高祖长兄名伯，次名仲，不见别名，则季亦是名也。故项岱云："高祖小字季，即位易名邦，后因讳邦不讳季，所以季布犹称姓。"'

案：刘氏兄弟三人，但以长少而称伯、仲、季，非名也。高祖微时但称刘季，后称沛公，后称汉王，后称皇帝，终其身无所谓名与字也。讳邦者，后世史臣所拟耳。否则汉王二年二月立汉社稷，当为祭文，或为造名之始欤。

父曰太公，母曰刘媪

《索隐》：'王符云："太上皇名煓。"与湍同音。皇甫谧云："名执嘉。""媪姓王氏。"又据《春秋握成图》以为执嘉妻含始。近有人打得班固泗水亭长古碑，文云："母温氏（贞）"。'

案：侯景篡梁，其党为立七庙，请讳。景曰：'惟记阿耶名标，余不知也。'其党遍为其祖造讳，史家嗤之。以彼例此，乃知汉高之家世，正如侯景。王符之矫诬，实启王伟也。当太史公时，汉高之父无名，母无姓，况能知其二千年前之远祖乎？汉明信贾逵诬辞，愧刘炫矣。炫说见《左传》襄二十四年疏。

徒中壮士愿从者十余人接秦始皇帝常曰

案：各本中述赤帝子斩白帝子事，此从《郊祀志》窜入，详《序证·五德节》。今删。

汉元年十月，沛公兵遂先诸侯至灞上

案：《汉书》'十月'下有'五星聚于东井'句，幸未窜入此纪，得以证《史记》凡言分野者，皆非太史公原文。

韩信说汉王曰至争权天下

《集解》：'徐广曰："韩王信，非淮阴侯信也。"'

案：《汉书·高帝纪》云'拜信为大将军，问以计策，信对曰'以下文与此同，则为淮阴侯韩信明矣。后人又窜此数语入《韩王信传》，故徐广云然。颜师古注《汉书韩王信传》以为谬错，是也。

阙韩王昌，昌不听，使韩信击破之

案：'韩王昌'上当有'使某人说'数字，不知所使何人，无从

增订；下复有'昌'字，属'不听'为句，各本皆脱，今补。'三年，魏王豹反为楚。汉王使郦生说豹，豹不听。汉王遣将军韩信击，大破之。'此其例也。

三年以取敖仓粟

案：各本脱'粟'字，今依《项羽本纪》补。

杀龙且，齐王横犇彭越

案：各本误作'齐王广'。广亦为韩信所虏，安得犇彭越？犇越者横也，今依《田儋传》正。

关中兵益出，当此时接项羽数击彭越等

案：各本中云'彭越将兵居梁地'，至'田横往从之'，此皆三年重文也，今删。

立武王布为淮南王

案：称布为武王，亦见《荆燕世家》，而《布传》无之。此语必不承'二年九江王布'为文，中有脱文故也。

五月丙寅，葬长陵

案：各本脱'五月长陵'四字，今依《汉书·高帝纪》补。

次代王恒

案：文帝名于此，武帝名于《景纪》，高、惠、景帝皆不名。

朝以十月，车服黄屋左纛止

案：各本下有'葬长陵'句。'长陵'二字纪中所脱，别增'葬'

字而附于此也。今删。

吕太后本纪第九

案：《汉书》有《惠帝纪》，此附于《吕后纪》中。

齐内史士说王曰：'太后独有孝惠与鲁元公主。'

案：孝惠、鲁元皆谥也，此追称。若当时语，止当曰'太后独有帝与公主'尔，下文但称'公主'可证。

齐王上城阳郡，尊公主为王太后

《集解》：'如淳曰："张敖子偃为鲁王，故公主得为太后。"'颜师古《汉书·惠帝纪》注曰：'此说非也。尊公主为齐太后，以母礼事之。《张耳传》"高后元年鲁元太后薨，后（七）〔六〕年宣平侯敖薨，吕太后立敖子偃为王，以母为太后故也"。是则偃因母为齐王太后而得王，非母因偃乃为太后也。'

刘攽曰：'颜说非也。悼惠与公主兄弟耳，虽欲诏吕后，以母事之，于理安乎？'

案：颜说不可非也。孝惠尚以公主为妻母，悼惠何不可以为母乎？太后者，有子为王之称，未有无为王之子而称太后者也。是时张偃乃宣平侯世子耳，不尊公主为齐王之母，焉得称太后？尊公主为王太后之王，即齐王之王，不复言齐者，承上句而省尔。是年以前称公主，以后称齐王太后，薨后谥元太后，及子偃为鲁王，而元太后亦系之鲁，即追称其为公主时，亦冠以鲁元也。攽又谓：'齐内史欲尊公主以渐王张氏，故劝王以献郡就益鲁邑，而更号鲁元公主为鲁元太后。太后之号虽更，鲁元之称不除，岂关为齐王母乎？'案：此直谓其为公主时即称鲁元，何愦愦也。

九月辛丑，葬安陵

案：各本脱'安陵'二字，今依《汉书·惠帝纪》补。

少帝元年，鲁元公主薨，赐谥为鲁元太后，子偃为鲁王

案：偃以母为太后之故而为王，太后以子王鲁之故而元太后得系之鲁。偃王鲁，在元太后薨后七年，此于薨年即云赐谥为鲁元太后者，终言之，非谥元太后时即系之鲁也。

七年，宣平侯张敖卒，以子偃为鲁王，敖赐谥为鲁元王

案：'元'者妻谥，'王'者子爵，此假妻谥子爵以称敖，非赐敖谥也。唐时有官梓州郪县令者，自谑云：'州称子号，县带妻名，由来皆属妇儿，不是老夫官职。'彼犹戏语，此乃实事矣。

孝文本纪第十

案：五年、七年至十二年，后三年至后五年，皆无文，《汉书》有之。'孝文帝从代来'至'兴于礼义'，在《汉书》为赞语，此乃移入纪中'帝崩'之前，何其颠错而残缺也。张晏云'《景纪》亡'，当是《文纪》之误。小司马所谓取班书补之者，在此不在彼也。不然何由录班赞？且太史公于《高》《惠》《景纪》帝崩皆谥，此纪独否，高后、惠、景崩皆不地，此于未央宫，皆与班书合，可为录取班书之证。

孝景本纪第十一

张晏云：'亡。'司马贞曰：'取班书补之。'

案：卫宏《汉书旧仪》注云：'太史公作《景帝纪》，极言其短

及武帝过，武帝怒而削去。'《魏书·王肃传》亦云然。然班固谓迁死后，其书稍出，宣帝时迁外孙杨恽祖述其书，遂布焉。是则武帝无缘见其书，何由削去？且此纪之文，亦有详于《汉书》者，如三年徙济北王以下五王，五年徙广川王为赵王，六年封中尉赵绾为建陵侯，至梁、楚二王皆薨，班书皆无之，则非取彼以补也，盖此纪实未亡尔。

中元年，封故御史大夫周苛曾孙平为绳侯，故御史大夫周昌孙左车为安阳侯

案：各本作'周苛孙平'、'周昌子左车'，误也，今依《功臣侯表·高京侯·汾阴侯表》正。

中三年冬，丞相周亚夫免

案：各本作'周亚夫死'，误也。《绛侯世家》：'亚夫死，国除。绝一岁，景帝更封绛侯勃他子坚为平曲侯。'《高祖功臣侯表》平曲侯坚元年为景帝后元年，是则亚夫死于中六年，乃免相后三年也。今正。

后元年，以御史大夫绾为丞相止

案：各本下有'封为建陵侯'句，衍也。建陵侯用中尉封，在前六年春，至此八年矣。今正。

二月○癸酉葬阳陵

案：各本作'三月'，误也。上云'正月甲寅，皇太子冠；甲子，孝景皇帝崩'，则癸酉在二月，上距甲寅二十日、甲子十日也，又脱'癸酉'二字，误'葬'为'置'，今依《汉书》正。

孝武本纪第十二

《集解》：'张晏曰："《武纪》亡，褚先生补作也。"'《索隐》：'褚先生合集武帝事以编年，今止取《封禅书》补之，信其才之薄也。张晏云："褚先生名少孙，仕元、成间。"'

案：《封禅书》录《郊祀志》而删其昭、宣以下，此纪复录《封禅书》而削其文、景以上，是此纪亦断头刖足之《郊祀志》也。《郊祀志》系刘歆为莽典文章时作，详《序证·要略节》，岂仕元、成间人所及见？观于《三代世表》《五宗世家》下褚先生说，则其文章经术卓尔不群，何至袭《志》为《纪》耶？谅褚补亦亡，后人因张晏之言录此以充其数也，小司马诬褚先生矣。

史记探源卷四　十表

三代世表第一

余读谍记，黄帝以来皆有年数。稽其历谱谍接乖异。夫子之弗论次其年月，岂虚哉

案：各本中云'终始五德之传，古文咸不同'，此刘歆之徒窜入也，详《序证·五德节》。太史公谓读一代之谍记，自黄帝以来虽皆有年数，稽历代之谱谍，则年数乖异，故夫子弗论次而迁但表其世也。若谓'终始五德乖异'，则与'夫子弗论次年月'句不相属矣。且'终始五德'之序始自太皞，此表自黄帝始，何得与之牵合？'古文'下不言何经，为不成语，详《序证·古文节》。'不同'与'乖异'义复，《史记》岂应尤杂乃尔！今删。

于是以《五帝德》《帝系姓》谍

案：各本作'以《五帝系谍》'，脱'德帝姓'三字，今补。《索

隐》曰'《大戴礼》有《五帝德》《帝系姓》篇，太史公取此二篇之谍'，则唐时未脱也。惟此二篇之谍，即历代谱谍，太史公取于此，戴德亦取于此。戴德乃后仓弟子，后仓在孝宣世，见《艺文志》，世次在太史公后，太史公非取于《大戴礼》也。

蟜极生帝俈，为高辛氏

案：此与上文'昌意生颛顼，为高阳氏'语例相同，《五帝本纪》亦曰'帝喾高辛者'与'帝颛顼高阳者'语例相同。此文毛本作'蟜极生高辛，为帝俈'，不过名氏互倒；监本作'蟜极生高辛，高辛生帝俈'，讹谬特甚。今正。

太公尚，文王、武王师

案：毛本脱'武王'二字，此从监本。

十二诸侯年表第二

案：共和元年庚申至敬王四十三年甲子，计三百六十五年，年数可考，实始于此。刘歆所造《律历志》曰：'大中大夫公孙卿等议，前历上元泰初至元封七年四千六百一十七岁，丞相属宝等言黄帝以来三千六百二十九岁，张寿王言黄帝至元凤三年六千余岁。'说虽参差，犹不甚远，要亦歆所假托，乃自出《三统历》之说以压之曰：'《三统》，上元至伐纣之岁，十四万二千一百九岁。'说亦见《律历志》。又谓七十六岁为一蔀，二十蔀为一纪。《乾凿度》谓西伯受命之年，入天元二百七十五万九千二百八十岁。孔颖达谓得一千八百一十五纪，余有四百八十岁，即入后纪之年，说见《诗文王篇疏》。纬书出哀、平间，与古文《经》《传》同时，意亦与《三统历》相应，皆歆与所征之千数人作为此荒远之说，以见自古帝王易姓受命，必有多则数十万年，少亦数万年者，则新皇帝命太史推三万六千岁历纪，尚不为久，而未满此数，断无人能取而代之也。苟有继严乡、高陵之徒而起者，终受有扈之诛尔。歆所著书，为莽给人。晋人伪造《竹书纪年》，无所为而受其给，尽纪黄帝以下年数，即使真出魏冢，岂魏末史臣通知古事过于孔子乎？后世编历代总史，究当以《史记》为法。

不可以书见也接及如荀卿、孟子、公孙固、韩非之徒至不可胜纪止

案：各本中自鲁君子左邱明以下一百二十六字，皆为刘歆之学者所窜入，今删。请列七证以明之：《七略》曰：'仲尼以鲁史官有法，与左邱明观其史记，有所褒毁贬损，不可书见，口授弟子。弟子退而异言，邱明恐弟子各安其意以失其真，故论其本事而作《传》。'与此表意同。《七略》与上下文意相联，此与上下文意相悖，详下则非《七略》录此表，乃窜《七略》入比表也。证一。此表上云'七十子口授，不可书见'，中云'左邱明因孔子史记，具论其语'，则是书见，而非口授矣。若太史公一人之言，岂应自相悖谬若此。证二。刘歆誉《左氏》，所以毁《公羊》，此表下称董仲舒，无由先誉左邱明。贾逵曰：'《左氏》义长于君父，《公羊》多任于权变。'逵此说非实也。《左氏》以兵谏为爱君，可谓不任权变乎？《公羊》谓'君亲无将，将而诛'，不可谓不长于君父也。《太史公自序》：'余闻之董生云："为人臣者不知《春秋》，守变事而不知其权。"'此说正与逵之称《左氏》义相反对，若此篇亦以'惧弟子失其真'称《左氏》，则知权之说，正在失真之内，不犹助敌自攻乎？证三。《刘歆传》曰：'歆以为左邱明好恶与圣人同。'夫曰'歆以为'，则自歆以前，未尝有见及此者也，乃此纪与《七略》皆曰'左邱明惧弟子各安其意以失其真'。安意失真者，即好恶与圣人不同之谓；不失其

真，即同之谓。如太史公已云然，即谓《左氏》与圣人同矣，安得云'歆以为'耶？证四。歆《让太常博士书》曰：'或谓左氏为不传《春秋》'，如此表已云左邱明成《左氏春秋》，歆何不引太史公言以折之耶？证五。《自序》云：'左邱失明，厥有《国语》。'然则左邱其氏，明是其名，有《国语》而无《春秋传》。《七略》称邱明，此表曰《左氏春秋》，则左氏而邱明名，传《春秋》而无《国语》。止此四字，与《自序》相矛盾，与《七略》若水乳，证六。此表自周平王四十九年以后，皆取自《春秋》。《吕氏春秋》非纪年月日之书，复何所取？铎氏、虞氏其书，今亡弗论，要自后人杂取四家书名从中插入，致上下文皆言孔子之《春秋》者语意隔断。不然，虞、吕世次在孟、荀后，岂其书亦为孟、荀所掊撼乎？证七也。下有'汉相张苍'等句，今删，详《张苍传》下。

为成学治国闻者

案：各本作'治古文者'。《集解》：'徐广曰："一云'治国间者'也。"'今依以正。'古'乃'国'之声误，复改'闻'为'文'尔。

周庄王二年，有兄弟

案：下三字不可解，当有脱误。

惠王二十五年止

案：各本下云'襄王立，畏太叔'，从《左传》窜入也。今正。《集解》：'皇甫谧云："二十四年惠王崩'"，亦据《左氏》也。《春秋》：鲁僖公八年十有二月丁未，天王崩。此即惠王二十五年，与《年表》合。《左传》：七年，闰月，惠王崩。襄王畏太叔带之难，惧不立，不发丧，而告难于齐'。八年'冬，王人来告丧，难故也，是以缓'。此以赴告之日释崩日,详《序证·告则书节》。若是则惠王无二十五年,又不以是年为襄王元年,是时岂有西晋怀、愍之祸,而虚王统一年乎?《集解》引皇甫谧说以解《年表》,谬矣。

襄王三年,戎伐我,太叔召之。王欲诛叔带,叔带奔齐

案:各本作'太叔带召之。欲诛叔带,奔齐'。上衍'太'字,中脱'王'字,下脱'叔带'二字,今依文意正。

六年,顷王崩止

案:毛本下云:'公卿争政,不赴,故不书。'今案'公卿争政',于《本纪》《左传》皆无考。'不赴,故不书'二句,《左传》亦无之,此必依《左氏》例以窜入也。不思庄、厘二王崩,《春秋》亦不书,何以无说?监本作'公卿争政,故不赴',皆非本文。今删。

鲁伯御立为君。伯御,武公孙。伯御元年○十一年周宣王诛伯御,立其弟称,是为孝公○孝公元年至二十七年

案:各本作'鲁孝公元年,伯御立为君,称为诸公子云。伯御,武公孙'。夺伯御之年以予孝公。是时孝公方为诸公子,安得纪元?无此史例,必为后人所乱也。十二年至三十八,当为孝公元年至二十七,今依《世家》正。

桓公十六年,公会于曹,伐郑

案:各本作'公会晋,谋伐郑'。'晋'字误,'谋'字后人从《左传》增。《世家》作'会于曹,伐郑,入厉公'。《春秋》:'公会宋公、蔡侯、卫侯于曹,伐郑。'皆不及晋。今正。

十七年十月朔，日有食之止

案：各本作'十七年日食'，脱'十月朔有之'五字，今依厘十五年具月、文十五年具朔，皆作'日有食之'订。下云'不书日，官失之'，此刘歆之徒窜入，详《序证·官失之节》。今删。

庄公九年，鲁欲以纠入

案：各本'以'误作'与'，今依文正。

三十二年，庄公弟叔牙鸩死。庆父杀子般

案：各本脱'庆父杀'三字，似谓叔牙鸩死子般矣。今依潛公二年'庆父杀潛公'语例补。

厘公十五年五月，日有食之止

案：各本下有'不书日，官失之'二句，后人窜入，于桓公十七年例同。今删。

文公十四年，彗星入北斗止

案：各本下有'（齐）宋〔齐〕晋君死'句，语出刘歆，详《序证·分野节》。今删。

昭公十年止

案：各本下云'四月日蚀'，此衍文也，《春秋》无之。今删。然《春秋》日食三十六，此合襄公二十一年、二十四年皆言日再蚀，止得二十三，去此则二十二，余皆讹脱矣。

十七年六月朔，日蚀

案：监本作'正月'，毛本作'五月'，皆误。今依《春秋》正。

定公十四年，齐来归女乐，季桓子受之，孔子行

案：各本误在十二年，今依《孔子世家》正。

齐桓公二十八年，为卫筑楚邱，救邢伐狄

案：各本'邢'误作'戎'，'伐狄'二字互倒，致不成语。今正。

惠公十年，惠公卒止

案：毛本下云'崔杼有宠，高、国逐之'，据《左传》窜入也；监本作'高、国奔卫'，更误。今删。《经》书'崔氏'，不曰'崔杼'，则非杼之身也。且以年计之，惠公乃桓公子，是年距桓公卒四十四年，桓公卒时，惠公已能与孝公争国，则年已二十左右，至此则六十余岁矣。崔杼有宠，至少亦三四十岁，是年至弑庄公，越五十二年，则杼年八九十矣。弑君擅政，身殉艳妻，岂似八九十岁之人所为？可见是年奔卫者，必非杼也。

顷公无野元年

案：毛本误作'景公'，此从监本。

灵公二十七年，齐师败，灵公走入临淄。晏婴止灵公，灵公弗从

案：毛本止作'晋围临淄晏婴'六字，监本'晏婴'下有'大败之'三字，皆误。今依《世家》正。

景公三十二年接**晏子曰**

案：各本中有'彗星见'三字，后人窜入也。详《世家》，今删。

晋惠公十四年，圉立为怀公

案：此鲁僖公二十三年也。《春秋》于二十四年冬书'晋侯夷吾卒'，则惠卒怀立在十五年。此与《世家》皆在十四年者，文公于鲁僖二十四年篡怀代立，当年改元，晋史豫于鲁僖二十三年为惠公之末年，遂减为十四年，凡以为文公地尔，此《史记》所本也。不然，岂不与《春秋》乖异哉？左邱《国语》本非纪年月之书，其言年月，亦刘歆所点缀，以应其以赴日为卒日之说也，详《序证·告则书节》。

文公元年〇魏武子为魏大夫

案：各本脱'子'字，今依《世家》补。

景公六年，救宋、楚，执解扬

案：各本脱'楚'字，今依《世家》补。

平公二十六年接**十月，公薨**

案：各本中云'春有星出婺'，《春秋》无之。文见《左》昭十年《传》，为岁在玄枵，平公死征。此刘歆语也，详《序证·分野节》。今删。

秦襄公八年，初立西畤，祠上帝

案：各本作'祠白帝'，此古文学家从《郊祀志》改，今依《本纪》正。

三十九年，缪公薨，葬殉以人，从死者百七十人止

案：各本下云'君子讥之，故不言卒'。此二语《左传》亦无之，当是推《左氏》例而窜入也。今删。

惠公元年止

案：各本下云'彗星见'，此于《本纪》《左传》皆无征，疑衍，今删。

楚康王招元年，共王太子止

案：各本下云'出奔吴'，不知何指，于《世家》《左传》亦无征，疑误，今删。

宋殇公九年接华督杀孔父，及弑殇公

案：各本中云'华督见孔父妻好，悦之'。此刘歆语也，详《世家》。'弑'误作'杀'，今删正。

景公三十七年止

案：各本下云'荧惑守心，子韦曰善'。此亦录刘歆语而有脱字也，详《世家》。今删。

卫宣公晋元年，共立之

案：各本作'卫宣公元年，晋共立之'。后人不知晋是宣公之名而误倒也，今正。

成公三年，会晋朝王，复归卫

案：各本误作'会晋朝，复归晋'，今依《左传》正。

陈文公围元年，生桓公鲍、公子他

案：各本误作'生桓公鲍、厉公他。他母蔡女'。今依《世家》及《左传》正。

桓公三十八年，弟他杀太子免，代立接淫蔡，蔡人杀他接陈厉公跃元年接二年，生敬仲完，三年接四年〇七年接陈庄公林元年

案：各本'代立'下云'国乱再赴'，刘歆语也，详《序证·告则书节》。又下即云'陈厉公他元年，陈大夫五父自立为厉公'，误也。'五父'句毛本尚无，监本有之。'三年'下云'周史卜完后世王齐'，亦歆语，详《序证·变象互体节》。'七年'下云'公淫蔡，蔡人杀公'，此误以他为厉公也。《春秋》：蔡人杀陈佗在鲁桓公六年，即陈厉公元年。佗即他，安得有在位七年之事，详《世家》下。今正。

郑庄公元年，祭仲相

案：监本误作'祭仲生'，今从毛本。

昭公元年，忽母，邓女，祭仲立之

案：监本误作'祭仲取之'，直似祭仲娶忽母为妻矣。误本之害义如此，幸毛本不误，今从之。

厘公五年，子驷使贼夜弑厘公止

案：各本下云'诈以病卒，赴诸侯'，刘歆语也，详《世家》下。今删。'弑'误'杀'，今正。

简公三年，子孔欲作乱，子产止之

案：各本误作'子孔作乱，子产攻之'。今从《世家》正。

十七年止

案：各本下云'子产曰：范宣子为政，我请伐陈'一语不接，于《世家》、《左传》亦无征。今删。

吴余祭四年，季札使诸侯，阍弑余祭接吴余眛元年至十七年

案：各本作'守门阍弑余祭，季札使诸侯'。守门，即阍也，不需重言，当是旁注误入正文，又倒在上，'季札'句误在下。杜预《左传》注谓'余祭使札，而后为阍所弑'，是也。下复纪五年至十七年，然后纪余眛元年至四年。缘《世家》脱'阍弑余祭'句，乃互倒二王之年数，复据误倒年数之《世家》以改《年表》。不悟余祭已于四年被弑，安复得有五年以下耶？今正。

六国表第三

案：周元王元年乙丑，至秦二世三年甲午，计二百七十年。

论秦之暴戾，不如鲁、卫之德义

案：各本误作'论秦之德义，不如鲁、卫之暴戾者'。今正。

秦既得意，烧天下《诗》《书》，诸侯史记尤甚，为其有所刺讥也接独有《秦记》

案：各本中云'《诗》《书》所以复见者，多藏人家'。此刘歆语也，指鲁国孔壁、河间国民间所藏古文经传而言，然《五宗世家》不载，则此言无征矣。上言'烧天下《诗》《书》'，即《本纪》所谓'非博士官所职，天下有藏《诗》《书》者烧之'也。然则《诗》、《书》所以复见，自有博士官所职尔，何待人家所藏哉？又曰'史记独

藏周室，以故灭'。然则先秦之《本纪》《年表》《世家》《列传》何所据而作之？此亦歆语也，今删。

周元王元年

《集解》：'徐广曰："乙丑。"皇甫谧曰："元年癸酉，二十八年庚子崩。"'

案：此定王始终之年也，谧误属之元王。

定王元年

《集解》：'徐广曰："癸酉。"皇甫谧曰："贞定王元年癸亥，十年壬申崩。"'

案：谧谓景王崩于二十二年戊寅，敬王崩于四十四年壬戌，则癸亥为元王元年，而以当定王，谬也。详《本纪》。

秦武王元年，张仪、魏章皆出之魏

案：监本作'皆死于魏'，误也。今从毛本。《本纪》作'皆东出之魏'。

昭王二年，彗星见止

案：各本下有'桑君为乱诛'五字，误也。秦有商君，死于孝公二十四年，见上文，无所谓'桑君'也。《本纪》：'是年，庶长壮与大臣、诸侯、公子为逆，皆诛，及惠文后皆不得良死。'此言'桑君'不知谓谁，今删。

庄襄王楚元年，取东周

案：毛本'东'下衍'西'字。西周自昭襄王五十二年已取之矣，此从监本。

二年，蒙骜击赵榆次、新城、狼孟○三年，王齮击上党

案：'二年三年'四字各本皆脱，今依六国年次补。

始皇十五年，大兴兵，一军至邺，一军至太原

案：监本作'兴军至邺，军至太原'，脱四字，此从毛本。

魏献子○卫出公饮大夫，大夫不解袜，公怒，大夫即攻公，公奔宋

案：监本误入《赵表》，'出公'误作'庄公'，'袜'误作'履'，皆与《左传》不合。毛本不误，而脱'大夫'字者再，语意不明，今依文正。

文侯五年，盗杀晋幽公，立其子止

案：毛本误作'魏诛晋幽公，立其弟止'，此从监本。《晋世家》曰：'幽公淫妇人，夜窃出邑中，盗杀幽公。魏文侯以兵诛晋乱，立幽公子止。'语较详，与监本合。

二十四年，秦伐我

案：监本误作'伐秦'，此从毛本，与《世家》合。

惠王十六年，与秦孝公会杜平

案：毛本'与'字上有'徐广曰'句，似衍，此从监本。

三十三年，卫鞅亡归我，我（怒）〔恐〕，弗内

案：监本脱一'我'字，此从毛本。《世家》作'商君亡秦归魏，魏怒，不入'。与此意同。

景湣王五年，秦拔我垣、蒲阳、衍

案：毛本误作'桓、衍、蒲阳'，此从监本，《世家》同。

韩列侯三年接三月

案：监本中有'郑人杀君'句，此涉'四年，郑相子阳之徒杀其君繻公'而衍也，此从毛本。

哀侯二年，灭郑康公，康公以二十年灭，无后

案：监本脱'康公以'三字，此从毛本。

桓惠王九年，秦拔我陉，城汾旁

案：毛本重'城'字，衍'也'，此从监本，《世家》同。

赵敬侯八年，袭魏不克

案：监本误作'袭卫'，此从毛本，《魏世家》同。

成侯三年，伐卫，取都鄙七十三

案：毛本作'伐郑'，《世家》作'取乡邑'，此从监本，未知孰是。

惠文王二十九年，秦攻韩阏与，赵奢将击秦，大败之

案：监本误作'秦拔我阏与'，不知是时阏与非赵地，秦败而非拔也。此从毛本。

三十年，秦击我阏与城，不拔

案：毛本此二句脱，此从监本。

楚肃王五年，鲁共公元年

案：毛本误入肃王六年，此从监本。《鲁世家》：'穆公三十三年卒。'此表穆公元年在声王元年，则三十三年适当肃王四年，至五年乃为共公元年也。

宣王十三年，君尹黑迎女秦

案：'君尹'疑是'令尹'之误，《秦本纪》《楚世家》皆无之。

顷襄王二十三年，秦所拔我江旁十五邑为郡，距秦

案：监本作'秦所拔我江旁反秦'，此从毛本。

幽王悼元年

案：《世家》作'幽王悍'未知孰是。

燕王哙五年，君让其臣子之国，顾为臣

案：各本误作'愿为臣'，今从《世家》正。

秦楚之际月表第四

案：此表为后人所乱，以致语例殊乖。六国初起，惟秦纪年纪月，诸侯有月无年是也。而楚怀王独纪二年，其乖一也。二世二年有后九月，怀王于二世二年六月为一月，二世三年五月为二年一月，秦计闰，楚不计闰，其乖二也。更名为常山前不言赵；更名为临淄前不言齐，更名为西魏前不言魏，则知是故何国乎？其乖三也。义帝元年以后，汉以十月为岁首，各国以一月为岁首，其乖四也。以汉之二年后九月，当各国之九月；汉有闰，各国失闰，是以由后推前，递差一

月,致十八王之一月,惟汉题正月,各国脱一月,以其二月当汉之三月。诸侯罢戏下之国,于汉属四月,各国称三月,其乖五也。临江王、殷王之十三月,衡山、九江、燕王皆称二年一月,五王皆项氏所封,而纪年与纪月殊科,其乖六也。项王死于十二月,于汉系之正月,其乖七也。《高祖纪》:正月即皇帝位,次言徙韩信,封彭越,比表惟徙韩信在正月,即帝位、封彭越皆在二月,其乖八也。元年,赵王赵歇徙代,齐王田市徙胶东,皆计故国之月;五年,齐王韩信徙楚,衡山王吴芮徙长沙,别从新国之月,其乖九也。韩王信徙代,在六年春,见本传,此表在五年二月,其乖十也。今考定之,以月为纲,仍当有一国纪年者,以闰故;否则不知上年之后九月,非次年之十月也。秦未亡,纪秦年;秦既亡,纪汉年。不纪楚年者,诸侯王有始属楚,楚亡而归汉,直汉之五年。汉有五年,不可无元、二、三、四年故也。汉元年正月,怀王始为帝,项羽、吴芮、共敖、英布、田都、田安、沛公、章邯、司马欣、董翳、臧荼、司马卬、申阳皆始为王,当称一月。汉以纪年改称正月,赵歇、田市、韩广、魏豹、韩成为王久矣,特为项王所徙,当并其故国计之曰二十六月、十九月、三十月、十八月、二十一月也。以明月分为主,不及备载全文,列表如下:

秦 二世元年七月	楚 隐王陈涉一月	项	赵	齐	汉	燕	魏	韩
八	二		王武臣 一月					
九	三	武信君项 梁一月	二	王田儋 一月	沛公 一月	王韩广 一月	王魏咎 一月	
二年十月	四	二	三	二	二	二	二	
十一月	五	三	四 为李良 所杀	三	三	三	三	
十二月	六 败死	四		四	四	四	四	

秦	楚	项	赵	齐	汉	燕	魏	韩
二世元年七月	隐王陈涉一月							
端月	王景驹一月	五	王赵歇一月	五	五	五	五	
二	二	六	二	六	六	六	六	
三	三	七	三	七	七	七	七	
四	四 为项梁所杀	八	四	八	八	八	八	
五		九	五	九	九	九	九	
六	怀王一月	十	六	十为章邯所杀	十	十	十围急自杀	王韩成一月
七	二	十一	七	王田假一月走楚	十一	十一		二
八	三	十二	八	壬田市一月	十二	十二		三
九	四	十三为章邯所杀	九	二	十三	十三	王魏豹一月	四
后九月	五	鲁公项羽一月	十	三	十四	十四	二	五
三年十月	六	二	十一	四	十五	十五	三	六
十一	七	三	十二	五	十六	十六	四	七
十二	八	四	十三	六	十七	十七	五	八
端月	九	五	十四	七	十八	十八	六	九
二	十	六	十五	八	十九	十九	七	十
三	十一	七	十六	九	二十	二十	八	十一
四	十二	八	十七	十	二十一	二十一	九	十二
五	十三	九	十八	十一	二十二	二十二	十	十三
六	十四	十	十九	十二	二十三	二十三	十一	十四
七	十五	十一	二十	十三	二十四	二十四	十二	十五
八 赵高弑之	十六	十二	二十一	十四	二十五	二十五	十三	十六
九 子婴为王	十七	十三	二十二	十五	二十六	二十六	十四	十七
十 降楚将沛公	十八	十四	二十三	十六	元年十月秦王降	二十七	十五	十八
	十九	十五	二十四	十七	十一	二十八	十六	十九
	二十	十六	二十五	十八	十二	二十九	十七	二十

史记探源卷四 十表

分为河南王申阳	韩王韩成	分为殷王司马卬	魏更名西魏王魏豹	分为辽东王（故燕王）韩广	燕王臧荼	分为翟王董翳	分为塞王司马欣	分为雍王章邯	关中分为汉王故沛公	分为胶东王（故齐王）田市	齐更名临淄王田都	分为济北王田安	赵更名常山王张耳	分为代王（故赵王）赵歇	分为九江王英布	分为临江王共敖	分为衡山王吴芮	自立为西楚霸王 分封十八王	项羽尊楚怀王为义帝
一月	二十一月	一月	十八月	三十月	一月	一月	一月	一月	正月	一月	一月	十九月	一月	二十六月	一月	一月	一月	一月	一月
二	二十二	二	十九	三十一	二	二	二	二	二	二	二	二十	二	二十七	二	二	二	二	二
三	二十三	三	二十	三十二	三	三	三	三	三	三	三	二十一	三	二十八	三	三	三	三	三
四	二十四	四	二十一	三十三	四	四	四	四	四	四	四	二十二	四	二十九	四	四	四	四 诸侯罢兵之国	四
五	二十五	五	二十二	三十四	五	五	五	五	五	五 走楚	五	二十三	五	三十	五	五	五	五	五
六	二十六	六	二十三	三十五	六	六	六	六	六	复为齐王田荣一月	六	二十四 为荣所杀	六	三十一	六	六	六	六	六
七 一十七 为羽所杀	七	七	二十四	三十六	七	七	七	七	七	七 为荣所杀	二		七	三十二	七	七	七	七	七

80　史记探源

八	八	八	八	八	三十三	三	八	八 降汉	八 降汉	三十七 为荼所杀	二十五	八	王郑昌一月	八
九	九	九	九	九 为陈余所败	三十四 复王赵	四	九	九	九		二十六	九	二	九
十 项羽弑之	十	十	十	复为赵歇 复王赵 三十五 王陈余一月		五	二年 十月	十	十		二十七	十	三 为汉所破	十
十一	十一	十一	十一	二	三十六	六	十一	十一	十一		二十八	十一	十一 王韩信一月	十一
十二	十二	十二	十二	三	三十七	七	十二	十二	十二		二十九	十二	二	十二
十三	十三	十三	十三	四	三十八	八 战败为民所杀	正	十三	十三		三十	十三	三	十三
十四	十四	十四	十四	五	三十九	一月 假复王	二	十四	十四		三十一	十四 降汉	四	十四
十五	十五	十五	十五	六	四十	二 为横所败 走楚见杀	三	十五	十五		三十二	五	五	十五
十六	十六	十六	十六	七	四十一	一月 王田广	四	十六	十六		三十三	六	十六	十六

十七	十七	十七	四十二	八	二	五	十七	三十四	七
十八	十八	十八	四十三	九	三	六	十八 为汉所杀	三十五	八
十九	十九	十九	四十四	十	四	七		十九	三十六	九
二十	二十	二十	四十五	十一	五	八		二十	三十七	十
二十一	二十一	二十一	四十六	十二	六	九		二十一	三十八 为汉所杀	十一
二十二	二十二	二十二	四十七	十三	七	后九月	二十二	十二
二十三	二十三	二十三	四十八 为汉所杀	十四 为汉所杀	八	三年十月	二十三	十三
二十四	二十四	二十四			九	十一	二十四	十四
二十五	二十五	二十五 走降汉			十	十二	二十五	十五
二十六	二十六	二十六			十一	正月	二十六	十六
二十七	二十七	二十七			十二	二	二十七	十七

二十八	二十八	二十八		十三	三	二十八	十八
二十九	二十九	二十九		十四	四	二十九	十九
三十	三十	三十		十五	五	三十	二十
三十一	三十一	三十一		十六	六	三十一	二十一
三十二	三十二	三十二 薨		十七	七	三十二	二十二
三十三	三十三	子骓一月		十八	八	三十三	二十三
三十四	三十四	二		十九	九	三十四	二十四
三十五	三十五	三		二十	四年十月	三十五	二十五
三十六	三十六	四	耳复王赵一月	二十一 为汉所杀	十一	三十六	二十六

三十七	三十七	五	二		十二	三十七	二十七
三十八	三十八	六	三	王韩信一月	正	三十八	二十八
三十九	三十九	七	四	二	二	三十九	二十九
四十	四十	八	五	三	三	四十	三十
四十一	四十一	九	六	四	四	四十一	三十一
四十二	四十二	十	七	五	五	四十二	三十二
四十三	四十三	十一	八	六	六	四十三	三十三
四十四	四十四	十二	分为淮南王英布一月	九	七	七	四十四	三十四
四十五	四十五	十三	二	十	八	八	四十五	三十五
四十六	四十六	十四	三	十二	九	九	四十六	三十六
四十七	四十七	十五	四	十二	十	五年十月	四十七	三十七
四十八	四十八	十六	五	十三	十一	十一	四十八	三十八
四十九为汉所杀	四十九徙王长沙	十七为汉所虏	六	十四	十二徙王楚	十二	四十九	三十九

王故齐王韩信十三	分立长沙王故衡山王芮五十	七	十五	正月即皇帝位	五十	始立梁国，王彭越一月	四十
十四	五十一	八	十六	二	五十一	二	四十一
十五	五十二	九	十七	三	五十二	三	四十二
十六	五十三	十	十八	四	五十三	四	四十三
十七	五十四	十一	十九	五	五十四	五	四十四
十八	五十五	十二	二十	六	五十五	六	四十五
十九	五十六薨子臣一月	十三	二十一薨子敖一月	七	五十六	七	四十六
二十	二	十四	二	八	五十七	八	四十七
二十一	二	十五	二	九	五十八为汉所虏	九	四十八
二十二	三	十六	三	后九	王卢绾一月	十	四十九

案：张照考定之表，尚有四误：秦末有年，汉初无年，自乱其例，一误也。汉有五年而无元、二、三、四年，是见龙无首也，二误也。诸侯罢戏下之国，各本于汉属四月，各国称三月。三月皆误，四月不误，《项羽本纪》《高祖本纪》可证。

今皆列于三月，三误也。自元年一月至五年十二月，二年有闰，实为四十九月，今以为四十八月，四误也。故复订之。

汉兴以来诸侯年表第五

案：此篇以下，褚先生补而托之太史公者也。《叙论》云：'臣迁谨记高祖以来至太初诸侯。'今案：太史公述汉事不自此始，而臣迁之称突出于此者，非迁作而托之迁，犹非褚先生作而托之褚先生也。'臣迁'之称始于此，'太初'之文亦始于此，益可为'太初而讫'非太史公语之证。知是褚先生补者，其人能补《史记》，必与太史公文相似，不在杨平通下，故知所补在此不在彼也。

高祖功臣侯〔者〕年表第六

案：此并褚先生补，亦为后人窜乱也。《叙论》云：'至太初百年之间，见侯五。'夫曰'至太初间'者，即所谓'太初而讫'也。表乃云'太初元年，尽后元二年，十八'，是抹去天汉、太始、征和年号，纳之太初，遂以后元二年为太初十八年，以牵合于'太初而讫'之说，则何不表至孺子婴初始三年，亦不过太初一百十四年，不仍可谓'太初而讫'乎？'见侯五'，（索隐）（《正义》〕谓'平阳侯曹宗、曲周侯郦终根、阳（河）〔阿〕侯齐仁、戴侯秘蒙、谷陵侯冯偃'也。今案：谷陵侯偃建元四年后即无考，不及太初，当是遗脱。征和二年，平阳侯宗坐太子死，国除。三年，阳（和）〔阿〕侯仁，后元二年，曲周侯终根、戴侯蒙皆坐视诅死，国除。则终是表于所谓'见侯五'者无一存焉矣，此岂一人之言乎？

惠景间侯者年表第七

案：表云'太初以后'，下云'容成侯光，后元二年坐祝诅，国除'，窜乱与上篇同。

建元以来侯者年表第八

案：表云'太初以后'，下云'南奇侯贺、龙頟侯长征和二年国除'，窜乱与上二篇同。末云'后进好事儒者褚先生曰："太史公记事，尽于孝武之事'"。曾谓褚先生并'太初而讫'之言而食之乎？此诡托褚先生者之辞，'后进好事儒者'殆其所以自谓乎？

建元以来王子侯者年表第九

案：此表讫于太初，与《汉兴以来诸侯年表》同，褚先生补，尚未经窜乱也。

汉兴以来将相名臣年表第十

张晏云：'亡。'

案：表云'孝景元年置司徒官'，不知哀帝始改丞相为大司徒，光武去'大'，乃称司徒，孝景时安得有此官？又述事至孝成鸿嘉元年，殆自表其非才妄续耶？《集解》云：'太始以后，后人所续。'引班固云：'迁记事，讫于天汉。'说亦非也，详《序证·麟止后语节》注及《太史公自序》下。

八 书

礼书第一

张晏云：'亡。'司马贞曰：'取荀卿礼论。'

案：此书《叙论》，专为太初改元、改正朔、易服色而发，非'麟止'以前语。下录《礼论》，与《乐书》录《乐记》，皆与汉事不相及，岂不于《封禅》、《平准》等书为自乱其例乎？岂若《汉书·礼乐志》之得体乎？

乐书第二

张晏云：'亡。'司马贞曰：'取《礼记》《乐记》。'

案：《叙论》云：'后伐大宛得千里马，作歌。中尉汲黯进曰："先帝岂能知其音耶？"丞相公孙弘曰："黯诽谤圣制，当族。"'不知弘卒于元狩二年，黯卒于元鼎五年，至太初四年乃得宛马，后黯卒十二年、弘卒二十一年矣。作伪者乃欲起二死人于地下，争论于武帝之前，与《玉台新咏》所载《柏梁台诗》，梁孝王与卫大将军联句，其不知世次相同，甚可笑也。

律书第三

案：八书皆赝鼎，此篇以下，皆后人取《汉书》诸《志》补之也。张晏所序亡篇有《兵书》。颜师古曰：'序目无《兵书》。'小司马于《太史公自序》'兵权'下云：'即《兵书》也，迁没之后亡，褚少孙以《律书》补之。'是小司马亦知此书非太史公作也，特未知《律书》取于《律志》，故犹误以为褚少孙补也。《叙论》'武王伐纣，吹律听声'等语，乃补窜者用为伪托《兵书》之据，不知《兵书》当言卒乘之制，此仍见其不类也。

历书第四

案：此《书》例以《五帝本纪》而刺谬者三：《本纪》谓尧以闰月正四时，是尧以前用阳历，未置闰也，详'闰月'句下，此则归之黄帝，一也。《本纪》颛顼继黄帝，无少皞，此有少皞，插入黄帝、颛顼之间，二也。五帝无少皞，故《本纪》无'终始五德'之说，此书言之甚详，三也。录自《汉书·律历志》而悖谬者亦三：《志》云'其以七年为元年'，上承'元封七年'为文，明乎元封七年改元太初也。此书上承'今上即位'为文，则似建元七年改为太初元年矣。此割裂《汉书》而误者一也。《十二诸侯年表》终于周敬王四十三年，岁在甲子，以此下推，则太初元年属丁丑，《资治通鉴》因之。此与《汉书》以是岁为焉逢摄提格，《尔雅》：'焉逢，甲也。摄提格，寅也。'此因袭《汉书》而误者二也。凡甲年寅月属丙不属甲，《尔雅》月在甲曰毕，正月为陬，此书云月名毕聚，'聚'即'陬'之声通字也。《汉书》尚无此句，此增饰《汉书》而误者，三也。

天官书第五

案：此书录《汉书·天文志》，而次序互异，详略不同也。分野以州言，与《天文志》同；以国言，与《左氏传》《周礼注》《地理志》皆异，何其杂也！谓汉之兴，五星聚于东井，《本纪》无之，即可为非太史公语之证。更有不类者，一大为天，日次之，星则小矣，此书乃曰：'中宫天极星，其一明者，泰一之常居也。'《正义》：'太一，天帝之别名。'又曰：'其内五星，五帝坐。'《索隐》谓'苍帝灵威仰'之类。是六天帝亦星名，岂天小于日乎？抑日小于星乎？或星亦有日神之坐，犹当为天帝所属，其如天帝有星，日神无星何？且《书》袭《志》，《志》出《甘石星经》。《说文·女部》引《甘石星经》："太白上公妻曰女嬃。'此与织女嫁牵牛同一矫诬，视六天帝而有甚焉。刘歆以前岂有此乎？故为《天文志》而托始于《甘石星经》，犹之为《三统历》而托始于黄帝、颛顼、夏、殷、周、鲁六历，为'终始五德'之说而托始于邹衍，五色人帝则托始于《吕览》，六天帝五色天帝上有昊天上帝，故为六。与分野皆托始于《周官司服》及《冯相氏》《保章氏》，为《春秋古文》则托之《左传》《穀梁传》，为《古文尚书》则托之孔安国，皆歆与所征通逸《礼》古《书》《周官》《尔雅》、天文、图识千数人所作也。

封禅书第六

案：此书录《汉书·郊祀志》而去其昭、宣以下也。余详《孝武本纪》下。此书之自相矛盾有独甚者，天帝有五，以五德分五色，人焉知之？岂有人曾上天乎？曰以五色人帝所感生，推而知之也。五色人帝之说，自'终始五德'始。'终始五德'之说，此书谓自齐威、宣时驺子始，其说亦不足信，详《序证·五德节》及《孟荀列传》下。姑如其说，据之则是齐威、宣以前未有为'终始五德'之说者，即无人知有五色天帝矣，何以秦襄公、文公在春秋前已祠白帝，宣公与鲁庄公同时，已祠青帝，灵公犹在姜齐未亡、田齐未兴之时，已祠黄帝、炎帝乎？矛盾一矣。谓秦水德，色上黑，何以终秦之世，遍祀青、黄、赤、白四帝，独遗黑帝不祭乎？矛盾二矣。汉高赤帝子，何以祭黑帝？矛盾三矣。当由所征通天文图识者所为，不出一手，国师公不及亲览，故不能画一焉。

河渠书第七

案：此书录《汉书·沟洫志》而去其'自郑国渠以下'。

平准书第八

案：此书录《汉书·食货志》而任意割裂也。《志》上篇曰'汉兴，接秦之弊'，上承'始皇并天下，内兴功作，外攘夷狄'而言。此无上文，则'接秦之弊'何弊乎？又云'自天子不能具钧驷，将相或乘牛车'，上承'民亡盖藏'，下启'约法轻租'而言。其下篇曰'以为秦钱重，难用，更令民铸荚钱'，上承'秦钱半两'而言。此书于'将相乘牛车，齐民亡盖藏'下，突接云'于是为秦钱重难用'。语无伦次至此，此后世妄人所为，非刘歆之过也。或曰安知非刘歆为《书》，班氏增《书》为《志》耶？曰自《五行志》外，无班氏作者，详《序证·要略节》注。必是刘歆作《志》，后人截之为《书》也。古文行文如造物生人，全体皆具，非若造偶人者，始造头，次造身，次造股肱手足以附益之也。知刘歆必不造不完具之《律历》《天官》《封禅》《河渠》《平准书》，而造完具之《律历》《天文》《郊祀》《沟洫》《食货志》者，如增《书》为《志》，便如造偶人者，支支节节为之，此刘歆所不屑为。惟截《志》为《书》，乃如残全体为断头、陷胸、折足之人也。折足谓至'烹弘羊，天乃雨'而止，详《序证·汉书节》，此直不通文理者所录尔。

史记探源卷五　三十世家

吴太伯世家第一

余祭四年，吴使季札聘于鲁至晋国其萃于三家乎

案：此文虽出左邱明，非当时语也。《孔子世家》曰：'古者《诗》三千余篇，及至孔子取三百五篇，皆弦歌之以求合《韶》《武》《雅》《颂》之音，礼乐自此可得而述。'《论语》：'子曰：吾自卫反鲁然后乐正，《雅》《颂》各得其所。'然则孔子反鲁以前，《国风》必不止于十五，《雅》《颂》亦来得其所，不尽可以弦歌，何以季札观乐，为歌《周南》以下，与孔子删存之诗无少增损，而皆可弦歌，与正乐后无异耶？且自二《南》至三《颂》，学童诵之，极速须历数时；使工弦歌，则曼声缓节，恐非一日所能毕。客来观乐，岂如计吏钩稽案牍，穷日夜之力为之耶？是聘鲁之文，非当时语也。'适卫，说蘧瑗、史狗、史鰌、公子荆、公叔发、公子朝。'

案：是岁为鲁襄公二十九年，孔子年八岁。《世家》：'定公十四年，孔子年五十六，反乎卫，主蘧伯玉家。'《吕氏春秋·召类篇》：

'史默曰："今蘧伯玉为相，孔子为客，子贡使令于君前。"'《说苑》：卫灵公问于史鳅云云。少焉子路见公，公以史鳅言告之；少焉子贡入见，公以二子言告之。是子路、子贡从夫子适卫后，伯玉、史鱼尚在也。《左》定十三年《传》：'初，卫公孙文子朝而请享灵公，退见史鳅而告之。及文子卒，卫侯始恶于公叔戍。'十四年春，卫侯逐公叔戍。是公叔文子卒于定十三年也。公叔文子即公叔发，惟公叔氏是世卿，从政不以年限。伯玉似非公族，史鳅更属庶姓。《礼》曰：'四十曰强，而仕，五十曰艾，服官政。'则入仕必在四十以上，再越四十八年，而孔子适卫，皆耄期矣。诸书但言三人之贤，不言其寿，岂应于卫献之世即为卿佐，是适卫之言，非当时语也。'适晋，说赵文子、韩宣子、魏献子曰："晋国其萃于三家乎？"'案：赵、韩、魏三子虽相继秉政，然前乎赵文子者为中行穆子、中行献子，后乎魏献子者为范献子，至中行文子、范昭子与赵简子相攻，知伯瑶尤强，几灭赵氏。是时六卿之势力不相上下，季札非蓍非蔡，何由知中行、范、知必灭，分晋者在此三家乎？自是三家分晋后语，犹之'八世之后，莫之与京'，为田氏王齐后语，可以知左邱明之世次，而雪亲见夫子之诬矣。

夫子获罪于君以在此，惧犹不足，而又可以畔乎

《索隐》：'《左传》曰："而又何乐？"此"畔"字宜读曰"乐"，谓闻钟声也，畔非其义耳。'

案：'畔'当读为'盘于游田'之'盘'，《书·伪孔传》《诗·般》笺皆训为'乐'，《易·讼》马注：'鞶，大也。'《方言》一：'般，大也。'《说文》：'伴，大也。''半'、'般'同声，故彼借'鞶'、'般'为'伴'，此借'畔'为'般'、'盘'也。'又可以畔乎'与《左传》'而又何乐乎'义同。《索隐》知义而不知声，直是改'畔'为'乐'，非'读曰'之谓，且'畔'岂可读曰'乐'乎？

岂以死倍吾心哉接阖弑王余祭接弟余眛立接王余眛三年接楚公子围弑其王夹敖而代立○六年楚灵王会诸侯○七年楚伐吴○八年楚复来伐○十五年楚公子弃疾弑其君灵王代立焉○十七年王余眛卒

案：各本误脱'阖弑王余祭'句；误倒二王之年；误增'十七年，王余祭卒'句；误移'弟余眛立'句于其下；误'余眛三年'为'七年'，犹以为余祭之年也。下因误'六'为'十'，误'七'为'十一'，误'八'为'十二'，误'十五'为'二'，误'十七'为'四'。今依《春秋经》《左氏传》及《年表》补正。

于是吴公子光曰接两公子将兵攻楚至而内空无骨鲠之臣接此时不可失也至母老子弱接是无奈我何

案：各本'两公子将兵'至'骨鲠之臣'四句，误在'母老子弱'下，今依《左传》正。

而忘句践杀汝父乎

案：各本句首衍'尔'字，当是'而'字之旁注误入正文，又倒在上也。今删。

六年，吴王夫差闻齐景公死至吴王不听，遂北伐齐接至缯，召鲁哀公而征百牢至至与鲁盟乃去接十一年，复北伐齐接齐鲍氏弑齐悼公至齐人败吴，吴王乃引兵归接十二年，复伐齐，越王句践率其众以朝至吴王不听接遂伐齐，败齐师于艾陵而归接使子胥于齐至以观越之灭吴也接十三年

案：各本误'六年'为'七年'，移'败齐师于艾陵'句于会缯之前，皆在七年，又脱'十二年'三字，今皆依《年表》正。

吴王与晋定公争长接吴王已盟

案：各本中云：'吴王曰："于周室，我为长。"晋定公曰："于姬姓，我为伯。"赵鞅怒，将伐吴，乃长晋定公。'此刘歆窜入《左传》以释《春秋》，又窜入此篇也。《国语·吴语》：'吴王以日中为期，而昧明振旅，声动天地，又使罪人自刭酬客，凡以争先歃耳。'故下曰'吴公先歃，晋侯次之。'即《左传》赵鞅呼司马寅曰：'建鼓整列，二臣死之，长幼必可知也。'司马寅曰：'今吴王有墨，国胜乎？太子死乎？且夷德轻，不忍久，请少待之。'注：'少待，无与争。'据此言则下文必无先晋之理，而曰乃先晋人，此于上文且相悖，不但于《国语》相悖矣。其所以为此言者，以《春秋》书曰：'公会晋侯及吴子于黄池。'《公羊传》曰：'吴主会则曷为先言晋侯？不与夷狄之主中国也。'岂以歃之先后为次乎？古文学家务与今文相反，故以先晋侯释之。窜入《世家》者，削去司马寅语，更无伦次。岂赵鞅怒将伐吴，吴遂惧而从之乎？今删。

余读《春秋》《国语》

案：各本作'《春秋古文》'，此刘歆窜改也，今依《五帝本纪》赞语正。

齐太公世家第二

太公望吕尚者

《索隐》：'谯周曰："姓姜，名牙。"案文王得之渭滨，云："吾先君太公望子久矣，故号太公望。"盖"牙"是字，"尚"是其名，后武王号为"师尚父"。'则'尚父'官名。

师尚父

《集解》:'刘向《别录》曰:"师之,尚之,父之,故曰师尚父。"'

案:吕尚之'尚'即尚父之'尚'。'尚父'本是尊号,其后解为官名,又后去'父'存'尚',误谓人名,转以'牙'为字矣。周初王公皆无字,太公望何独有之?谯周谓名'牙'是也。

武王曰:'未可。'还师_接居二年

案:各本中云:'与太公作此《泰誓》。'是谓《泰誓篇》文,乃武王与太公合作,岂如裨谌、世叔之草创、讨论乎?抑如汉武帝、卫大将军之柏梁联句乎?'此'字更不可通,上承'还师'为文,岂此数语亦《泰誓》文乎?增窜之迹甚彰,去此句乃与《周本纪》同。今删。

五年○桓公许,与鲁会柯而盟。鲁将盟,曹沫以匕首劫桓公于坛上_至而桓公于是始霸焉

案:此盟于鲁为庄公十三年,《春秋》书之。太史公于此事,再见于《鲁世家》,三见于《管仲传》,四见于《鲁仲连传》,五见于《刺客传》,且为齐霸所自始,中录管仲语,视《公羊传》为详,《繁露》《说苑》亦载之,此固春秋时一大事焉。《左氏》于是盟无传,惟于十年长勺之战有曹刿战胜而无反侵地事。'刿'、'沫'声近,必是一人,改劫为战,故与今文学立异,此古文家恒情也。

昔三代受命,何以异于此乎!吾欲封泰山禅梁父_至桓公乃止

案:此桓公之微言,意欲称王也。管仲谓远方珍怪物至乃得封,即讽以四海尚未一统,故桓公意止。

初齐桓公之夫人三：王姬、徐嬴、蔡姬

案：徐嬴各本误作'徐姬'，涉上下文两'姬'字而误也。今依《左传》正。《索隐》：'徐，嬴姓。今言"徐姬"者，姬是众妾之总称，未尽是姓。'望文生训，何以下文葛嬴，宋华子不称葛姬宋姬耶？

冬十月乙亥，齐桓公卒○而立公子无诡为君○以故宫中空，莫敢棺，桓公尸在牀六十七日○十二月乙亥，无诡立，乃棺接辛巳夜，敛殡○无诡立，三月死，无谥○孝公元年三月，宋襄公率诸侯兵送齐太子昭，齐人恐，杀其君无诡至五月，宋败齐四公子师而立太子昭

案：各本'乃棺'下有'赴'字，此刘歆窜入《左传》，以徇其《经》书卒日为赴日之谬说，详《序证·告则书节》，又据《左传》窜入也。《左传》曰'十二月乙亥赴'，彼言'赴'，不言'棺'，则此言'棺'不言'赴'，明矣。今正。《春秋》僖十七年：'十有二月，乙亥，齐侯小白卒。'此文在十月者，列国杂用夏正，不独晋也，齐亦有之。文十（七）〔四〕年九月，齐商人弑其君舍，《左氏》在七月。襄十九年七月辛卯，齐侯环卒，《左氏》在五月壬辰。皆先二月，《经》用周正，《传》用夏正故也。壬辰后辛卯一日，其卒当在亥、子之间，故《经》书辛卯，《传》谓壬辰也。以彼例之，此云'十月乙亥，齐桓公卒'，即《经》之'十二月乙亥，齐侯小白卒'也；此云'十二月乙亥无诡立'，乃在周正二月矣。惟此云'三月，宋襄公率诸侯兵送齐太子昭'，《春秋》在正月，此转后《经》二月。月分既乖，事实亦必有误矣。盖齐桓公于夏正十月，即周正十二月卒。正月，宋公伐齐。二月，无诡立而殡桓。五月，宋师与齐师战，齐师败绩，乃杀无诡而立昭也。此文与《左传》皆经后人窜改，故杀无诡在三月，而宋所败者为四公子之徒。《史记》原文若何，今无从考正矣。

惠公二年长翟来，王子城父攻杀之

案：此长翟焚如之弟荣如也。《鲁世家》载此事亦在是年，《左传》以为齐襄公二年。杜注：'鲁桓公十六年，齐获荣如。'案：晋获棼如，在鲁宣公十五年，上距桓公十六年百有三年矣，岂荣如被获百有三年而其兄棼如尚能为寇乎？惟获荣如在惠公二年，乃当鲁宣公二年，弟先兄获十四年耳，事理为近。

萧同侄子

案：各本作'萧桐叔子'，此刘歆从《左传》改，今依《晋世家》及《公羊传》正。《解诂》：'萧同，国名；侄子者，萧同君侄娣之子嫁于齐，生顷公。'案：凡称侄娣之子者，别于适夫人之子也。古虽同父之子，犹以母之贵贱为贵贱，故曰母以子贵，子以母贵。郤克不曰'萧同之子'而曰'萧同侄子'者，更含贱之之意。《左氏》改为'叔子'。杜预解作'萧桐叔之子'，贱之之意不达矣。刘歆务为苟异，故失当时语意也。《晋世家》既从《公羊》，此文虽真出左邱明，太史公不当两从，以致自相乖异，况歆语乎！

成请老于崔，崔杼许之

案：各本作'成请老于崔杼'，此'杼'字涉下文而衍，今删。崔者，邑也，下文'崔，宗邑'可证。

昭公乃请齐伐鲁，取郓，以居昭公，接四十二年

案：各本中云：'彗星见。景公坐柏寝，叹曰："堂堂！谁有此乎？"群臣皆泣，晏子笑。景公曰："彗见当齐分野'"云云。此从《晏子春秋》窜入，且误合二事为一事也。彼文：'景公游于牛山，北临其国城而流涕曰："若何去此而死乎？"艾孔、梁邱据皆从而泣，晏

子独笑于旁。'此一事也。又云：'景公之时，荧惑守于虚。虚，齐野也。'此又一事也。分野之说，创自刘歆，详《序证·分野节》。《晏子春秋》此言亦刘歆窜入，又窜入《世家》也，今删。

鲍子弑悼公，赴于吴

案：《年表》《吴世家》同。《左传》谓悼公杀鲍牧，而于弑悼公者但曰'齐人'，不得其主名，亦刘歆之立异也。此时有弑君之权力者，田乞而外，非鲍子而谁？

鲁周公世家第三

周公佐武王_接破殷

案：各本中有'作《牧誓》'三字，与《齐世家》'武王与太公作此《泰誓》'语，增窜之迹略同。此更可笑，岂不作《牧誓》便不能破殷耶？今删。

封周公旦于_接曲阜

案：各本中有'少昊之虚'四字，后人窜入也。《五帝本纪》无'少昊'，何有'少昊之虚'？且营邱不言'逄公之虚'，商邱不言'阏伯之虚'，于陈不言'颛顼之虚'，于郑不言'祝融之虚'，此独何以异之耶？今删。

周公于是乃自以为质

案：《撰异》曰：'此今文也，质读为"周、郑交质"之"质"。《正义》曰"以贽币告三王"，误矣。《尚书》作'公乃自以为功'。案：作'功'者古文。

旦巧

案：此今文说也。《尚书》作'予仁若考'，《伪孔传》曰：'我周公仁能顺父。'以'父'训'考'。《伪孔传》乃王肃所作，晋古文说多出汉古文。太史公训'考'为'巧'，故以'巧'字易之，'考'、'巧'皆从'丂'声，例得相通，则与古文说异矣。

周公恐天下闻武王崩而畔，周公乃践阼代成王摄行政当国。管叔及其群弟流言于国曰：'周公将不利于成王。'周公乃告太公望、召公奭曰：'我之所以弗辟而摄行政者，恐天下畔周，无以告我先王。'○管叔、武庚等果率淮夷而反，周公乃奉成王命，兴师东伐接遂诛管叔，杀武庚，放蔡叔

案：此今文说也。《大传》曰：'管叔流言于国曰："公将不利于王。"奄君薄姑谓禄父曰："武王既死矣，今王尚幼矣，周公见疑矣，此世之将乱也，请举事。"然后禄父及三监叛也。周公以成王之命杀禄父，遂践奄。'与此篇合。皆谓周公闻流言，即奉王命率师东征，故能平乱，无避居事。《尚书》曰：'武王既丧，管叔及其群弟乃流言于国曰："公将不利于孺子。"周公乃告二公曰："我之弗辟，我无以告我先王。"周公居东二年，则罪人斯得。'郑注：'辟，谓辟居东都，言我今不辟孺子而去，我先王以谦让为德，我反有欲位之谤。无告于我先王，言愧无辞也。居东者，出处东国待罪，以须君之察己。'义与伏生、太史公说绝异，此古文说也。信若是，正落三监度内，得不即日举兵西向灭周，周公顾有以告我先王耶？乃周公辟居东都，则禄父伏而未动，迁延二年之久，俟周公复持兵柄，始畔逆以取诛夷，天下有与此痴人作贼者乎？然郑此注，古文经之'居'字启之，《世家》无比，盖亦本于今文也。各本'东伐'下有'作《大诰》'句，后人从《书序》窜入，详《序证·书序节》，今删。

诸侯咸服宗周接**周公归报成王**

案：各本中述'作《馈禾》'，'作《嘉禾》'事，亦从《书序》窜入，今删。

成王七年至**周公乃还政于成王**

案：此今文说也。自武王崩，周公践阼代成王摄行政当国，至成王七年，即周公摄政七年也。《明堂位》曰：'武王崩，成王幼弱，周公践天子之位，以治天下。六年，朝诸侯于明堂，七年致政于成王。'是周公摄政七年，即成王七年也，与此文合。郑君乃曰文王崩后，明年生成王。则武王崩时，成王年十岁，服丧三年毕，成王年十二，明年将践阼。周公欲代之摄政，群叔流言，周公辟之居东都，时成王年十三也。居东二年，成王收捕周公之属党，时成王年十四也。明年秋大熟，遭雷风之变，时周公居东三年，成王年十五，迎周公反，则居摄之元年也。见《诗·豳谱》疏及《礼·明堂位》疏。案：郑以居摄元年为成王五年，则五年以前，政自谁出？《文王世子》曰成王幼，不能涖阼，周公相，践阼而治。以此言之，岂成王年十四以前，不幼不弱，自能践阼，至年十五，乃复幼弱，不能涖阼，复迎周公践阼而居摄乎？古文学说之不通事理，无甚于此者，故详辨之。

恂恂如畏然接**周公**接**恐成王壮，治有所淫佚，乃**接**称：'为人父母'**

案：各本'畏然'下云'成王少时病，周公自揃其蚤沈之河，亦藏其策于府'至'反周公'一节，岂有周公两次祷疾，两次被谮，成王两次见书而泣，皆如一辙之理？此节出《蒙将军传》，乃蒙氏之寓言，自喻其忠于二世也。详《序证·传记寓言》节及彼传下。妄人误谓实事，据以窜入《世家》，文亦彼详此略，可为彼系原文、此乃节要之证。

'周公'下窜入'归'字。'乃'字下云'作《多士》作《无逸》'，亦从《书序》窜入。《多士》之文以告商王士，岂亦恐成王壮，治有所淫佚而作耶？今皆删正。

故祖甲飨国三十三年接自汤至于帝乙

案：各本中云'《多士》称曰'，不知上下文皆述周公之辞，增此四字作史臣引《尚书》语何为？今删。

其民皆可诛，周接文王日中昃不暇食

案此'周'字下属'文王'为句，别于上文皆言殷王也。各本从中插入'多士'二字，遂成'周多士文王日中昃不暇食'，尚成何语？若以《多士》为篇名，则此文不出《多士》，乃出《无逸》。今删。

以诚成王接周公在丰

案：各本中叙'作《周官》'、'作《立政》'事，亦从《书序》窜入，今删。

周公卒后，秋未获，暴风雷雨，禾尽偃，大木尽拔至以褒周公之德也

案：此今文说也。《大传》曰：'周公死，天乃雷雨以风，禾尽偃，大木斯拔，国恐。王与大夫开金縢之书，执书以泣，乃葬周公于毕，示天下不敢臣也。'与此说合。《尚书》此文在'周公居东'下，王乃开金縢而迎周公归，则节次与今文家异。今文说无辟居事，则雷风之变无缘在周公生前也。凡此篇所录《金縢》文，其为今文说四、今文一，无一从古文说者。

王乃得周公所自以为质

案：质，各本误作'功'。此后人据《古文尚书》改，致与上文'乃自以为质'句乖异。今正。

伐之于肸接曰：**'陈尔甲胄'**

案：各本中有'作《肸誓》'句，亦从《书序》窜入，今删。

文公十一年，鲁败翟于咸，获长翟乔如至**以命宣伯**接**是岁鄋瞒伐宋**至**获长翟缘斯**

案：各本'宣伯'下，误作'初，宋武公之世'。此后人据《左传》改，今删。'是岁'二字，依《年表》补。《年表》：宋武公卒于鲁惠公二十一年，前此百三十二年也。宋获缘斯在昭公二年，《宋世家》同，即鲁文公十一年，是宋获缘斯与鲁获乔如同岁也。齐获荣如，《左传》以为襄公二年，则前此八十年。此篇及《齐世家》皆谓惠公二年，乃后此十年也。至鲁宣公十五年，晋获焚如，四人之被获，相去二十三年耳，于理为近。据《左传》则荣如被获先其兄焚如百有三年，岂有弟死百余年，其兄尚能为寇者乎？此篇齐获荣如之岁，与《齐世家》同，与《左传》异，不应宋获缘斯之岁，与《年表》《宋世家》皆异，与《左传》同也。其为妄人窜改，明矣。

比及葬，三易衰接**昭公三年，朝晋**

案：各本中云：'君子曰："是不终也。"'《左》襄三十一年《传》曰：'君子是以知其不能终也。'谓不能终于君位也，依彼窜入而截去数字，似谓不终丧礼矣。灭裂至此，今删。

十二年，使仲由毁三桓城至伐之不克而止阙季桓子受齐女乐，孔子去

案：受女乐在十四年，此承十二年事而言，中有阙文也。

观接隐、桓之事接及叔牙、庆父、湣公之际接襄仲杀适立庶至昭公以奔接何其乱也接至揖让之礼

案：各本误作'观庆父及叔牙、闵公之际，何其乱也？隐、桓之事'云云。退'隐、桓'于'闵公'之下，移'何其乱也'句于'隐、桓'之上，岂隐、桓、襄仲、昭公之事不为乱乎？季友鸩死叔牙，而后庆父弑湣公，是叔牙与湣公不相及也。全书湣公、湣王皆作'湣'，无作'闵'者，则'观庆父及叔牙、闵公'句，'庆父'误倒在'及叔牙'上，'闵'字乃'湣'字之误也。今正。

燕召公世家第四

召公疑之接周公乃称汤时有伊尹

案：各本中有'作《君奭》，《君奭》不说周公'二句，例以上下文'召公疑之'、'召公乃说'二句皆称'召公'，中间两称'君奭'，文例不伦，益可为从《书序》窜入之证。今删。《序》云'召公为保，周公为师，相成王，为左右'等语，尚知与此篇'周公摄政，当国践阼'语意不合，故未窜入也。

欲去诸大夫而立宠姬宋之党，大夫共诛姬宋之党

案：各本两言'之党'皆脱。《索隐》：'刘氏云："其父兄为执政。"'《年表》曰：'公欲杀公卿，立幸臣，公卿诛幸臣。'案：幸

臣即宠姬宋之父兄也，是皆当有'之党'二字。今补。

及苏秦死而齐湣王复用苏代

案：'湣王'各本误作'宣王'，涉上文而改也。上云'燕哙既立，齐人杀苏秦。'《年表》：燕哙元年，齐湣王四年。是苏秦死于湣王时，复用苏代者，安得为宣王耶？今正。

禹荐益句已而以启人为吏。及老，而以启为不足任乎天下，传之于益接而势重尽在启也接已而启与友党攻益，夺之。天下谓禹名传天下于益接而实令启自取之

案：各本脱'而势重尽在启也'句，'友'误作'交'，'谓禹名传天下于益'下复衍'已'字。《索隐》遂误读'禹荐益已'为句，解曰：'以"已"配"益"，则"益已"是伯益。或曰："已语终辞。"'以下文两言'于益'下皆有'已'字也。句读一误，说解更不可通，皆脱句衍字使然也，今皆依《韩非子外储说》正。

陈杞世家第六

甲戌己丑，陈桓公鲍卒，桓公弟佗接杀桓公太子免而代立接数如蔡淫接所杀桓公太子免之三弟，长曰跃，中曰林，少曰杵臼，接其母蔡女，故蔡人为杀五父接而立跃接是为厉公接厉公二年，生子敬仲完接厉公立，七年卒接立中弟林

案：各本误改、误析、误倒、误窜，纷如乱丝，几不可读，今依年表及《左传》更正。《左传》：'陈厉公，蔡出也。'此以'其母蔡女'属佗。佗即五父，此云'为佗杀五父'。厉公为跃，在位七年。此以佗为厉公，跃为利公。《索隐》谓'厉、利声近，遂误'，是也。

《春秋》：桓公五年，陈侯鲍卒，年六蔡人杀陈佗。则佗杀太子免而代立之次年即见杀，安得以在位七年之厉公当之？且为佗杀免者蔡人，为免弟杀佗者又是蔡人，佗娶蔡女，蔡女淫于蔡人，佗亦数如蔡淫，皆误析一事为二事。'桓公病而乱作，故再赴。周太史为敬仲筮，得《观》之《否》。'皆刘歆语，详《序证·告则书节》及《变象互体节》。

齐懿仲欲妻陈敬仲，卜之至莫之与京

案：此无汉学家言，自是左邱明语，然可见其为田齐时人，与《吴》《晋》《赵世家》知赵、韩、魏分晋事同。不然，曹腾、萧顺之、杨忠、李昞时皆贵显，何以无豫知其子孙当为帝王者乎？

太子之子名吴，出奔晋接楚灵王灭陈五岁

案：各本中云'陈，颛顼之族，陈氏得政于齐，乃卒亡'，语出《左》昭八年《传》，《传》又有'岁在鹑火，是以卒灭'等句，皆刘歆窜入，详《序证·分野节》。今删正。

伯翳之后，至周平王时封为秦○垂、益、夔、龙，其后不知所封○右十一人者

《索隐》：'秦祖伯翳，解者以翳、益为一人，今言十一人，叙伯翳而又别言垂、益，则是二人也。然《秦本纪》叙翳之功，云"佐舜驯调鸟兽"，与《舜典》"命益作虞，若予上下草木鸟兽"文同，则为一人必矣。且《舜本纪》叙十人，无翳而有彭祖。'

案：以《舜本纪》例之，此云'垂、益、夔、龙'，疑当作'垂、夔、龙、彭祖'，后人习见垂、益，不知益即翳，误增益而去彭祖，以合十一人之数尔。

卫康叔世家第七

故纣之乱自此始接康叔之国

案：各本中云'为《梓材》，示君子可法则。故谓之《康诰》《酒诰》《梓材》以命之'，亦从《书序》窜入。所为但有《梓材》，谓之兼增二《诰》，无此文理，盖妄增而又讹脱也。今删。

贞伯卒，子顷侯立。顷侯厚赂周夷王，夷王命卫为侯

《索隐》：'《康诰》称"命尔侯于东土"，又云"孟侯，朕其弟，小子封"，则康叔初封已为侯也。比子康伯即称伯者，方伯之伯，非至子即降爵为伯也。至顷侯德衰，不监诸侯，乃从本爵称侯，非赂夷王而称侯也。'

《日知录》曰：'顷侯以前之称伯，乃伯子男之伯也。《索隐》虽有《诗序》《旄邱》责卫伯之文可据，然非太史公意也。古无以方伯之伯而系谥者，周公、召公二伯也，其谥则曰文公、康公。'

案：顾说是也。《康诰》称'尔侯'、'孟侯'，乃诸侯之侯，兼五等之通称，《大传》略说天子太子年十八曰孟侯，虽出今文，殊乖经义，疑是后人伪托。何足为初封已为侯之证？上文封康叔为卫君，不言卫侯，即可为非侯之证。二伯之尊比于三公，虢公、郑伯秉政王朝不终其身，何能世及，顷侯以上焉得六世为方伯耶？《诗序》卫宏所作，古文家言，不足以难《史记》也。

厘侯卒，太子共伯余立为君。共伯弟和○攻共伯于墓上，共伯入厘侯羡自杀。卫人立和为卫侯，是为武公

《索隐》：'此说非也。季札美康叔、武公之德，《国语》谓之叡圣，又《诗》著卫世子共伯早卒，不云被杀。若武公杀兄而代立，岂可以为训而形之国史乎？盖太史公采杂说而为此记耳。'

考正：'臣照案：武公在位五十五年。《国语》称武公年九十五，犹箴儆于国，计其初即位，其齿已四十余矣。使果篡共伯而自立，则共伯见弑之时，齿加长于武公，安得谓之蚤死乎？髦者，子事父母之饰，诸侯既小敛，则脱之。《史记》谓厘侯既葬，而共伯自杀，则是时已脱髦矣。《诗》安得犹谓之"髧彼两髦"乎？是共伯未尝有见弑之事，武公未尝有篡弑之恶也。'

案：《李斯传》：'汤、武弑其主，天下称义焉。卫君弑其父，而卫国戴其德。'当指此事而言。卫君负篡弑之名，而后世称其德者，惟武公尔。改兄为父者，共伯君也，《春秋》之义，臣子一例。僖公可称闵公子，则共伯亦可谓武公父。不称君者，以上文称其主而避重，修辞之例然也。《索隐》震于叡圣之名，以为不当有杀兄事。不思齐桓公杀子纠，唐太宗杀建成与此事同，而以功覆过，逆取顺守，有名誉于天下后世亦同，何独异于武公、共伯耶？共伯蚤死之说，出自《鄘风》《柏舟》《毛诗》《序》，实因《邶风》《柏舟》《鲁诗》说而小变其文，退徙其篇也。刘向传《鲁诗》者，所为《列女传》曰：'卫寡姜夫人者，齐侯误作'后'。之女嫁于卫，至城门而寡，入持三年之丧。弟立，请愿同庖，不听。卫君使人愬于齐兄弟，齐兄弟皆欲与君，使人告女。女终不听，乃作诗曰："我心非石，不可转也。我心非席，不可卷也。"'与《毛诗序》篇名《柏舟》同，夫人姜氏同，代立者为卫君之弟同，所亲欲其改嫁而弗许，作诗自誓，亦同。惟不言卫君为共伯，不言自杀，不言蚤死，则与《史记》《诗序》所言皆异。《诗序》卫宏所

作，古文家故与今文说立异，别为《邶风》《柏舟》作序，而移其说以序《鄘风》《柏舟》。共姜即'寡姜'之声转，所作者《邶风》《柏舟》，则《鄘风》《柏舟》非共伯妻作，两髦不谓共伯，共伯亦不蚤死。是《诗序》无一字不凿空，《史记》无一语不躐实，据彼难此，犹宝康瓠而弃周鼎也。

周平王命武公为公

案：夷王命卫为侯，传世也；平王命武公为公，及身也。故后世见于《春秋》仍曰卫侯，《世家》自庄公以下亦皆称公者，臣民称之曰公，非王命为公也。臣称其君虽子男之国亦曰公，如《春秋》书邾子、许男，《左传》有邾文公、许悼公是也，何论侯国！

献公十三年，孙文子语蘧伯玉

案：此与鲁襄公十四年《传》文同。《孔子世家》：襄公二十二年孔子生，定公十四年，孔子年五十六，过匡反卫，主蘧伯玉家，后此六十四年矣。《曲礼》曰'四十曰强，而仕'，若文子见问在伯玉初仕之年，已及四十，再越六十四年，则百有四岁矣。虽古多高年之人，然《淮南子》曰：'伯玉行年五十而知四十九年非。'《庄子》曰：'伯玉行年六十而六十化。'以此推之，《论语》称伯玉使人于孔子，言夫子欲寡其过而未能，正当在五六十之间，与孔子之年相若，不似百余岁之人。孙文子逐君之年，孔子未生，伯玉岂应已仕？此事于《春秋》古文无与，疑是左邱明之失实也。

殇公秋立，十二年，使宁喜攻孙林父。林父犇晋，复求入故献公。晋平公执殇公与宁喜而复入卫献公

案：《春秋》书曰：'卫宁喜弑其君剽，卫孙林父入于戚以叛，卫侯衎复归于卫。'剽即秋也，衎即献公。此文与之相反，误也。

卫石曼专逐其君起〇卫出公辄自齐复归立

《索隐》：'《左传》作"石圃"，此"专"音圃。《穀梁传》作"曼姑"，"专"或音姑。诸本多无"曼"字。'

案：《年表》：'卫君起元年，石傅逐起出，辄复入。'《春秋》：哀公三年，'齐国夏、卫石曼姑帅师围戚。'《公羊传》曰：'曼姑受命乎灵公而立辄，以曼姑之义，为固可以距之也。'《繁露·玉英篇》曰：'曼姑拒之，亦贵先君之命也。'然则是年逐起亦为辄也，为辄者，贵先君之命也。此事在《春秋》后，太史公闻《春秋》于董生，故推《春秋》意而终言之也。

宋微子世家第八

及祖伊以周西伯昌之修德，灭阞国，惧祸至，以告纣

案：监本重衍'阞'字，似谓阞国惧祸至矣。阞国已灭，尚何惧祸至之有？此从毛本。

乃问于太师、少师

案：此今文也。《尚书》作'父师、少师'。马融曰：'箕子，纣之诸父。'郑君曰：'父师者，三公也，时箕子为之。少师者，太师之佐，孤卿也，时比干为之。'此古文说也。《周本纪》：'殷纣昏乱暴虐滋甚，杀王子比干，囚箕子，太师疵、少师强抱其乐器而犇周。'《殷本纪》：微子与太师、少师谋去，而比干剖心，箕子为奴，殷之太师、少师乃持其乐器犇周。各本'乐器'上衍'祭'字，今依《周本纪》校正。此以太师、少师为乐官名，乃今文说也。

纣沈湎于酒，妇人是用，乱败汤德于下

案：此今文也。《吕氏·先识览》引武王告诸侯之辞曰：'商王大乱，沈于酒德。'即此所谓'纣沈湎于酒'也。又曰：'近姑与息，妲己为政，赏罚无方，不用法式。'《周本纪》曰：'今殷乃用其妇人之言，自绝于天。'即此所谓'妇人是用，乱败汤德于下'也。此文与之义同，则是伏生所传者，乃今文也。《尚书》作'我用沈酗于酒，用乱败厥德于下'。改'纣'为'我'，易'汤'为'厥'，削去'妇人是'三字，'用'字属下读，与此文义者异，自是古文。详下。

我其发出往

《集解》：'郑云："发，起。纣祸败如此，我其起作出往也。"'《索隐》：'往，《尚书》作"狂"，盖亦《今文尚书》意异尔。'

案：《索隐》以'出狂'为今文，是以'出往'为古文。为《汉书·儒林传》'迁载《微子》多古文说'之言所误尔，倒矣。'我其发出狂'与'我用沈酗于酒'，皆主代纣认过，狂言'天王圣明，臣罪当诛'尔。此晋、唐人之意见。古人以'独夫'诋纣，岂守善则归君、过则归己之常？'我用沈酗于酒'为古文，则'我其发出狂'亦古文也，'出往'安得为古文？《撰异》谓郑读'狂'为'往'为从今文，是也。

吾家保于丧

《集解》：'马融曰：'"卿大夫称家。"'

案：'我其发出往'者，我其起而出往于周也，即下文'武王伐纣，微子持其祭器造于军门'之意；'吾家保于丧'者，往周以保吾家，使不至于亡也，即下文为'死终得不治，不如去'之意，皆今文也。马融训'家'字，亦从今文说。《尚书》作'吾家耄逊于荒'。郑注：'耄，昏乱也。在家不堪昏乱，故欲逐出于荒野。'改'保'为'耄'、'丧'为'荒'而增'逊'字，此古文也。郑从古文说。

今诚得治国接**身死不恨。为死，终不得治，不如去**

案：各本中有'国治'二字，与上句意复，必是衍文。今删。此今文也，但计去留之宜耳。《尚书》作'绍王子出迪，我旧云刻子。王子弗出，我乃颠隮'。增'刻子'句。《释文》：'马云："刻，侵刻也。"'《论衡·本性篇》云：'微子曰："我旧云孩子，王子不出。"纣为孩子之时，微子睹其不善之性，性恶不出众庶。'又增'微子曰'句，改'刻子'为'孩子'，训'不出'为'性恶不出众庶'。皆古文也。凡《史记》录《微子篇》，系今文而与古文文义皆异者五，无一从古文者。

必为玉杯，为玉杯

案：各本下'玉'字脱，今依上句补。

天乃锡禹《洪范》九等，常伦所序。初一曰五行；二曰五事；三曰八政，四曰五纪；五曰皇极；六曰三德；七曰稽疑；八曰庶征，九曰向用五福，畏用六极

案：班氏《五行志》作'《洪范》九畴，彝伦逌叙'，下云'此武王问《雒书》于箕子，箕子对禹得《雒书》之意也。''六极'下云：'凡此六十五字，皆《雒书》本文。'《志》自'二曰'至'九曰'上皆有'次'字，'五事'之属上有'羞用'、'农用'等十四字，故为六十五字。此惟四十三字，疑本文与《志》同，上有'初'字，下不当无'次'字，末有'向用'、'畏用'四字，前何以无'羞用'等十四字也？今本为后人蒉截尔。《志》又云：'刘歆以为虙羲氏继天而王，受《河图》，则而划之，八卦是也；禹治洪水，赐《雒书》，法而陈之，《洪范》是也。'案：此说虽出刘歆，班氏引之而弗非，谅不与欧阳、夏侯氏乖违。《伪孔传》曰：'神龟负文，有数至于九。'不言'书'而言'数'，遂为'陈抟以五十五点为'河图'，四十五点为'雒书'所本，邵康节因之，朱晦翁因之，图入《周易本义》，而近儒知八卦为《河图》《洪范》为《雒书》者鲜矣。不知有点无书，亦当云'雒图'，何得谓'雒书'？

五曰思心○思心曰容○容作圣

案：各本作'五曰思'，'思曰睿'，'睿作圣'。此后人据《古文经》改，今依《撰异》稍为增损以正之曰：《尚书大传》曰：'五事曰思心，思心之不容，是谓不圣。'《春秋繁露·五行五事第六十四》曰：'思心曰容。王者心宽大，无不容，则圣能施设。'《说苑·君道篇》：'大道容众，大德容下。《书》曰："容作圣。"'《汉书·五行志》：'《传》曰："思心之不容，是谓不圣。"思心者，心思虑也；睿，宽也。孔子曰："居上不宽，吾何以观之哉！"言上不宽大包容臣下，则不能居圣位。'此皆从今文也。郑注《大传》曰：'容当为睿。睿，通也。'孔子说'"休征"曰：圣者，通也。"包貌、言、视、听而载之以思心者，君思不通，则是非不能心明其事也。'始从古文改今文。应劭注《汉书》曰：'容，古文作睿。睿，通也。'载其义未改其文也。小颜改之，误'睿'作'容'，于'容，宽也'以上'容'字尽改为'睿'，此由不解应注'古文作睿'之《古文尚书》，误以为古字。又谓'睿'、'容'同字，不知小篆'容'，古文作'㝐'，深也，私闰切。'睿'，古文作'叡'，通也，以芮切，形音义皆不同。更不顾'容'不训'宽'，且令《汉书》上文'思心之不容'，'容，宽也'，下云'言上不宽大包容'，'容'字上无所承，其谬甚矣。裴骃已从古文说，则其时《世家》亦作'睿'。然《史记》

之文，从无与伏、董异者，此可知矣。

曰雨、曰旸、曰奥、曰寒、曰风，五是来备

案：各本作'曰时，五者来备'，后人所窜改也。今依《撰异》订正之曰：'《后汉书·李云传》曰："五氏来备。"章怀注云："《史记》曰：'五是来备。'"《荀爽传曰》："五眡咸备。"注："《史记》曰：'五是来备'"玉裁。

案：此二条可据以证今本《史记》之误。今本"曰时五者来备"凡六字，此《古文尚书》也。"五是来备"凡四字，此《今文尚书》也。原注《李云》《荀爽》皆用《今文尚书》，非用《史记》也。"氏"者"是"之叚借，"眡"者"是"之转注也。《史记》本无"曰时"二字，《集解》妄引《孔传》云"五者各以其时"，与正文不相应，乃从《古文尚书》增改正文"五是"二字为"曰时五者"四字矣。'适案：段君说，则以上二条今本虽从古文，亦后人所改，原本亦从今文也。凡《史记》所录《尧典》《禹贡》《金縢》《微子》《洪范》五篇，今可考见其为今文与今文说者二十二条，无一从古文说者。然则《汉书·儒林传》谓迁载此五篇多古文说，岂非刘歆所诡托，为己作证人，而诬太史公者哉。

乃命微子开代殷后，奉其先祀接国于宋

案：各本中有'作《微子之命》'句，从《书序》窜入。今删。

是谓殇公接殇公元年

案：各本中云：'君子闻之，曰：'宋宣公可谓知人矣，立其弟以成义，然卒其子复享之。''此刘歆窜入《左传》，与《公羊》立异，又窜入此篇也。今删。此篇赞曰：'《春秋》讥宋之乱，自宣公废太子而立弟，国以不宁者十世。'赞语因《世家》而作，岂有《世家》褒之，赞语讥之，自相冲决至此之理？赞义出自《公羊》，此文虽真出左邱明，太史公闻《春秋》于董生，断不应杂《左氏》以乱《公羊》也，况其时未有此语乎？

其后诸侯数来侵伐接**十年，华督攻杀孔父**接**殇公怒，遂弑殇公**

案：各本'侵伐'下云：'九年，大司马孔父嘉妻好，出，道遇太宰华督，督说，目而观之'云云，'孔父'下云'取其妻'，此亦刘歆窜入也，今删正。《公羊传》曰：'孔父可谓义形于色矣。'督将弑殇公，孔父生而存，则殇公不可得而弑也，故先攻孔父之家。刘歆自知其行与《春秋》所予者相反，故别造古文与他事之反对《公羊》者，犹不过破坏《春秋》。至于污衊孔父，意主含射孔子，与窜入《弟子列传》者谓宰我与田常作乱以夷其族，孔子耻之，其鬼蜮之伎俩同。然此诬实易雪也。《内则》：'女子出门，必拥蔽其面。'《诗·氓》曰：'渐车帷裳。'《传》：'帷裳，妇人之车也。'《笺》：'童容也。'《疏》：'《巾车》云"容盖"。郑司农云："容谓襜车，或曰童容。其上有盖，四旁垂而下，谓之襜。"故《杂记》曰："其精有綒。"注："綒，谓龟甲缘边"是也。'案：此即蔽面之物也。是凡妇人之事，皆有盖以蔽面，卫国民间淫奔之女且然，而谓孔父妻出得为华督所见，是虽曲致其诬，不啻直陈其诳矣。前人为《七略》所绐，尊《左传》为经，故习焉不察，一念及此，亦可涣然冰释矣。

桓公即位三十年，桓公病

案：各本误作'秦穆公即位三十年，桓公病'，误也。今依下文'三十一年桓公卒'正。

以求诸侯于楚，楚人许之接秋，诸侯会宋公盟于盂接于是楚执宋襄公至以释宋公接十三年夏，宋伐郑接秋，楚伐宋以救郑，至不鼓不成列接楚成王已救郑

案：各本中皆述目夷讥襄公语，亦刘歆窜入也，今删。《赞》曰：'襄公之时，修行仁义，欲为盟主。其大夫正考父美之，故追道契、汤、高宗，殷所以兴，作《商颂》。襄公既败于泓，而君子或以为多，伤中国阙礼义，襃之也，宋襄公之有礼让也。'此则赞语襃之，《世家》讥之。赞出《公羊》，闻《春秋》于董生者，岂应插入此等语耶？

子共公瑕立，始厚葬接共公九年

案：各本中云'君子讥华元不臣矣'，亦出《左传》，刘歆语。今删。

华元善楚将子重，又善晋将栾书，两盟晋、楚

《考证》：'徐孚远曰："在《左传》，向戌之事也，此言华元为误。"陈子龙曰："宋共公元年为晋成公三年，《传》无两盟晋、楚之事，其讹为鲁襄二十七年宋之盟无疑。"'

案：《左传》此事在鲁成公十一年，适当宋共公九年，与鲁襄二十七年之盟别是一事。徐孚远以不误为误；陈子龙自误宋共公九年为元年，鲁成公三年为晋成公三年。《考证》取之，贻误学者，故附正之。

三十七年，楚惠王灭陈接六十四年，景公卒

案：各本中云'荧惑守心。心，宋之分野也'云云，亦刘歆语，详《序证·分野节》。今删。且《秦本纪》始皇三十六年亦有是象，是时宋灭已久，谁当其咎？

宋君偃盛血以韦囊，县而射之，命曰'射天'

案：此事亦见《吕氏春秋》。然《殷本纪》：'帝武乙为偶人，谓之天神。与之博，令人为行。天神不胜，乃僇辱之。为革囊，盛血，仰而射之，命曰"射天"。'与此言相似，疑是一事，传者误分为二事尔。

史记探源卷六 三十世家

晋世家第九

周公诛灭唐接**遂封叔虞于唐**

案：此二句本文直接明甚，各本中云：'成王与叔虞戏，削桐叶为珪，曰"以此封若"。史佚因请择日立叔虞。'《说苑君道篇》、褚先生《梁孝王世家补》以为周公所请。是时周公当国，政自己出，何待成王之戏言而请之？此皆传记寓言，以诫天子无戏言，非事实也。无识者以为事实而窜入《世家》。今正。

故曰唐叔虞接**唐叔子燮**

案：各本中云'姓姬氏，字子于'，妄人窜入也。姓姬氏，见于《周本纪》，此何待言？岂周之子孙自唐叔外皆别赐姓乎？史于周初王公，字皆无考，何独于唐叔称之？取晚出《古文尚书》'舞干羽于两阶'之义以字虞，是晋以后人所撰也。今正。

以从盈数，其必有众接十七年

案：各本中言'毕万卜仕于晋，遇《屯》之《比》'。刘歆语也，详《序证·变象互体节》。今正。

有贤士五人曰赵衰、狐偃接贾佗、先轸、魏武子

案：各本中有'咎犯，文公舅也'六字，乃旁注误入正文。咎即舅也，既以咎犯释狐偃，不须复以'文公舅也'释咎犯。此不达'咎'、'舅'声通之故而为之辞，窜入正文，于上下文几不成义。今正。

且言何以易之

案：'易'乃变易之易，谓晋公子不为此言，更当作何言也。之，此也，'言'字之代名辞也。《说文》：'且，荐也。'段注：'凡语助云"且"者，必其义有二，有借而加之也。'此句承上文谓晋公子之不可杀，贤而从者皆国器外，此言无可变易，亦其一端，故曰'且'。《索隐》：'子玉请杀重耳，成王不许，言人之出言不可轻易之也。'以'言'字属子玉，子玉惟有此言，何'且'之有？

而用美女乘轩者三百人也

徐孚远曰：'乘轩三百人，盖小人滥位。《诗》所谓"三百赤芾"也。《史》云美女，亦误。'

案：此美女之父兄也。如北齐因穆后而宠穆提婆，唐因杨妃而任杨国忠之比，正与《诗》相发明，何误之有？

周作《晋文侯命》：'王若曰'

案：此记事语，真出太史公，与《秦本纪》'故作此誓'语例相同，无此语则'王若曰'句无所属也，'与从《书序》窜入者殊科'。

父义和

《集解》：'马融曰："王顺曰，父能以义和诸侯。"'《索隐》：'《尚书·文侯之命》是平王命晋文侯仇之语，今乃襄王命文公重耳之事。'

案：《书序》'平王锡晋文侯秬鬯圭瓒'，郑注：'义，读为仪。文侯名仇，故字仪。仪、仇皆训匹也。'望文生训，不可通也。《左》桓二年《传》：'初，晋穆侯以条之役生太子，命之曰仇。'杜注：'意取于战相仇怨。'下文师服曰：'怨耦曰仇。'是文侯之名仇，义取于耦，非取于匹也。郑谓训匹而字仪，于《左传》适形翩反。不释'和'字，尤见遁情。马本《序》无'平'字，故解此句为'父能以义和诸侯'，亦不以文侯为仇。马融虽为古文学，亦有时从今文说也。《新序·善谋篇》亦以为文公重耳，与《世家》同，与《书序》异，亦可为《书序》乃刘歆作之证。歆于向言，无一不反对也。

范武子请老接郤克

案：各本误作'魏文子'，《魏世家》无文子。中有'休'字，当是'老'字之旁注误入正文。今依《左》宣十七年《传》'范武子将老'、又曰'乃请老'更正。

竖阳谷

案：《楚世家》、《吕氏春秋》文同，惟《左传》作'谷阳竖'，以三人占从二人之说例之，则此是也。

楚世家第十

飨王之宠姬江芈而勿敬也

《集解》：'骃案：姬，当作"妹"。'

案：《左传》无'宠姬'二字。杜注：'江芈，成王妹，嫁于江。'故裴氏云尔。然既嫁于江，何以反楚？且潘崇教商臣伺察王之密谋，而惟飨江芈，则其专宠如魏王之如姬矣。《公羊》桓二年《传》有'楚王妻媦'语，媦，妹也，疑即谓此事。否则江亦芈姓，而嫁于楚，如晋献、骊姬之比。

越王句践世家第十一

越王乃葬吴王而诛太宰嚭

案：《吴世家》曰：'越王灭吴，诛太宰嚭，以为不忠，而归。'是则卖国之贼臣，亦霸王所甚恶也。《左传》：哀公二十二年，越灭吴。二十四年，公如越，将妻公而多与之地。季孙使因太宰嚭而纳赂焉，乃止。是谓嚭入越，贵显如故，奸贪如故也。案：句践于霸越之文种且不得良死，岂于亡吴之宰嚭仍其故官，纵其旧恶乎？自古霸王之君，有杀功臣无赏奸臣者也。是故周克殷，戮蜚廉；宋灭曹，杀公孙强；隋平陈，诛五佞。即不诛者，慕容评入秦未闻仍为太傅，阳虎事赵简子不敢为非。若句践尽反其道，何以不蹈夫差之覆辙乎？凡《史记》与《左传》异者，若陈佗非厉公，宁喜纳卫献，自当依《左传》以正《史记》。哭秦师者，《左传》惟有蹇叔，《史记》兼谓《百里奚》。

救赵盾者，《史记》兼属示眯明，《左传》别有灵辄。孰是孰非，两无所据。惟此事以历代霸王所为互证之，可决《左传》非而《史记》是也。

齐威王使人说越王曰至此四邑者，不上贡于郢矣

案：各本文多遗脱，颇难索解。《正义》曰'庞、长沙出粟之地，竟陵泽出材木之地'，今在正文'庞、长沙'之下'楚之粟也；竟泽陵，楚之材也'之上。注文于正文部位倒错如此，正文'泽'字又倒在'陵'字上，则余可类推矣。

郑世家第十二

武姜生太子寤生，生之难

案：《说文·午部》有'牾'字，解云：'逆也。'朱骏声谓寤生之'寤'实'牾'之借字，是也。正合'生之难'之义。《太平御览》三百六十一引《风俗通》云：'俗说儿堕地便能开目视者，谓之寤生。'此依寤字之本义为训，当因汉俗于儿堕地便能开目视者借'寤生'之名名之，故曰'俗说'。非'寤生'之名为儿堕地便能开目视者而立也。是以儿堕地不便能开目视者不谓之寤生也。今儿堕地无不便能开目视者，古乃稀有，古今人之气体不同如此。杜注《左传》谓'武姜寤而庄公已生'，则是'寤'属母而'生'属子，且是易生，姜氏当喜，与《左传》'惊姜氏'、《世家》'生之难'句意正相反，固哉！

人尽天也

案：各本作'人尽夫也'，《左传》同。杜注：'妇人在室则天父，出则天夫。'是晋时《传》文作'天'不作'夫'也。今正。

厘公五年，郑相子驷_接使厨人药杀厘公_接立厘公子嘉

案：各本'子驷'下云：'朝厘公，厘公不礼，子驷怒。''厘公'下云：'赴诸侯曰，暴病卒。'此皆刘歆语也。歆创'赴告则书'之说以释《春秋》之书'卒'，于此事更不可通。谓孔子不知其弑欤，是易欺也；知之而不改，是故纵也。孔子为鲁司寇之日，设有子弑其父者，为吏所执囚，以父自病死对，遂以为无罪而释之乎？以此法作《春秋》，乱臣贼子喜矣，何以惧为？然则《春秋》书卒，何也？《公羊传》谓郑伯欲会诸侯，大夫欲归楚，故弑之。《春秋》不言弑，为中国讳也。是则被弑不因失礼，书卒不因赴告也。闻《春秋》于董生者，何从录此异说耶？今正。

勿杀乃止_接二十七年夏，郑简公朝晋

案：各本中叙子产使晋，对平公以'高辛氏二子'云云，与高辛氏有才子八人语相冲决，详《舜本纪》下。下言辰为商星，参为晋星，详《序证·分野节》。且此节意与梦黄熊事相似，疾者皆平公，问疾者皆子产。《左传》此事在鲁昭公元年，彼事在七年。彼事当出左邱明，此则刘歆窜入。故窜入《史记》，亦舍彼而取此也。今正。

赵世家第十三

赐赵夙耿_接当鲁湣公之元年也_接夙生共孟_接共孟生赵衰

案：各本'夙生共孟'句误在'当鲁湣公元年'句上，直似共孟生于是年矣。湣误作'闵'，与《年表》、《世家》乖异。今皆更正。'鲁湣公元年'上承'赐赵夙耿'而言，以下乃言赵氏之世系，生共孟、生赵衰皆在是年之前。《年表》：鲁湣公元年，当晋献公十六年。

《晋世家》：献公即位，重耳年二十一。重耳年十七，有贤士五人，首列赵衰。是赵衰始事重耳，在献公即位前四年，岂至献公十六年，而其父共孟始生耶？一经参校，极堪捧腹，推寻上下，文理实密，后人动谓《史记》之谬，恐类此者尚多，检之不尽尔。

晋景公之三年，大夫屠岸贾○杀赵朔、赵同、赵括、赵婴齐，皆灭其族。赵朔妻，成公姊，有遗腹，走公宫匿○免身生男○程婴卒与俱匿山中，居十五年，晋景公疾，卜之，大业之后不遂者为祟。景公问韩厥○乃曰○其赵氏乎○景公问赵尚有后_接乎_至复与赵武田邑如故

案：屠岸贾事亦见《韩世家》，而《晋世家》及《左传》无之。《左传》：赵婴通于赵庄姬，原屏放诸齐，庄姬谮于晋侯曰：'原屏将为乱。'晋讨赵同、赵括即原屏。武从庄姬畜于公宫，以韩厥言，乃立武而反其田。事在鲁成公八年至十年。晋侯梦大厉曰：'杀余孙不义。'杜注：'厉鬼，赵氏之先祖也。'案：成公八年，乃晋景公十七年。景公三年，当鲁宣公十二年。彼年《传》云：'赵朔将下军，栾书佐之。'至成公二年，栾书将下军。孔《疏》谓朔已死。《韩世家》言屠岸贾诛赵朔而不及同、括，《晋世家》及《春秋经》书晋杀同、括亦不及赵朔，则朔之死不与同、括同年。盖自景公三年，朔反自郑，即为屠岸贾所杀，而同、括尚在。至十七年，景公杀同、括，则赵氏绝祀，故大业之后为祟，乃问于韩厥。厥遂令程婴纳武于公宫，与诸将攻灭屠岸氏而立武为后焉。惟此谓同、括与朔皆见杀于景公三年，则不合于《春秋》；《左传》前二年已立赵后，后二年其先祖为祟，则不合于《世家》。皆误也。赵朔妻，成公姊，本不误。成公为文公子，成公姊亦文公女。自文公卒，至景公三年，计三十二年，朔妻若自文公卒前二三年所生，至此年甫三十四五，应有遗腹。《世家》无通于赵婴齐事，《左传》载此语于鲁成公四年，未必是年始通。即论是年，朔妻年

亦四十五六耳。八年，《疏》谓庄姬年少，故贾、服、杜以为成公女，不知成公姊亦未老也。景公问'赵尚有后乎'，与《韩世家》'尚有世乎'语例相同，各本中有'子孙'二字，衍也。今正。

子之见我何为

案：各本重'我'字，衍也。今正。

武灵王元年，阳文君赵豹相

案：下云惠文王二十七年，封赵豹为平阳君，孝成王四年，平阳君赵豹谏受韩上党，与此人姓名同，封号之'阳'字又同，则似一人。然武灵王在位二十七年，惠文王三十三年，则孝成王四年后此六十四年矣，又似二人。疑此句有误。

子不反亲，臣不逆君，先王之通义也

案：各本作'兄弟之通义也'，与'子''臣'二句义不相属，今依《战国策》更正。《集解》：'徐广曰："兄弟一作'元夷'。元，始也；夷，平也。"'此亦望文生训，'始平之通义'仍不可解。始缘'先'字与'兄'字形近而误作'兄'，既误'先'为'兄'，'兄'下必属'弟'，遂改为'兄弟'，又与'兄弟'形近而误作'元夷'也。

故礼也不必一道，而便国不必法古

案：各本作'而便国不必古'，谅脱'法'字，今补。

必有阴贼谋起

案：各本倒作'谋阴贼起'，今正。

高信即与章战

案：各本误作'与王战'。高信即信期，事肥义者。肥义代王入，为章所杀，高信当与章战也。今正。

故有长平之祸焉接秦围邯郸

案：各本中有'王还不听秦'五字，不知所谓，当是衍文。今删。

孝成王卒接子偃立，是为悼襄王，廉颇将至廉颇亡入魏接悼襄王元年

案：各本'子偃立'二句倒在'廉颇亡入魏'下，则廉颇将、使乐乘代之，皆无所受命矣。今正。

魏世家第十四

其必有众接毕万封十一年

案：各本中云'初，毕万卜事晋'云云，后人窜入，详《晋世家》下。今正。

武侯元年，赵敬侯初立

《索隐》：'《纪年》云：魏武侯元年当赵烈侯之十四年，不同也。'

案：《纪年》者，晋人所伪造，托之汲郡魏安厘王冢所出竹书也。于商有太甲杀伊尹、文丁杀季历语，此必曹魏遗臣痛惜甘露少帝欲杀司马昭而反为所弑，姑为此如愿之寓言，以寄其忠君爱国之意，可与屈平适乐园、介推还受禄等语相比例也。于周无文王受命称王事，于武王伐

纥之年，同《三统历》及晚出伪《泰誓》，与先秦人语若南北之异方矣。纪列国之年，无所不谬，古文学说盛行之世，尽人与今文家立异为高也。赵烈侯卒于九年，安得有十四年当魏武侯之元年？又增武侯享国十六年为二十六年，夺襄王在位十六年为惠王改元之年。《集解》引荀勖语，转据之以为太史公误，颠倒黑白正如勖之为人，乱政事不足，复欲波及学术耶？今辟其极谬者，余仿此。

惠王元年，战于浊泽，魏氏大败，魏君围。赵谓（魏）〔韩〕曰

案：围，监本误作'为'，直似下属为句矣。此从毛本。《六国表》：'赵成侯六年败魏浊泽，围惠王。'《赵世家》作'围魏惠王'可证。

三十五年，邹衍、淳于髡、孟轲皆至梁

案：邹衍世次不与髡、孟相接，详《孟荀列传》。见于此者，古书有因此以及彼。例如《语语》'禹、稷躬稼而有天下'。躬稼者稷也，因稷而及禹；有天下者禹也，因禹而及稷。《孟子》'华周、杞梁之妻善哭其夫'。善哭其夫者，杞梁之妻也，因杞梁之妻而及华周之妻。此例《史记》亦有之。《淮阴侯传》'大夫种、范蠡存亡越，霸句践，立功成名而身死亡'。立功成名而身死亡者，大夫种也，因大夫种而及范蠡。此亦因髡与孟子而及邹衍也。七国之世，诸子擅盛名者，首推邹衍。故此篇及《田齐世家》言士之至其国，皆举邹衍以冠诸子，以为其君下士之光也。二国之史如此，太史公因之尔。

襄王元年，与诸侯会徐州，相王也

案：此周显王三十五年也。惟魏称王之年，与《秦本纪》《六国表》合。其余五国，齐之王在显王十六年，秦在四十四年，燕在四十六年，韩在四十七年，赵无考。

如耳见卫君曰：'请罢魏兵，免成陵君可乎？'

案：上文无成陵君谋伐卫事，亦不详成陈君为何人，脱也。不然，无此文法。

夫憎韩不爱安陵氏可也，夫不患秦之不爱南国非也。

案：次句'夫'字似衍。

韩世家第十五

大业之后不遂者为祟

案：各本脱'后'字，今依《赵世家》补。

时虮虱质于楚_{至于是}虮虱竟不得归

案：此多脱文，无从校订。

绍赵氏之孤子武

案：各本误作'绍赵孤之子武'，今依文订。

田敬仲完世家第十六

陈完者，陈厉公跃之子也_接厉公者，陈桓公庶子也_接桓公卒，弟佗杀桓公太子免而代立，数如蔡。厉公跃与免异母，其母蔡女，怨佗杀其兄，乃令蔡人诱佗而杀之_接佗之罪以淫出国，故《春秋》曰'蔡人杀陈佗'，罪之也_接跃立为厉公。厉公卒_接弟林立，

是为庄公。故陈完不得立，为陈大夫接庄公卒至完故奔齐

案：各本以厉公为佗，与《陈世家》同。无五父，无利公跃，以庄公林继厉公佗，并桓公鲍亦为蔡人所杀，皆与《陈世家》异。今依《左传》及《年表》《陈世家》正。

景公有宠姬曰芮子，生子荼。景公卒○立荼，是为晏孺子○晏圉奔鲁○乃使人杀晏孺子于骀而逐孺子母

案：各本误作'晏孺子奔鲁。乃使人迁晏孺子于骀，而杀孺子荼'。今依《齐太公世家》正。

子我接与田氏有郤

案：各本作'子我者，监止之宗人也，常与田氏有郤'。中衍八字。《齐太公世家》上言'阚止'，下言'子我'。既言'子我'，不复言'阚止'，其为一人之名字章矣。今正。

田氏之徒追杀子我接简公出奔

案：各本中有'及监止'三字，亦衍，今正。

田常于是尽诛鲍、晏、监止之族及公族之强者

案：各本脱'之族'二字，今补。上文田氏已杀监止，遂杀简公而立平公。平公即位已五年矣，安复得监止而诛之？是年所诛必是鲍、晏、监止之族。田常于此三氏尽灭其族，而于公族但诛其强者耳。

子桓公午立接六年，救卫

案：各本中有驺忌议救韩事。徐孚远谓驺忌以鼓琴干齐威王，不宜桓公午时已与廷议，共事亦与下文所载相类，此说是也。且秦、魏与韩、楚、赵交兵，何与于燕而齐袭之耶？下文韩因恃齐五胜而东委国于

齐，事理明白，亦可为此因彼衍之证。今正。

宣王十八年，驺衍、淳于髡、田骈、接子、慎到、环渊之徒皆为列大夫

案：驺衍详《魏世家》及《孟荀列传》下。

疾建用客之不详也止

案：此篇赞语刘歆改窜，详《序证·变象互体节》，今删。

孔子世家第十七

纥与颜氏女野合而生孔子，祷于尼邱，得孔子

案：此文疑本作'纥与颜氏女祷于尼邱，野合而生孔子于尼邱'。埽地为祭天之坛而祷之，犹《诗》所谓'以弗无子'也；遂感而生孔子，犹《诗》所谓'履帝武敏歆'也。故曰'野合'。《高祖本纪》：'其先刘媪尝息大泽之陂，梦与神遇。是时雷电晦冥，太公往视，则见蛟龙于其上。已而有身，遂产高祖。'即《诗》《齐》《鲁》《韩》《春秋》《公羊》学家所谓圣人皆'感天'而生，此所谓'野合'而生也。《三代世表》张夫子问于褚先生曰：'《诗》言契、后稷皆无父而生，今诸传记咸言有父，得毋与《诗》谬乎？'褚先生曰：'《诗》言契生于卵、后稷人迹者，欲见其有天命精诚之意耳。鬼神不能自成，须人而生，奈何无父而生乎？'即此所谓纥与颜氏女祷于尼邱野合而生孔子也，太史公以受命帝王尊孔子故云尔。《索隐》谓'梁纥老而征在少，非当比室初笄之礼，故云"野合"。'此说谬甚。老夫得其女妻，未闻谓之野合也。且诗人称述文王，归美太任，《世家》表扬孔子，讥其父母可乎？

鲁襄公二十二年而孔子生○孔子年十七，是岁季武子卒○昭公二十年，而孔子盖年三十矣○孔子年三十五，昭公奔于齐○孔子年四十二，鲁昭公卒于乾侯○定公九年，孔子年五十一○定公十四年，孔子年五十六○哀公三年，而孔子年六十矣○孔子年六十三，而鲁哀公六年也○孔子年七十三，以鲁哀公十六年四月己丑卒

案：各本五十一之'一'字脱，今依上下文补。是篇凡言孔子之年者十，皆足与生年相印证，后儒或以《公》《谷》二传'孔子生'句在襄公二十一年，疑《史记》之二十二为误，岂有十处皆误之理？第知以生年校生年，不知以昭、定、哀之世言孔子之年者校生年，何其愚也！且《公》《谷》全体释《经》，此言何以入《传》？当由二家经师附记于旁，后乃误入正文尔。其始附于二十二年'公会诸侯于沙随'之下，一本误脱，而误补于二十一年'公会诸侯于商任'之下。上文相似，易于致误。一本误则各本皆误，一《传》误则二《传》并误。正当引《史记》以纠二《传》，岂应信《公》《谷》以难《世家》耶？惟《世家》无月日，当取二《传》补之。《公羊传》作'十有一月庚子，孔子生'。《释文》曰：'《传》文上有"十月庚辰朔"。此亦十月也。一本作"十一月庚子"。又本无此句。'案：《穀梁传》亦无此句，有者特三本之一，且证以'十月庚辰朔'，则庚子不在十一月。凡有'十一月'句，衍也。惟二十一年十月庚子为二十一日，二十二年十月庚子为二十七日，《长历》是月甲戌朔也，周正十月，夏正八月。今以八月二十七日为孔子生日，得之矣。

孔子年十七，鲁大夫孟厘子病_接不能相礼_接且死诫其嗣懿子曰○今孔丘年少好礼○及厘子卒，懿子与鲁人南宫敬叔往学礼焉

案：各本脱'不能相礼'四字。《索隐》：'昭七年《左传》云

"孟僖子病不能相礼，乃讲学之，及其将死，召大夫"云云。案：谓病者，不能相礼为病，非疾困之谓也。至二十四年，僖子卒，是此文误也。'不知此后人脱误。若本无'不能相礼'四字，则下文'年少好礼，往学礼焉'二句语何所承？'孔子年十七'者，孟厘子病不能相礼之年也，在昭公七年。'且死'即《左传》所谓'及其将死'，在二十四年。太史公本不谓一年之事，犹之懿子学礼，亦与厘子卒非一年事，不然岂衰绖往学乎？今为补正。惟《仲尼弟子列传》无孟懿子，《论语》'孟懿子问孝，子告樊迟曰："孟孙问孝于我"。'不称何忌，则不似弟子，与《世家》《左传》皆异，当从盖阙。《弟子列传》亦以南宫敬叔为鲁人，与此文同，与《左传》异，不以为孟厘子之子。《索隐》谓太史公之疏，不知若无'鲁人'二字，但作'懿子与南宫敬叔'，岂非小司马所谓密乎？不为密之省，而为疏之增，非人情也。

尝为季氏委吏而料量平，尝为乘田而畜蕃息接孔子长九尺有六寸。人皆谓之'长人'而异之接南宫敬叔言鲁君曰

案：各本脱'委'字。《索隐》谓一本作'委吏'，今依以补正。'乘田'误作'司职吏'。吏皆有职，此何符言，今据《孟子》更正。'蕃息'下云'由是为司空'，系下文'由中都宰为司空'之重文。又云'已而去鲁，斥乎齐，逐乎宋、卫，困于陈、蔡之间，于是反鲁。''异之'下云'鲁复善待'由是反鲁'。皆定公十四年去鲁后至反鲁之总结，重衍于此也。今删正。

请与孔子适周○盖见老子云

《索隐》：'《庄子》云："孔子年五十一，南见老聃。"系家亦依此为说而不究其旨，俱误也。何者？孔子适周，岂访礼之时即在十七耶？'

案：《庄子》多寓言。《盗跖篇》有孔子与柳下惠相问答语，又可

为二人同时之证乎？且孔子年五十一正为中都宰之年，何暇南见老聃？此文在孔子年十七之后，三十以前。适周问礼，当在其间，岂谓年十七之年耶？

由大司寇摄行相事

案：'摄行'，各本倒作'行摄'，今依《鲁世家》'摄行政'订正。'摄'，周语也，《列子》'周公摄天子之政'是也。'行'，汉语也，《汉书》'御史大夫张汤行丞相事'是也。'摄行'者，以汉语释周语，岂当跻'行'于'摄'上乎？

入及公侧

《集解》：'服虔曰："人有入及公之台侧。"'

案：《左传》定公十二年文同。闻之师曰：'入当为矢。《说文》矢，从入。脱去下半则为入也。'《左》襄二十三年《传》'矢及君屋'，与此文同例。

去卫过匡，颜高为仆

案：高，各本作'刻'，误也。《弟子列传》：'颜高，字子骄。'《正义》：'孔子在卫，南子招夫子为次乘，过市，颜高为御。'《家语》：'孔子适卫，子骄为仆。灵公与夫人南子同车出，使孔子为次乘，颜刻曰："夫子何耻之？"'是颜刻即颜高。高以'克'篆作舎，形近而讹作'克'，克又以声同而讹作'刻'也。知'刻'讹，非'高'讹者，骄读为'乔'，乔，高也，名高字乔，义正相应。《左》定八年《传》：'颜高之弓六钧。'当即此人。今正。

为宁武子臣于卫

案：武子死，宁氏灭久矣，安能复为之臣？宁武子当是孔文子之讹，犹《晋世家》魏文子实范武子之讹也。《左》哀十一年《传》：
'孔文子将攻太叔，访于仲尼。'则二人固同时也。

夏，卫灵公卒○六月，赵鞅内太子蒯聩于戚○冬，蔡迁于州来阙是岁，鲁哀公三年，而孔子年六十矣。齐助卫围戚○夏，鲁桓、厘庙燔○秋，季桓子病

案：《春秋》'蔡迁于州来'以上，皆在哀公二年。'齐助卫围戚'以下，乃在三年。此文'是岁'以上有阙文，本不谓一年之事，故上文已言冬，下文复云夏、秋也。

明年，孔子自陈迁于蔡。蔡昭公将如吴○公孙翩射杀昭公。楚侵蔡阙秋，齐景公卒

案：《春秋》'盗杀蔡侯申'在哀公四年，'齐侯杵臼卒'在五年，则中亦有阙文也。

孔子迁于蔡三岁，吴伐陈。楚救陈

案：孔子自哀公四年迁于蔡，则此为六年也，下有明文。《集解》徐广亦当云'六年'，今作'四年'，后人所误也。不然，岂上已云五年，此转谓四年耶？

而鲁哀公六年也。其明年，吴与鲁会缯至无所苟而已矣阙其明年，冉有为季氏将师，与齐战于郎

案：会缯在哀公七年。战于郎，《左传》作'战于郊'，未知孰是。事在哀公十一年，则不得谓明年也。中亦有阙文。

孔子之去鲁，凡十四岁而反乎鲁

案：自定公十四年，凡越十四岁，乃在哀公十二年也。《春秋》书哀公十二年春用田赋，则季孙访田赋亦当在是年春。《左传》系之十一年冬，以便文也。《索隐》以定十四至哀十二为十三年，误除本年计之，非古法也。余详《鲁世家》下。

追迹三代之礼接曰：**夏礼吾能言之至吾从周**接序《书传》，上纪唐虞之际至编次其事接故《书传》《礼记》自孔氏

案：先序《礼》，次序《书》，末乃总述《书》《礼》，次第甚明。各本'序《书传》'至'编次其事'十七字误在'曰夏礼'句上，致与上文言三代之礼语意间隔。今正。

古者《诗》三千余篇，及至孔子，去其重，取可施于礼义○**《关雎》之乱以为《风》始，《鹿鸣》为《小雅》始，《文王》为《大雅》始，《清庙》为《颂》始。三百五篇孔子皆弦歌之，以求合《韶》《武》《雅》《颂》之音**

案：此所言古《诗》篇数，非之者，孔颖达、朱彝尊、赵翼、崔述也；是之者，欧阳修、郑樵、王应麟、王崧也。崧所著《说纬》载之甚详，辩之甚当，今择其要录之。欧阳氏曰：'以郑康成《谱图》推之，有更十君而取其一篇者，又有二十余君而取其一篇者。由此观之，何啻三千？'王氏曰：'赵氏备列群书所引逸《诗》，谓不及删存《诗》二三十分之一，此但就见存之书计之也。古书之著录于《汉书·艺文志》而不传于今者，其中岂遂无之？则二三十分之一未足尽逸《诗》之数也。世儒所论皆以孔子于《诗》，一似昭明之《文选》，但因其辞意为去取。迁谓孔子皆弦歌之，以求合《韶》《武》《雅》《颂》之音，可知非独取其辞意已。'又引《通志·乐略》第一曰：'乐以《诗》为本，《诗》以声为用。仲尼编《诗》为燕享祀之时用以歌，非用以说义也。得《诗》而得声者三百篇，则系《风》《雅》《颂》。得《诗》而不得声者则置之，谓之逸《诗》。'合观郑氏、王氏之言，《世家》

可借以证明矣。始者对终而言，《关雎》为《风》始，则《狼跋》为《风》终，《雅》《颂》类是。《毛诗》浑言《风》《小雅》《大雅》《颂》为四始，无终而称始，可乎？孔子取《诗》止有三百五篇，《史记》此言上本三家，下至《汉书》中《艺文志》及《儒林传》王式之言犹然。《经典释文》始云孔子录取三百十一篇，此依《毛诗序》合《南陔》《白华》等六篇而言。然《序》云有其义而亡其辞。亡对有而言，乃有无之'无'、非亡佚之'亡'也。本无其辞，则所谓有义其者，义于何见？见之于《序》而已，未尝有《诗》也，安得列于篇数？此古文家之谬说，大背于《世家》者也。

以备王道，成六艺 接 **孔子以《诗》《书》《礼》《乐》教弟子至不试，故艺** 接 **孔子晚而喜《易》** 接 **读《易》韦编三绝至若是我于《易》则彬彬矣** 接 **鲁哀公十四年至作《春秋》**

案：序《诗》《书》《礼》《乐》，文本相接，序《易》与《春秋》，文亦相接。各本误移'孔子晚而喜《易》'以下在'孔子以《诗》《书》《礼》《乐》教弟子'上，以致上下文义皆相间断，今正。'晚而喜《易》'句下有'《序》《彖》《系》《象》《说卦》《文言》'八字，南海某氏谓刘歆窜入是也。《序卦》先于《彖辞》，《说卦》先于《文言》，语无伦次。且此八字列于'喜《易》'以下，'读《易》'以上，则是孔子所喜而读之不厌者，即其所自作《彖》《象》《文言》之属，有是理乎？《论衡·正说篇》：'孝宣皇帝之时，河内女子发老屋得逸《易》《礼》《尚书》各一篇，奏之。'《隋书·经籍志》曰：'及秦焚书，《周易》惟失《说卦》三篇，后河内女子得之。'然则宣帝以前未有《说卦》，太史公何自知之？依今本尚少《杂卦》，俱倒错杂，妄续明矣。今正。然则孔子所喜而读之者指何篇文，曰《卦辞》《爻辞》也。《卦辞》《爻辞》谁作？西汉师说今无存者。马融、陆绩谓文王作《卦辞》，周公作《爻辞》，其言信而有征，当是田氏相传之旧说。汉末去古未远，故能述之。南海某氏谓文王惟演重卦而无《卦辞》，经文皆孔子所作者，非也。《周本纪》及《法言》《问神》《问明》二篇、《汉书·扬雄传》云云，第谓重卦始于文王，不谓文王止于重卦也。请列四证以明之：《太史公自序》云'昔西伯拘羑里演《周易》，孔子厄陈、蔡作《春秋》、及《离骚》《国语》《吕览》之属皆有文辞，若《周易》但有卦画而无《卦辞》，岂当与《春秋》《离骚》《国语》《吕览》相比例乎？证一也。如《卦辞》《爻辞》皆孔子作，何以所引古事至箕子之明夷而止，不及成、康以下一字耶？《爻辞》'王用亨于岐山'、'王用亨于帝'，称王而不系'文'，当是称王郊天时语。文王未崩故未有谥，若出孔子，焉得去'文'？《系辞传》孔子作也，曰'文王与纣之事耶'，则系'文'于王矣。'东邻、西邻'亦殷、周并王时语，干宝注'东邻，纣也；西邻，周也'是也。若孔子作，当自鲁言之。鲁处东偏，更无东邻，只有西邻。岂谓鲁国杀牛不如齐、晋之祎祭受福耶？证二也。《象传》释《卦辞》，《小象》释《爻辞》。《卦辞》《爻辞》皆经，《象传》《小象》则传也。如谓皆孔子作，岂有自为之经复自为之传之体？何不自为《春秋》作传耶？证三也。韦编者，册书而非简书也。古者字少用简，字多用册。简用一竹，义取单简，故曰简。册用五竹，编之以韦，篆文作卌，五直象竹，二横象韦。《周易》分上经为三十卦，下经为三十四卦者，卦画初成，各以十八简书之，上经《乾》纯阳，《坤》纯阴，《颐》《大过》《坎》《离》皆阴阳反对，不能共简，故六卦分为六简，《屯》倒之为《蒙》，《蒙》倒之为《屯》，他卦皆然，故二十四卦合为十二简，总为十八简；下经惟《既济》《未济》各为一简，其余三十二卦，合为十六简，总亦为十八简。及为《卦辞》《爻辞》后，卦数分上下经，即源于此。说详《序卦正义》及师说。然惟卦画可书于简，若兼《卦辞》《爻辞》，非册不胜书矣。孔子所读之《易》，若止有卦画，当是简而非册，安得韦编而绝之？证四也。

据鲁，亲周，故殷，运之三代

《索隐》：'言夫子修《春秋》，以鲁为主，故云据鲁。时周虽微，而亲周王者，以见天下之有宗主也。'《正义》：'殷，中也。又中运夏、殷、周之事也。'

案：《春秋》宣公十六年，'成周宣榭灾'。《公羊传》曰：'外灾不书，此何以书？新周也。'《解诂》曰：'孔子以《春秋》当新王，上黜杞，下新周而故宋。因天灾中兴之乐器，示周不复兴，故系宣榭于成周，使若国文，黜而新之，从为王者之后记灾也。'阮公校勘记曰：'《董子》《史记》"亲周"皆"新周"之误。'案：孔子以《春秋》当新王者，新受命为王也。新周者，新为王者之后也。周为王者之后新，则宋为王者之后故矣。殷即宋也，故此文曰'新周'、'故殷'。小司马读'亲'如字，望文生训耳。运当为'通'，形近致误也。隐公三年，'春，王二月'。《解诂》曰：'二月三月皆有王者，二月，殷之正月；三月，夏之正月。王者存三王之后，所以尊先圣、通三统也。'此言出自《繁露》，太史公亦闻之董生，故曰'通之三代'也。张守节以'故殷'属下读而别为作训，岂有殷、周并称，而殷非国名者乎？

忠生武，武生延年及安国

案：《汉书·孔光传》云'忠生武及安国，武生延年'，未知孰是。

安国生卬 止

案：各本下有'卬生驩'句，当是褚先生补。安国蚤卒，卒在元朔末年，详《序证·古文尚书节》。此后即获麟之岁，《史记》止矣，是时安国岂及有孙耶？

陈涉世家第十八

太史公曰至攻守之势异也

案：各本作'褚先生曰'。《集解》：'徐广曰："一本作'太史公'。"骃案：班固《奏事》云："太史迁取贾谊《过秦论》上下篇以为《秦始皇本纪》《陈涉世家》下赞文。"然则言"褚先生"者，非也。'今依以更正。《秦始皇本纪》赞录下篇，此其上篇也。

外戚世家第十九

用无子故废耳。陈皇后求子，与医钱凡九千万，然竟无子

案：'陈皇后求子'句上当有'初'字，不谓废后也。张照据以证《长门赋》序'陈皇后复幸'之说，谓但不复其位耳，以驳上文'废陈皇后'句下《索隐》，其说凿矣。复幸之说，犹曰屈平适乐国，介推还受禄耳。文人寓言，岂足以为事实乎？

少儿生子霍去病，以军功封冠军侯止

案：此元朔六年事也，在'麟止'前。下云'号票骑将军'，则元狩三年事矣。又下云'李延年兄弟坐奸，族。其长兄广利伐大宛，不及诛，还，封为海西侯。'案：《大宛传》：广利伐大宛还，在太初四年。《匈奴传》：广利闻其家以巫蛊族灭，因降匈奴，在征和三年。然则广利封侯在前，李氏族灭在后。彼传是，则此篇先后互倒。此文是，则李氏之族既坐奸诛，岂能复坐巫蛊诛乎？矛盾重重，其为后人窜乱明

矣,且非'麟止'前语。今正。此篇独无赞语,脱也。

楚元王世家第二十

高祖之同母少弟也

《集解》:'徐广曰:"一作'父'。"'《索隐》:'《汉书》作"同父"。言同父,以明异母也。'

案:作'同母'是也。同母者,别于异母同父之称,如鲁隐之于桓公,齐桓之于子纠异母也。同父者,别于异父同母之称,如武帝之于修成君,田蚡之于王信异父也。异父同母须言,同父异母不须言也。同父同母,须言同母。同父异母,不须言同父也。汉高无异父兄弟,何须别言同父?帝与元王同母,则伯与仲其前母所生欤?

过巨嫂食

《集解》:'徐广曰:"《汉书》云丘嫂。"'《索隐》:'应劭云:"丘,姓也。"孟康云:"丘,空也。兄亡,空有嫂也。"今此作"巨"。巨,大也。谓长嫂也。'

案:《汉书》作'丘嫂',直是'巨嫂'之误。应、孟望文生训,谬也。

乃封其子信为羹颉侯

《索隐》:'羹颉,爵号,非县名,以其栎釜故也。'《正义》:'《括地志》:"羹颉山在妫州怀戎县。"高祖取其山名为侯号。'《汉书》:'师古曰:"颉音戛,言其母戛羹釜。"'

案:此虽名号侯,而别有封邑。《汉书·王子侯表》:'羹颉侯信,高后元年有罪,削爵一级为关内侯。'然则前此固列侯也。羹颉山乃因侯而名山，张守节之言倒矣。

而王次兄仲于代

《集解》：'徐广曰："次兄名喜，字仲，以六年立为代王，其年罢。卒谥顷王。"'

案：《汉兴以来诸侯年表》：高祖六年，代王喜元年。九年，代王四年，匈奴攻代，代王弃其国亡归汉。《吴王濞传》：废为郃阳侯。《汉书·诸侯王表》：孝惠二年薨。《王子侯表》：以子为王，谥曰顷王。然则王代四年罢，罢六年乃卒也。徐广疏矣。

是为楚文王至子（经）〔注〕立为王止

案：各本作'子襄王（经）〔注〕立'，下云'十四年卒'，《年表》在元鼎二年，则'麟止'以前不当言其谥也。今正。下又言'（经）〔注〕子王纯代立，地节二年自杀，国除。'《正义》尚知'地节是宣帝年号'，《索隐》曰'太史公惟记王纯国除'，并其序所谓'太史公记事下讫天汉'而忘之乎？今删。

使楚王戊毋刑申公，遵其言。赵任防与先生

《索隐》：'《汉书》："申公名培，王戊胥靡之。"此及《汉书》虽不见赵不用防与公，盖当时犹知事迹，或别有所见，故太史公明引以结其赞。'

案：赞语有引有论。引出《传》外，如《乐毅赞》'始齐之蒯通及主父偃读乐毅之《报燕王书》，未尝不废书而泣也'是也。论据《传》文，如《商君赞》'刑公子虔，欺魏将卬，不师赵良之言'是也。此数语岂似引乎？论也。论则必据《传》文，申公、防与先生之事必《世家》所已言，故赞及之，今脱去尔。且述元王以下，《汉书》尚较《世家》为详，如自'好书'至'各别去'，自'高祖既为沛公'至'刘贾

数别将',自'元王既至楚'至'郢客为上邳侯',自'文帝尊宠元王子'至'王戊稍淫暴',自'二人谏'至'削书到',此皆无之。太史公不应简略乃尔,此篇残缺多矣。

荆燕世家第二十一

乃以营陵侯刘泽为琅邪王

案:《吕后本纪》:'太后女弟吕媭女为营陵侯刘泽妻,乃以泽为琅邪王。'

齐悼惠王世家第二十二

高后儿子畜之

案:《说文·儿部》:'儿,孺子也,从儿,象小儿头囟未合。囟,头会匘盖也。'《大戴礼·本命篇》:'三年(䪽)〔䐜〕合而后能言。'是儿者,人生未三年之称也。《春秋繁露》:'今握枣与错金以示婴儿。'《说苑》引此语作'以示儿子'。《越王句践世家》:'陶朱公长男入室,取金持去。庄生羞为儿子所卖。'此篇下文'使祝午绐琅邪王曰:"齐王自以儿子年少。"'然则儿子者,孩子之通称也。高后以儿子畜之,犹言以孩子视之也。后世习以为父母于其子之专称,唐时已然,故颜师古注《汉书》曰:'比之于子也。'不悟朱虚侯乃高后之孙,何得比之于子?老杜《送别侄勤》云:'陆机二十作文赋,汝更小年能缀文。总角草书又神速,世上儿子徒纷纷。'尚不误解。夫小颜学人,老杜诗人,而其学犹过小颜也。

胶西、胶东、菑川、济南皆擅发兵应吴、楚○三国兵共围齐

《集解》：'张晏曰："胶西、菑川、济南也。"'

案：《吴王濞传》曰：'胶西为渠率，胶东、菑川、济南共攻围临淄。'是三国有胶东而无胶西，《集解》误也。

以齐之城阳郡立章为城阳王至子延立止

案：各本误作'子建延立'，今依《年表》删正。下云'是为顷王，六传至王景，建始三年卒。'《正义》：'建始，成帝年号。盖褚先生次之。'案：此亦非褚先生次之，乃后人所续也。今删。

菑川王志至乃徙济北王王菑川止

案：各本下云：'凡立三十五年，传至王横，建始三年卒。'说见上，今亦删。此篇凡言立章为城阳王者再，立兴居为济北王及以反诛者皆再，言胶西等五王为悼惠王子及诛者亦皆再，言徙济北王志为菑川王者四，不如《汉书》之简当。《史记》岂应繁冗乃尔，当是原文散失，后人补缀而成也。

曹相国世家第二十四

子襄代侯止

案：各本下云：'襄子宗代侯，征和二年，坐太子死，国除。'此所谓尽于孝武者也，详《序证·麟止后语节》。今删正。

陈丞相世家第二十六

富人张负

《索隐》：'负是归人老宿之称，犹"武负"之类。'

案：古声'负'、'妇'相同，故借'负'为'妇'也。《绛侯世家》'许负'，《索隐》：'应劭云："老媪也"。'《高祖本纪》'武负'，《汉书注》：'如淳曰："俗谓老大母为阿负。"师古曰："刘向《列女传》云：'魏曲沃负者，魏大夫如耳之母也。'此则古语为老母为负耳。"'案：以上诸'负'字固属老母，然必以为专谓老母，尚不知'负'之为'妇'尔。

子何代侯。二十三年，何坐略人妻，弃市，国除止

案：各本作'三十三年'，误也。《年表》：此事在元光五年，上距景帝前五年侯何元年，实止二十三年，今正。下文述陈掌愿续封事，年次在'麟止'后，亦后人从《汉书》窜入，今删正。

绛侯世家第二十七

案：各本作'《绛侯周勃世家》'，今依'留侯'下不言'张良'例删正。

请得与丞相议之接亚夫曰

案：中复'丞相议之'四字。若是重言，不应削去上三字，止存半句，必是衍文。今删正。

子建德代侯接条侯果饿死

案：各本中云'十三年'至'元鼎五年，国除'，此后人窜入，今删正。

梁孝王世家第二十八

次子参至子义立，是为代王接初。武为淮阳王

案：各本中自'十九年'至'元鼎五年也'五句，后人窜入，今正。

子襄立为王至梁余尚有十城止

案：各本作'立为平王'，下云'襄立三十九年卒'。《年表》襄立在建元五年，则卒于天汉三年，与'平'字皆后人窜入。今正。

济东王彭离者至以孝景中二年为济东王止

案：各本下云'二十九年，废以为庶人'。《年表》在元鼎元年。今删正。

五宗世家第二十九

河间献王德至子基代为王止

案：各本作'子刚王基代立'，下云'立十二年卒'，上合献王二十六年，共王四年，乃卒于太初元年也。与谥法皆从《汉书》窜入，今删正。《汉书》言献王从民间得善书，皆古文先秦旧书《周官》《尚

书》《礼》《礼记》之属，立《毛氏诗》《左氏春秋》博士。然则《艺文志》言武帝末鲁共王坏孔子壁，得《古文尚书》，《刘歆传》言《左传》亦出孔壁。与献王得自民间者为一耶，为二耶？如以为一，则献王卒于元光五年，未及武帝末，孔壁未坏，民间何自得之？如以为二，则未出孔壁，早布民间，何得谓之中秘书？作伪之迹终难掩覆，幸是篇未经窜乱也。

鲁共王余至子光代为王止

案：各本下云'晚节惟恐不足于财'。《汉书》言光立四十年，则'麟止'以前光立七年耳，所云'晚节'在太初以后，非太史公语，今删。《汉书》下言共王坏孔子旧宅，于其壁中得古文经传。幸是章亦未经窜乱也。

胶西王端至用皇子为胶西王止

案：各本作'胶西于王'，下云'立四十七年'，则后'麟止'十六年矣。'于'字及'端为人贼戾'以下皆据《汉书》窜入，今正。

赵王彭祖至四年徙为赵王止

案：五宗十三王卒于孝景崩后者十一王。各本于此下云'十五年，孝景帝崩'，'中山王'下云'十四年，孝景帝崩'。孤悬不伦，《汉书》尚无之，当由学者录此篇时偶记于旁，后人误入正文尔。又下云'立五十余年'。案：《汉书》'征和元年薨'，则上距孝景前二年立时实为六十四年，此言年数亦不合，皆后人窜入而又误也。今并正。

用皇子为中山王接胜为人乐酒好内

案：详上。

长沙定王发至子庸立为王止

案：各本作'子康王庸立'，下云'二十八年卒'。是卒于太初四年也，后人窜入。康王，《汉书》作'戴王'，则此'康'字非谥，直与'庸'字相似而误也。今并正。

广川惠王越至子齐立为王

案：各本下云'王齐数上书，告言汉公卿及幸臣所忠等'，文自此止。《汉书》下云'又告中尉蔡彭祖、捕子明，骂曰'云云，此从《汉书》窜入者偶尔中辍，忘其未毕，下乃别录胶东王事也。《索隐》曰：'《汉书》："告中尉秦彭祖。"子去嗣，坐暴虐勃乱国除也。'然则唐时《汉书》彭祖之姓与今本殊。《索隐》'秦彭祖'下亦有脱文，故不成义也。今并删正。

胶东康王寄，以孝景中二年用皇子为胶东王，二十六年卒

案：各本作'二十八年卒'，误也。下云'及吏治淮南之狱，辞出之，发病而死'。事在元朔六年，即康王二十六年也。今更正。

而封庆于故衡山地，为六安王止

案：各本下云'胶东王贤立十四年卒'。则在元封二年矣，后人窜入。今正。

常山王舜，以孝景中五年用皇子为常山王止

案：各本作'常山宪王'，下云'立三十二年卒'。《年表》在元鼎三年也，与谥法皆后人窜入。今正。

三王世家第三十

《太史公自序》：《集解》：'张晏曰："亡，褚先生补。"'《索隐》：'空取其策文以续此篇，率略且重，非当也。'

案：三王之封在元狩六年，篇目亦非太史公所有，此文亦非褚先生补也。详《孝武本纪》下。

史记探源卷七　七十列传

伯夷列传第一

《诗》《书》虽缺

案：此谓孔子以前所缺也。《索隐》：'《孔子系家》称古诗三千余篇，孔子删三百五篇为《诗》，今亡五篇。'此说大谬，三百五篇，今岂有亡者乎？删《书》篇数，详《序证》《古文尚书节》。

太史公曰

案：此迁引其父谈之言，与下文引'孔子曰'、'贾子曰'皆取先正语，与己意相发明也。《索隐》谓杨恽、东方朔见其文称'余'而加，非也。

余登箕山，其上盖有许由冢云

案：上文例以舜、禹之事，则许由未荐未试，帝尧无由遂欲授以天下之理。下言'其文辞不少概见'，而此言'盖有其冢'者，异乎舜、禹、伯夷有《虞》《夏》之文、《首阳》之诗可据者比，故言'盖'以疑之，明许由出《庄》《列》寓言，实无其人。古来高让之士，断自伯夷始也，故系此论于传首。

老庄申韩列传第三

老子者○名耳，字聃，姓李氏

案：各本作'姓李氏，名耳，字伯阳，谥曰聃'。王念孙《读书杂志》曰：'此后人取神仙家书改窜之耳。《索隐》本出此七字注曰："许慎云：'聃，耳曼也。'故名耳，字聃。有本字伯阳，非正也。老子号伯阳甫，此传不称。"《文选》《反招隐诗》注引《史记》曰："老子名耳，字聃。"又引《列仙传》曰："李耳字伯阳。"然则字伯阳，乃《列仙传》文，非《史记》文也。'适案：《周本纪》幽王二年伯阳甫云云，三年周太史伯阳云云，太史伯阳云云，不言伯阳姓李，此传不言及仕幽王，则太史公不以为一人明矣。今据以订正。

盖老子百六十余岁，或言二百余岁○自孔子死之后百二十九年，而史记周太史儋见秦献公○或曰儋即老子，或曰非也

案：儋见秦献公，《周本纪》在烈王二年，上距孔子之死百有六年耳。然孔子问礼在年三十以前，聃年必长于孔子，则至此两言寿数，尚不相远，'聃'、'儋'声同，似是一人。

所说出于为名高者也，而说之以厚利，则见下节而遇卑贱，必弃远矣

案：《韩非子》注曰：'所说之人意在名高，今以厚利说之，彼则为己志节凡下，而以卑贱相遇，亦既贱之，必弃遗而疏远矣。'说甚明白，愈于《索隐》，宜取以易之。

所说出于为厚利者也，而说之以名高，则见无心而远事情，必不收矣

案：各本脱'为'字，今依上下文补。彼注云：'所说之人意在厚利，今以名高说之，此则为己无相时之心，而阔远事情，则必见弃而不收矣。'此注亦胜《索隐》。

所说阴为厚利而显为名高者也

案：阴与显意相反，各本作'实为厚利'，《索隐》依以为说，不若'阴'字明顺。今依《韩非子》正。

夫事以密成，语以泄败

案：下文'而语及所匿之事'，是'匿'与'泄'皆属语不属事。各本作'而以泄败'，则'泄'承事言，非也。今依《韩非子》正。

径省其辞，则以为不智而屈之；泛滥博文，则以为多而久之

案：各本此二句'以为'字皆脱，与上文'则以为间己'、'则以为鬻权'、'则以为借资'、'则以为尝己'语例不伦，今依《韩非子》补。惟《韩非子》'屈'作'拙'，皆当读为'黜'；'泛滥博文'作'米盐博辩'，彼注颇为迂迴；'久'作'交'。皆不如此文之当。'泛滥'与'径省'意相反对，《正义》曰：'言浮说广陈，必多词理，时乃永久，人主疲倦。'是也。

凡说之务，在知饰所说之所矜，而灭其所丑

案：矜，各本作'敬'，不如'矜'字之直截，今依《韩非子》正。丑，彼文作'耻'，义无甚别，仍之。

自勇其断，则无以其谪怒之

案：彼注：'彼或自以断为勇，则无得以其先所罪谪而动怒之也。'谪，各本作'敌'。《索隐》：'无以己意而攻间之，是以卑下之谋自敌于上，以致谴怒也。'义较迂回，今依《韩非子》正。

誉异人与同行者接规异事与同计者接有与同污者接则必以大饰其无伤也；有与同败者，则必以明饰其无失也

案：各本'誉异人'句倒在'规异事'句下，'有与同污者'句脱，'则饰其无伤'句无所承。《正义》：'刘伯庄云："贵人与甲同计，与乙同行者，说士陈言无伤甲乙也。"'承上二句释之，义极迂谬，甚可骇笑，且不悟与下文'饰其无失也'句上承'有与同败者'为文，语意不伦也。彼注：'其异人之行若与彼同污者，则大文饰之，言此污何所伤；其异事之计若与彼同败者，则明为文饰，言此败何所失。'以彼校此，如幽得烛矣。'以大饰'作'以饰'，'以明饰'作'明饰'，上脱'大'，下脱'以'，遂用'明'字对'以'字，无此文理。今皆依《韩非子》正。

此所以亲近不疑而得尽辞也

案：'而得尽辞也'各本作'知尽之难也'。《索隐》：'谓人臣尽知事上之道难也。'则与'亲近不疑'意不接。今依《韩非子》正。

接伊尹为宰，百里奚为虏，皆所以干其上也。此二子者，皆圣人也。犹不能无役身而涉世如此其污也接今以吾言为宰虏，而可以听用而振世接此非能仕之所耻也接夫旷日离久而周泽既渥至此说之成也接昔者郑武公欲伐胡至郑人袭胡取之接宋有富人至而疑邻人之父接此二说者

案：各本'伊尹'至'污也'节在'此说之成也'句下，'今以吾言为宰虏，而可以听用而振世'二句皆脱，'所耻'作'所设'，'旷日'至'成也'节在'知尽之难也'句下，'昔者郑武公'节在'而疑邻人之父'句下，今皆依《韩非子》正。宰作'庖'，依'宰虏'句正。'夫旷日离久'句，夫作'得'，离作'弥'，亦依彼文正。惟'涉世'彼文作'进加'，'既渥'彼文作'未渥'，不如此文之当，从。

故有爱于主，则知当而加亲；见憎于主，则罪当而加疏

案：'罪当'句《韩非子》作'知不当有罪而加疏'，详略不同，义皆可通。

司马穰苴列传第四

景公时，晋伐阿、甄，燕侵河上

《考证》：'《古史考》曰："以《春秋左氏》考之，未有燕、晋伐齐者也。"《战国策》称"司马穰苴执政者也，湣王杀之"。意者穰苴湣王之臣，尝为湣王却燕、晋，而战国杂说遂以为景公时耶。'

案：《孙吴列传》：'魏文侯问李克曰："吴起何如人哉？"李克曰："起用兵，司马穰苴不能过也。"'是时姜齐未亡，田齐未立，李克已以穰苴比吴起，安得谓为湣王臣耶？惟燕、晋伐齐事，不惟《左氏》无之，即《年表》《世家》亦无之，诚为可疑。且穰苴斩君之宠臣，与孙武杀王之爱姬，如此矫激之风，春秋时所未有。盖亦寓言，非事实也。

至常曾孙和，因自立为齐威王

《索隐》：'此文误也，当云田和自立，至其孙，因号为齐威王。

故《世家》云田和自立，号太公，其孙号威王也。'

案：此文不误，小司马不达古书体例而为之辞也。古书有互言，例如《礼记·丧大记》'复者朝服，君以卷，夫人以屈狄。'郑注：'君以卷，谓上公也。夫人以屈狄，互言耳。上公以衮，则夫人用袆衣；而侯伯以鷩，其夫人用揄狄；子男以毳，其夫人乃用屈狄矣。'《正义》曰：'男子举上公，妇人举子男之妻。男子举上以见下，妇人举下以见上，是互言也。'《淮南子·泰族训》：'师延为平公鼓朝歌、北鄙之音。'高注：'卫灵公宿于濮水之上，闻琴音，召师涓而写之，盖师延所为纣作朝歌、北鄙之音也。'是为纣作乐者师延，为平公奏乐者师涓。此文举师延以见纣，举平公以见师涓，亦互言也。然则此传亦系互言，举田和以见太公，举威王以见因齐也。因齐者，威王名也。

孙子吴起列传第五

驰逐重射

案：此与下文'逐射千金'意同，谓其驰射注重金以博胜负也。《索隐》：'重射，好射也。'失之。

相商文○谓商文曰○商文曰○吴起乃自知弗如商文。商文既死

案：各本皆作'田文'，今依《索隐》引《吕氏春秋》正。

伍子胥列传第六

'不亦谬乎！'吴王不听，伐齐接其后五年，复伐齐接齐鲍氏弑其君悼公而立壬。吴王欲讨其贼，不胜而去接明年接吴王将北伐齐，越王句践用子贡之谋至'后将悔之无及'。吴王不听接遂伐齐，大败齐师于艾陵，遂盟邹、鲁之君以归接益疏子胥之谋接使子胥于齐至因命曰胥山接明年接吴王召鲁、卫之君会之橐皋

案：各本颠倒错乱，有甚于《吴世家》。如'大败齐师于艾陵'在齐弑悼公以前，则上文误入下文。'越王用子贡之谋'在败齐艾陵以后，则一事误为二事。'弑悼公而立壬'，误作'立阳生'，不知阳生即悼公也。'遂盟邹、鲁之君'误作'遂灭'，二国岂吴所灭乎？今依《左传》及《世家》正。'其后五年复伐齐'七字与两言'明年'，依《年表》《世家》补。

仲尼弟子列传第七

受业身通者七十有七人

案：此传不载而见于《论语》者一人，牢也；见于《世家》者二人，孟懿子、颜浊邹也。孟懿子似非弟子，详《世家》下。《论语》之陈亢，《世家》之颜刻，即此传原亢、颜高。颜高亦详《世家》下，原亢详下。惟牢亦云琴张，与颜浊邹究为此传所遗，合之为七十九人。

颜渊少孔子四十岁

案：四，各本作'三'，误也，今正。《论语》：'颜渊死，颜路请子之车以为之椁。子曰："鲤也死，有棺而无椁。"'《世家》：'伯鱼年五十，先孔子卒。'《家语》：'夫子年二十生伯鱼。'颜渊三十二而死，若少孔子三十岁，则颜渊死时孔子年六十一，古书言年皆连本年计之，如三年之丧，再期也，中月而禫亦止二十七月耳。至六十九而伯鱼死，伯鱼之死，在颜渊后。许叔重遂谓《论语》称伯鱼死时实未死，

假言死耳。是说之不可通，郑君虽以理想驳之，犹未据事实正之也。今案《世家》'孔子迁于蔡三岁，吴伐陈，楚救陈，军于城父。闻孔子在陈、蔡之间，使人聘孔子。孔子将往拜礼，陈、蔡大夫相与围孔子于野。颜回入见'云云，下云'是岁也，孔子年六十三'。然则孔子年六十三，颜渊尚在也。《世家》又云'孔子去鲁年五十六，凡十四岁而反乎鲁'，则年六十九矣。下云'然后乐正，成六艺。读《易》，韦编三绝。颜渊喟然叹曰'云云，是孔子年六十九，颜渊亦尚在也。颜渊之死，必不在孔子年六十一之岁，明矣。近儒臧镛、翟灏之属皆谓颜渊死年惟见于《家语》，《家语》王肃伪造，不足信，改为年四十二而死。虽亦在孔子年六十九之后，然《列子·力命篇》曰：'颜渊之才，不出众人之下，而寿四八。'四八者，三十二也。《三国·吴志·孙登传》：权立登为太子，年三十三卒，临终上疏曰：'周晋、颜回有上智之才而尚夭折，况臣年过其寿。'是时王肃之伪《家语》未出，而其言与之密合，则《家语》之'三'字不误。此传'三'字乃'四'字之误，少孔少四十岁，三十二而死，当孔子年七十一，伯鱼先三年死，乃于《论语》《列子》《吴志》及《世家》之言皆可通也。

回年二十九，发尽白，蚤死

案：《家语》：'年二十九而发白，三十二而死。'则此云二十九，专谓发白之年。'蚤'字乃释死年，若死年即发白之年，则'蚤'字可婿矣。非谓年二十九而死也。

宰予字子我 至 予非其人也 止

案：各本下云'宰我为临淄大夫，与田常作乱，以夷其族，孔子耻之'。与全书相刺谬。《齐太公世家》有'阚止子我'，《田敬仲完世家》作'监止子我'，皆言简公使为政，为田常所杀，此属之宰予子我，其谬一。彼欲止乱，此言作乱，其谬二。与田常作乱者夷族，田常身为乱首转得免祸，其谬三。《李斯传》曰：'田常阴取齐国，杀宰予于庭，即弑简公于朝。'然则宰予之死，与孔父、仇牧、荀息相若，乃《春秋》之所荣，孔子何以耻之？其谬四。此事一误而改'阚止'为'宰予'，再误而变田常所夷族为与田常作乱而夷族，当由异学之徒造言诬蔑，犹谓孔子至楚劝白公作乱之比。后人无识，窜入此节之末尔，今删。

田常欲作乱于齐至十年之中，五国各有变

案：游说之风自苏、张始，岂子贡时即有此？至云'吴、晋争强，晋人击，大败吴师'，与《吴世家》《晋世家》皆不合。岂所谓驰说者（聘）〔骋〕其辞，不务综其终始者，太史公亦或取之耶？不然，后人窜入也。《韩非子·五蠹篇》曰：'齐将攻鲁，鲁使子贡说之。齐人曰："子言非不辩也，吾所欲者土地也，非斯言所谓也。"遂举兵伐鲁，去门十里以为界。故子贡辩智而鲁削。'其言与此传相反，孰信孰否，要皆寓言而已。

商瞿字子木，少孔子三十九岁止

案：各本下云'孔子传《易》于瞿'，又自瞿历叙所传至杨何。以此例之，不当叙子游传《礼》至二戴、叙子夏传《春秋》至严、颜乎？况于游、夏转不详孔子所传何学耶！余详《儒林传》下。此与《儒林传》皆从《汉书》《儒林传》窜入尔，今删。

原亢籍

案：此即陈亢也。陈大夫原仲，陈之公族。原亢其族，故亦称陈亢。亢读为吭。吭，鸟咙也。籍读为雉。籍雉皆从昔声，故相通，隶变作'鹊'。鹊，禽也。故字鹊，亦字禽也。惟'公孙龙'下云：'自子石已右三十五人，颇有年名及受业闻见于书传。其四十二人，无年及不

见书传者，纪于左。'案；陈亢乃闻见于书传之人，何为列于此？当由妄人不达原亢即陈亢，而移至不见于书传之列，别易一无年名者于上而增之也。

毁者或损其真阙余以弟子名姓文字

案：各本中云：'钧之未覩厥容貌，则论言弟子籍，出孔氏古文近是。'殊不成语，岂毁誉之真实，覩厥容貌便详审耶？孔子尚言'以貌取人，失之子羽'，岂太史公之识优于孔子耶？且孔氏古文谓何经之古文，如谓《论语》，何不曰'古文《论语》'而为此歇后语耶？即上所载姓名文字，亦今文《论语》所有，何必以古文别之。此后人窜入，而其中别有阙文，今无从校补矣。

商君列传第八

秦利则西侵，秦病则东收地

案：'秦利'与'秦病'相对成文，上'秦'字各本脱，今补。

推贤而戴者进，聚不肖而王者退

案：'王'字不可解，疑误。

苏秦列传第九

说燕文侯○赵肃侯○韩宣惠王○魏襄王○齐宣王○楚成王○于是六国纵合○秦兵不敢闚函谷关十五年

案：《六国表》是为燕文侯二十八年，赵肃侯十六年，韩宣惠王二十五年，魏襄王元年，齐宣王九年，楚威王六年，于周为显王三十五年，于秦则惠文王四年也。《秦本纪》惠文王十四年，更为元年。七年，韩、赵、魏、燕、齐共攻秦，秦使庶长疾与战修鱼，虏其将申差，败赵公子渴、韩太子奂，斩首八万二千。自前四年至后六年，与六国无大战事，且此战亦由五国攻秦，而秦出兵应之，非秦东伐，是谓'秦兵不敢闚函谷关十五年'也。惟前七年，公子卬与魏战，虏其将龙贾，斩首八万。九年，渡河取汾阴、皮氏；与魏王会应；围焦，降之。案：七年即魏襄王四年，九年即六年，《魏世家》皆在五年，与《秦本纪》小异。

其后秦使犀首欺齐、魏，与共伐赵至从约皆解

《集解》：'徐广曰："自初说燕，至此三年。"'

《考证》：'徐孚远曰："正文云'秦兵不出十五年'，而徐云'自初说至此三年'，二说悬殊。"'

案：秦兵出关不得与从约皆解为一事。《赵世家》肃侯十八年'齐、魏伐我'，《齐世家》宣王十一年'与魏伐赵'，《魏世家》无文，《六国表》于三国皆载之，与此传合。自是三国交兵，非秦伐东诸侯也。从约自解，秦兵自不出，事殊年别，何谓二说悬殊。

今臣为王却齐之兵而得十城

案：各本'得十城'上衍'攻'字，此非攻而得也，今删。

而使人刺苏秦，不死殊而走

案：段注《说文》'殊'字引《左传释文补》曰：'一曰断也。苏秦不死殊而走者，谓人虽未死，创已决裂也。'此说直捷，胜于《集解》。

令泾阳君、高陵君先于燕、赵接因以为质，则燕、赵信秦

案：各本中有'秦有变'三字，于上下文意不相属，衍也。今删。

夫破宋，残楚淮北，肥大齐，仇强而国害：此三者皆国之大败也〇夫以宋加之淮北，强万乘之国也，而齐并之，是益一齐也

案：此文'夫破宋'为句，'残楚淮北'为句，'肥大齐'为句，所谓'三者国之大败也'，故下云'反宋地，归楚淮北，燕、赵之所利也。'《正义》曰：'更以淮北之地加于齐都，是强万乘之国而齐总并之，是益一齐。'案：此正文'夫以宋加之淮北'四句之注也，乃分布《正义》入正文者中断'肥大齐'句，横插此注于'大'字下，是破上文如'宏演之腹'，纳下注为'卫懿之肝'，此误之离奇不可思议者，益可为正文多错乱之证。

然则王何不使辩士以此言说秦

案：各本'此言'上有'若'字，上文'然则王何不使辩士以此言说秦王'无'若'字，则此'若'字衍也。今删。

已得讲于魏

案：各本作'赵得讲于魏'，误也。今依下文'已得讲于赵'句例正。

嬴则兼欺舅与母接母不能制，舅不能约接适燕者至用兵如刺蜚接龙贾之战

案：各本'母不能制'二句倒在'用兵如刺蜚'下，致与上下文意相间断，今正。

张仪列传第十

则赵不南接梁不北接赵不南而梁不北接则从道绝

案：各本'梁不北'三字倒在'而梁不北'句下，今正。

闻苏秦死，乃说楚王○韩王○齐湣王○赵王○燕昭王

案：《六国表》是为周赧王四年，秦惠王后十四年，楚怀王十八年，韩襄王元年，齐湣王十三年，赵武灵王十五年，燕昭王元年也。

偏守新城，存民苦矣

案：'存'字不甚可解，疑误。

约四国为一以攻赵，赵必四分其地

案：各本作'赵服，必四分其地'，'服'字衍，今删。

樗里子甘茂列传第十一

葬于渭南章台之东接樗里子疾室至故俗谓之樗里子接秦人谚曰

案：各本'之东'下曰'后百岁，是当有天子之宫夹我墓'，'樗里子'下曰'至汉兴，长乐宫在其东，未央宫在其西，武库正直其墓'，与《吕不韦传》夏太后别葬杜东曰'后百年，旁当有万家邑'，此皆堪与家言也。堪与之说，出自分野，《周礼保章氏》'分野'注可证，详《序证·分野节》。《七略》有形法家《宫宅地形》二十卷，亦为刘歆之学者所造，先秦时安得有此说，此亦后人窜入也。今删。

今公与楚解口地，封小令尹以杜阳○韩亡，公仲且躬率其私以阙于秦

案：此与上下文皆不相应，且韩既为向寿所亡，则韩之公叔何以能阙向寿于韩，语不可解，当有脱误。

公孙奭党于韩，故王不信也○公不如善韩以备楚，则无患矣

案：此文更相矛盾。

韩氏必先以国从公孙奭至是以公孙奭、甘茂无事也

案：此文亦不可解。

夫项橐生七岁为孔子师

案：此亦寓言也。甘罗自以年十二不为小，故假托是说以相形，非真有项橐其人也。不然，其文辞不少概见，何也？

穰侯列传第十二

请为公毋急秦至且不听公

案：此文亦不可解。

孟子荀卿列传第十四

先序今以上至黄帝至至天地未生○先列中国名山大川至及海外

人之所不能睹接**以为儒者所谓中国者**至**乃有大瀛海环其外**

案：'先序'至'未生'，纵说古今也；'先列'至'其外'，横说远近也。各本中云'称引天地剖判以来，五德转移，治各有宜，而符应若兹'。乃复纵说古今，与上下文义不相属。五德始伏羲，与'上至黄帝'句意亦不相应，增窜之迹甚显。《汉书·郊祀志》曰：'自齐威、宣之时，驺子之徒，论著终始五德之运。'谛观此传，决非原文，乃刘歆之诬驺衍也。余详《序证·终始五德节》及《封禅书》下。今删。

驺衍适梁，梁惠王郊迎○适赵，平原君侧行襒席。如燕，昭庄拥彗先驱

案：梁惠王世次与驺衍不相当，孟子适梁之次年，惠王即薨，则此传上云'驺衍后孟子'，不当与惠王同时，一也。惠王亦不与平原君、燕昭王同时，二也。《平原君传》：公孙龙说平原君不可以信陵君之存邯郸而请封，平原君厚待公孙龙，及驺衍过赵，乃绌公孙龙。案：信陵君存邯郸事在赵孝成王九年，使驺衍过赵即在是年，去梁惠王薨七十八年，不及相见，三也。梁于是时实当昭王，然此语在《孟子传》中，绎其文义自当作'惠王'，以形其优礼驺衍过于孟子也，岂所谓驰说者骋其辞，不欲令儒者断其义耶？颜黄门曰：'吾尝笑许纯儒不达文章之体。'是则文章之于义理，固有离之则双美，合之则两伤者，不可不知也。

自驺衍与齐之稷下先生如淳于髡至**岂可胜道哉**

案：世次衍在髡后，文先于髡者，上承驺忌称三驺子而言也。

而赵亦有公孙龙为坚白同异之辩阙**剧子之言；魏有李悝，尽地力之教；楚有尸子、长卢**阙**阿之吁子焉。自孟子至于吁子，世多有**

其书，故不论其传云倒盖墨翟，宋之大夫，善守御，为节用止

案：赵亦有公孙龙者，别于《仲尼弟子列传》之公孙龙也。彼传不言为坚白同异之辩，此传不言字子石，则非一人明矣。《索隐》误谓一人，以篇末'或曰并孔子时'为证，不思又云'或曰在其后'，不仍可为非一人之证乎！且此二句上承'自孟子至吁子'而言，孟子梁惠齐宣时人，公孙龙与驺衍同时，李悝仕魏文侯，尸子系卫鞅客，剧子、长卢、吁子、墨翟皆可类推，太史公岂有谓其'并孔子时'之理？此二句必是后人旁记误入正文尔，今删。'之辩'下、'长卢'下皆有阙文，'剧子'句与上文语意不伦，'阿之吁子'上承'楚有尸子'、'长卢'为文，似吁子亦楚人矣。《集解》：'阿者，今之东阿。'则是齐之邑名，与赵、魏、楚、宋皆国名，意不相当，以上当有'齐有某邑某人'句，今皆脱尔。'墨翟'三句，上文所脱而倒列于末也。

孟尝君列传第十五

封田婴于薛○婴卒，谥为靖郭君

《索隐》：'靖郭或封邑号，故汉齐王舅驷钧封靖郭侯。'

文卒，谥为孟尝君

《集解》：'《诗》云："居常与许。"郑笺："常或作'尝'，在薛之南。"孟尝邑于薛城。'《索隐》：'孟常袭父封薛，而号曰孟尝，此云谥，非也。孟，字；尝，邑名。'

案：谥，犹号也。《白虎通·号篇》《谥篇》皆释黄帝称'黄'之义可证。谥为靖郭君，谥为孟尝君，犹号为纲成君蔡泽号为马服君赵奢之比，非《周书·谥法解》之谥也。此亦有封邑而别为名号之属，详

《秦本纪》武安君下。

出入乘與矣

案：各本'與'下衍'车'字，今依上文'出无與'句删。

平原君虞卿列传第十六

阙欲以信陵君之存邯郸为平原君请封

案：各本上作'虞卿'，误也。虞卿去赵十年矣。详下。

虞卿者〇说赵惠文王〇秦、赵战于华阳，绝不胜，亡一都尉至贺战胜者终不肯媾阙使赵郝约事于秦至秦索六城于王，而王以六城赂齐。臣见秦之六城至赵而反媾于王也〇魏请为从，赵惠文王召虞卿谋。过平原君〇虞卿既以魏齐之故，不重万户侯卿相之印，与魏齐间行去赵

案：惠文王各本作'孝成王'，下同。华阳作'长平'。'终不肯媾'下云：'长平大败，遂围邯郸。秦既解邯郸围，而赵王入朝。'皆误也。《范雎传》：秦昭王四十一年，王欲为范雎报仇，闻魏齐在平原君所，诱平原君入秦，乃遣赵王书，使人疾持魏齐头来。虞卿与魏齐亡走大梁，欲因信陵君以走楚。信陵君初难见之，魏齐自刭，赵王取其头予秦。秦乃出平原君归。《赵年表》：是岁即赵惠文王三十三年，次年为孝成王元年，是孝成王未立，虞卿已去赵矣。至孝成王六年，秦破赵长平，九年乃围邯郸。此传谓孝成王不听虞卿之言，致有长平之败，邯郸之围；《平原君传》亦谓邯郸围解后，虞卿欲为平原君请封，则似虞卿去赵在信陵君救赵之后矣。然信陵君留赵十年，若在十年以内，信陵君不在大梁。如当返魏之年，应侯免矣，昭王薨矣，平原卒矣，安复

得昭王欲为应侯报仇而召平原君入秦事？侯嬴自信陵君至晋鄙军之日自杀矣，安得在信陵旁述虞卿解相印捐万户侯事？且秦围邯郸在齐王建八年，君王后当国事秦谨，安敢受赵赂与之谋秦？即谋秦，是时之秦，岂复畏赵而反媾于赵耶？是后亦无赵、魏合纵事，及魏公子率五国之兵破秦军，时平原君死五年矣，虞卿安复得过平原君？《赵策》：虞卿请赵王以百里之地请杀范座于魏。《魏世家》载此事，在安厘王十一年后，二十年，信陵君救赵前，亦可见虞卿仕赵在秦围赵前也。《赵世家》：'惠文王十七年，秦拔我两城，十八年，拔我石城，十九年，败我二城，二十五年，白起破我华阳，得一将军。'与此云亡一都尉似是一事。自此至三十三年，秦无伐赵事，当是虞卿制媾之功也。然则此传两言孝成王当作'惠文王'，长平当作'华阳'，围邯郸事因败长平之误文而窜入也。今删正。

信陵君列传第十七

封公子为信陵君

《索隐》：'《地理志》无信陵，或曰是乡邑也。'
案：此亦有封邑而别为名号也。

春申君列传第十八

封为春申君

（《索隐》）〔《正义》〕：'四君封邑，检皆不获，惟平原有地，又非赵境，盖并号谥，而孟尝是谥。'
案：下云'赐淮北十二县'，此亦有封邑而别为名号也。又下言

'献淮北十二县，请封于江东。因城故吴墟，以自为都邑'，后世谓之申江，转因其名号以名封邑矣。

君先时善秦二十年而不攻

案：'君先时'各本倒作'先君时'，今正。

不能爱许、鄢陵，其许魏割以与秦

案：此二句亦不甚可解，疑误。

置东郡接楚考烈王无子

案：各本'置'上有'作'字，当是'置'字之旁注混入正文而又误倒也。中云'春申君由此就封于吴，行相事'，皆衍文也。上文'城故吴墟，以自为都邑'在为相后十五岁，此在为相二十二年之后，何待复言'就封而行相事'耶？今删正。

后更立兄弟接亦各贵其故所亲

案：各本中云'则楚更立君后'与上句义复，'立后'亦与'立君'义复，衍也。今删。

范雎蔡泽列传第十九

当是时，秦昭王四十一年也至睚眦之怨必报接秦昭王闻魏齐在平原君所，欲为范雎必报其仇至昭王谓平原君曰：'昔周文王得太公望以为尚父'

案：下云'齐桓公得管夷吾以为仲父，今范君亦寡人之叔父也'。'仲父'、'叔父'与'尚父'语意相应。各本作'昔周文王得吕尚以为太公'，语意不伦，误也，今正。且《齐世家》曰：'自吾先君太公望子久矣，故号之曰太公望。'是文王称其先君曰'太公'，称尚父乃为'太公望'，非'太公'也。称太公望为太公，乃汉以后语，先秦尚不云尔。或曰：以为尚父者，武王也，何得属之文王？曰：得太公望者，文王也；以为尚父者，武王也。视桓公之于管仲、昭王之于范雎，自得之而自父之本自不同。此语为下二句而设，不得不合二事为一，所以便文，非以稽古也。余详下。

至又不出王之弟于关，赵惠文王乃发卒围平原君家

案：平原君乃惠文王之弟也。惠文王各本误作'孝成王'，则与上句不可通。今正。

至秦昭王乃出平原君归赵_接范雎相秦二年，秦昭王之四十二年，东伐韩少曲、高平，拔之_接四十三年，攻韩汾陉，拔之

案：各本'范雎相秦二年'至'高平拔之'二十三字，误列'睚眦之怨必报'句下，致'必报'句与'必报其仇'句意不相属。秦昭王四十二年、四十三年两次伐韩，文亦不相属。且于'四十三年'上衍'昭王'二字，'伐韩'上衍'秦'字，而昭王为范雎报仇者，乃退在四十二年矣，今皆删正。此事在四十一年，当赵惠文王三十三年，故秦王遗赵王书，称平原君为王之弟者再。是岁惠文王薨，太子即位，是为孝成王。若在昭王四十二年，乃当孝成王元年，安得称平原君为王之弟耶？

廉颇蔺相如列传第二十一

李牧者○匈奴每来出战_接不利

案：各本中复'出战'二字，衍也。今删。

田单列传第二十二

襄王封田单号曰安平君接初，淖齿之杀湣王也至乃相聚求其子立为襄王

案：'初，淖齿'至'立为襄王'一节，各本误在赞语'其田单之谓耶'下；'其子'误作'诸子'。今并正。

鲁仲连邹阳列传第二十三

不敢复言帝秦。秦将闻之，为却军五十里

案：此王充所谓文增也。秦围邯郸，志在灭赵。新垣衍欲帝秦，亦未必果能纾赵祸，鲁仲连不帝秦之说，何与于秦将而却军耶？下云'适会魏公子无忌夺晋鄙军以救赵，击秦军，秦军遂引而去'。方是实录。

其后十余年，燕将攻下聊城〇齐田单攻聊城岁余〇不下〇栗腹以十万之众五折于外

案：各本作'其后二十余年'。《集解》：'徐广曰："《年表》以田单攻聊城在长平后十余年耳，'二十余'，误也。"'此说是也。今《年表》无此文，脱也。《年表》：秦破赵长平在齐王建五年，栗腹军破在燕王喜四年，即齐王建十四年，燕将攻下聊城即当在是年。田单攻之岁余，乃在十五年。《通鉴大事记》载于是年，是也。自齐王建五年至十五年，则为后十余年耳。"二"字误衍，今删。

宋信子罕之计而囚墨翟

《索隐》：'《左氏》：司城子罕姓乐名喜，乃宋之贤臣也。《汉书》作"子冉"：不知子冉是何人。文颖曰："子冉，子罕也。"《荀卿传》云："墨翟，孔子时人，或云在孔子后。"又襄二十九年《左传》："宋饥，子罕请出粟。"时孔子适八岁，则墨翟与子罕不得相辈，或以子冉为是，不知何如也。'

案：宋有两子罕，《韩非子·二柄篇》：'子罕谓宋君曰："夫庆赏赐予者，民之所喜也，君自行之；杀戮刑罚者，民之所恶也，臣请当之。"于是宋君失刑而子罕用之，故宋君见劫。'《外储》说曰：'于是戮细民而诛大臣。君曰："与子罕议之。"居期年，民知杀生之命制于子罕也，故一国归焉。故子罕劫宋君而夺其政。'《韩诗外传》作'子罕遂去宋君而专其政'。然则此子罕必非乐喜，春秋时亦无被劫之宋君，则此事必在春秋后矣。贾谊《新书·先醒篇》：'昔宋昭公出亡，至于境，喟然叹曰："吾发政举事，朝臣千人，无不曰吾君圣者。吾外内不闻吾过，吾困宜矣。"于是革（面）〔心〕易行，昼学道而夕讲之。二年，美闻于宋，宋人车徒迎而复位。'疑昭公之出亡，即为子罕所劫。举一事而千人称圣，正以行庆赏而不及刑罚所致，其失威柄由此，其得复位或亦由此。宋亦有两昭公，一名杵臼，一名特。杵臼于鲁文公十六年被弑，此必特也。《世家》：'特攻弑景公太子而自立。'景公在位六十四年。《年表》：景公三十六年，当鲁哀公十四年，则昭公之立，后春秋三十年矣。《礼记·檀弓篇》：'季康子之母死，公输般请以机封。'当在春秋末或稍后之。《墨子》：'公输般九设攻城之机变，墨子九距之。'则墨子亦与昭公世次相当，而子罕囚墨翟，亦足为专主刑罚之证也。

屈原贾生列传第二十四

贾嘉与余通书止

案：答本下云'孝昭时至九卿'。此褚先生所补，今删。

吕不韦列传第二十五

姬自匿有身，至大期时，生子政

《集解》云：'徐广曰：'期，十二月也。'《索隐》：'谯周曰："自匿有娠，则生政时固当逾常期也。"'

案：初有娠时可匿，岂产期亦可匿耶？及期而不能不产，犹不及期而不能产，岂娠者所能自主？过期而产，千万之一。汉昭帝十四月而生，岂钩弋故缓其期耶？张照曰：'大期，犹《诗》言"诞弥厥月"也。若十二月，何以信其为不韦子耶？'案此说较允南为通事理，而仍不通文理也。不读《尧典》'期三百有六旬有六日'乎？岂可作'弥月'解乎？太史公此言，所以传疑也。不韦献姬时固以为有娠矣，或似娠而实非，或虽娠而月期仍至，亦有逾常期而生子者。果为谁氏子，惟始皇母知之耳，后人焉知之？

拔其须眉为宦者

案：宦者无须，非无眉也。此云拔其须眉者，非并其眉拔之也，待以修辞之例，因须而及眉。犹《易传》'巽而耳目聪明'。巽为耳，不为目，乃因耳而及目。《礼记》'凶年不得造车马'。车可造，马不可造，乃因车而及马也。

庄襄王母夏太后薨。孝文王后曰华阳太后，与孝文王会葬寿陵。夏太后子庄襄王葬芷阳，故夏太后独别葬杜东接始皇九年

案：'孝文王后'四字误也，上云：'安国君有所甚爱姬，立以为正夫人，号曰华阳夫人。安国君立为王，华阳夫人为王后。王薨，谥为孝文王。子楚代立，为庄襄王，所养母为华阳太后。'是华阳太后即孝文王后也，安得别有孝文王后述华阳太后葬所哉？如其自言，无此文法，不知何字之误，不可考矣。各本中云'东望吾子，西望吾夫，后百年，旁当有万家邑'。此后人窜入，详《樗里子传》下。此文有更不可通者，夏太后葬所乃其薨后孝文王后所定，生前安知在杜东而云尔耶？

嫪毐以不韦贵，封号长信侯

案：各本作'不韦及嫪毐贵，封号文信侯'。《索隐》曰：'文信侯，不韦封也。嫪毐封长信侯。上文已言不韦封，此赞中言嫪毐得宠贵由不韦耳，合作"长信侯"。'案：《索隐》改'文信'为'长信'，是也。然不韦与缪毐列，文误倒，'及'字不可解。今并正。

毐恐祸起至发卒以反蕲年宫接王知之接发吏攻毐

案：各本脱'王知之'句，今依《秦始皇本纪》补。

刺客列〔传〕第二十六

案：此总传也，当与《游侠》《滑稽》《货殖》相属。今在此，当为后人乱其次矣。

其后八十五年，而晋有豫让

案：各本作'七十余年'，今依《年表》正。《集解》：'徐广曰："阖闾元年至三晋灭智伯，六十二年。"'非也。

其后六十一年，而轵有聂政之事

案：各本作'四十余年'，今依《年表》正。《集解》：'自三晋灭智伯至杀侠累，五十七年。'亦误。

其后百七十四年，秦有荆轲之事

案：各本作'二百二十余年'，今依《年表》正。《集解》：'聂政至荆轲百七十年。'疑脱'四'字。

李斯列传第二十七

君侯自料能多孰与蒙恬

案：各本'能'下脱'多'字。'能多'与下文'功高'、'谋远'二句相对，今补。

故秋霜降者草华落

案：华，各本作'花'。唐人诗集始见'花'字，前此皆作'华'也。今正。

诈为受始皇诏，诏丞相立子胡亥为太子

案：'诏丞相'之'诏'字，各本脱，今补。

召赵高而示之曰至何变之得谋

案：此与上下文皆不相应，当有脱文。

若此则可谓督责之接督责之接则臣无邪

案：各本作'若此则谓督责之诚，则臣无邪'，脱一'可'字，'督责之'三字衍一'诚'字，今正。'督责之则臣无邪'与下文共叠七句，句皆七字，下句上三字皆复举上句下三字，为一例。

若此则可谓能督责矣

案：各本'督'下脱'责'字，今依上文例补。

蒙恬列传第二十八

昔周成王初立至杀言之者而反周公旦

案：古人立言多为时事而设，言故事以喻之，详《序证·传记寓言节》。此于周公祷疾事，不言为武王，而言为成王者，蒙氏自喻其忠于二世也。若对始皇之使，亦当言周公为武王矣。此传不言为武王，《尚书》不言为成王，后人兼窜此言入《鲁世家》，与上文引《金縢》语相复杂矣。且成王七年，周公遂能致政。则其初立时，亦非在襁褓者，周公即离王朝，自可归鲁，何为奔楚？揆之事理，相去绝远，皆非事实故也。

史记探源卷八　七十列传

张耳陈余列传第二十九

庸奴其夫，亡抵父客

案：各本作'庸奴亡其夫，去抵父客'。今依《汉书本传》正。师古曰：'言不恃赖其夫，视之若庸奴。'是也。录此者，不知'亡'即谓'去'，妄加'去'字，而移'亡'字于'其夫'二字上，因误衍而误倒也。王楸转以误本为是，谓夫本庸奴，又亡去也。若是则何待父客为之决绝其夫而嫁张耳耶？

汉王与我有旧故 接 **汉王亦还定三秦**

案：各本中云：'项羽立我，欲之楚。甘公曰："汉皇之入关，五星聚东井。东井，秦分也。"'《高帝纪》无此文，《汉书·高祖本纪》始有之，乃刘歆从《郊祀志》窜入，又窜入此传也。详《序证·分野节》及《封禅书》下，今删。张耳自汉元年九月为陈余所败走，渡河，适当二年十月汉王出关，遂与相见。综核《高纪》《月表》可知此亦时势使然，岂豫知其胜楚耶？

子偃为鲁王，以母为鲁元太后故接王偃弱

案：各本作'子偃为鲁元王。以母吕后女故，吕后封为鲁元王。元王弱'。误也。《吕后本纪》曰：'以子偃为鲁王，敖赐谥为鲁元王。'彼以元王为敖，此以元王为偃，岂应乖异乃尔？今依《汉书·本传》更正。元太后系之鲁，亦偃王鲁后所加，此文终言之，犹之为公主时亦称鲁元也。并详《吕后本纪》下。

黥布列传第三十一

闻者共俳笑之

《索隐》：'谓众共以俳优辈笑之。'

案：俳当读为非，共以为非而笑之也。

汉元年四月，诸侯皆罢戏下，各就国接汉二年

案：各本中云'项氏立怀王为义帝，阴令九江王布等使将击义帝，追杀之郴县'。此从《汉书》窜入也。《史记》则谓使衡山王、临江王杀之。《项羽本纪》《高祖本纪》皆然，此传不应独异。下文随何说布曰：'楚兵虽强，天下负之不义之名。'以其背盟约而杀义帝也。若项王实使九江王杀之，则此言何异灌夫骂座！激羞成怒，岂不坚其助楚之心？随何方劝令归汉，当为之讳，谅不应尔。颜师古注《高祖本纪》，谓衡山、临江与布同受羽命，欲为《史记》《汉书》调人。然《汉书》不谓项王使衡山、临江，本与《史记》异恉，不可强而为一也。

此三人者

案：各本作'言此三人者'。张照曰：'"言"字疑衍，盖从上"信"字误写。'此说是也。今删。

其人有筹笑

案：各本作'筹荚之计'，计即荚也，《汉书》无此二字，今删。

淮阴侯列传第三十二

愿为假王便。当是时，楚方急围汉王于荥阳至汉方不利

案：《高祖本纪》：汉王之围于荥阳出也，入关收兵，出军宛、叶间，北军成皋，复为项王所围。出成皋，北渡河，夺张耳、韩信军。使韩信东击破齐，又破楚军，杀龙且。事皆在汉三年至四年。汉王击破曹咎军汜水上，围钟离昧于荥阳东，乃述韩信使人请为假王事，是汉方利，去围于荥阳时久矣。此传与之相反，当是原文残缺，后人掇拾而成尔。《汉书》同。

韩王信列传第三十三

韩王信者

《集解》：'徐广曰："一云'信都'"。'《索隐》：'《楚汉春秋》云韩王信都，恐谬也。诸书不言有韩信都。案：韩王信初为韩司徒，后讹云"申徒"，因误以为韩王名耳。'

案：司徒、申徒、申屠、胜徒、信都，皆以声同而通用也。韩信都者，以官名名其人也。古有以官名名人，而其名尚存者，伊挚是也；以官名名人而其名转亡者，重黎是也。韩王之名已亡，而以官名名之，故曰信都。不然，本以官名为人名，如宋武公名司空之比，其后去'都'存'信'，谓与淮阴侯同名。下文遂误录彼信之言入此信传矣。《索隐》'后讹云"申徒"'当作'后讹云"信都"'故下曰'因误以为韩王名耳'。今亦为钞胥所乱也。

韩王信从入汉中接汉王还定三秦

案：各本中有'说汉王曰，项王王诸将近地'云云。颜师古《汉书注》曰：'《高纪》及《韩彭英卢传》皆称斯说是楚王韩信之辞。'此传复云韩王信语，岂史家谬错乎？《日知录》亦云然。今删。

临江王共尉

《集解》：'李奇曰："共敖子。"'

案：《月表》作'共欢'。然则炊当读为惧，尉当读为慰，'惧'与'慰'盖一名一字也。

自立为代王

案：各本作'自立为大王'，陈子龙谓'代王'之音误，今正。

田儋列传第三十四

项王遂夷齐城郭，所过者尽屠之

《集解》：'徐广曰："立故王田假也。"'

案：《月表》：楚立假，横击假，假走楚，楚杀之也。

樊郦滕灌列传第三十五

赐上闻爵

案：各本作'上间'，今依《集解》'如淳曰间或作闻'、《索隐》'张晏云得径上闻'正。

曲周侯郦商者至**子侯世宗立**止

案：各本'侯'上有'怀'字，下云'世宗卒，子侯宗根立'。《年表》：侯宗根元年在元鼎二年，则世宗卒于元鼎元年也。'麟止'以前，安知其谥？此皆后人窜入也。今删。

汝阴侯夏侯婴至**子侯颇尚平阳公主**止

案：各本下云'元鼎二年，自杀，国除'。亦非'麟止'前语，今删。

张丞相列传第三十六

案：此传亡而录《汉书》以补之也。以'终始五德'之义释易服色，自刘歆始，详《序证·五德节》。此传亦歆所作也。设为张苍汉家水德之言，乃出公孙臣土德之言以形其短而设为公孙臣土德之言，又为自出火德之言以形其短之张本也。文具《汉书·郊祀志》。设言《张苍历》乃出《颛顼历》以形其短，而设为《颛顼》以下六历，又为自出《三统历》以形其短之张本也。文具《汉书·律历志》。是《张苍传》者《郊祀志》《律历志》之渡津筏也。《孝文本纪》：其改元年以得玉杯故，无所谓黄龙见成纪，于是召公孙臣草土德之历更元年也。此传所云，诬张苍且诬文帝矣。且张耳陈余合传，述张耳未毕，即出陈余；魏其武安合传，述魏其未毕，即出武安又出灌夫者，以其事相牵属，故错综其文以总叙之也。张苍与周昌、赵尧、任敖绝无一事相关，特以四人相次为御史大夫，而苍承其后，强分一传以跨三传，前后效颦之迹，可笑甚矣。

郦生陆贾列传第三十七

曲周侯郦商以右丞相将兵

案：各本脱'右'字，今依《商传》补。是时萧何为丞相，故郦商但为右丞相也。

更食武遂，嗣三世止

案：各本下云'元狩元年，国除'。亦'麟止'后语，今删。

傅靳蒯成列传第三十八

《太史公自序》《集解》：'张晏曰："亡"。'

案：此言转不足信。传或从《汉书》补录，赞乃班氏所无，文亦似太史公作。三侯立国之年，皆与《功臣侯表》合，其他补作，无此完密也。

阳陵侯传宽〇侯偃立三十一年，坐与淮南王谋反，死

案：各本作'二十一年'，误也。《年表》：偃自景帝前四年立，至武帝元朔六年为三十一年，乃淮南王谋反之年也。今正。

蒯成侯緤者○至孝景中元年，封緤子应为康侯，一年卒，子侯仲居立

案：各本作'至孝景中二年，封緤子居代侯'。依《年表》则此《传》误'元'为'二'，脱康侯一代、'居'上一'仲'字，今补正。下云'元鼎三年，有罪，国除'。非'麟止'前语，今删。

季布乐布列传第四十

乐布者○子贲嗣止

案：各本下云'为太常，牺牲不如令，国除'。《年表》在元狩六年，今删。

袁盎晁错列传第四十一

吾与而兄善，今而廷毁我

案：各本作'今儿'，声之误也，今正。

无何

案：各本作'毋苛'，声之误也，今依《汉书》正。

错父谓错曰：'公为政'

案：《汉书》师古注曰：'错为御史大夫，位三公也。'此说非是。称人为公，非当时语，乃太史公之辞也。蔺相如称其舍人、韩信称下乡亭长、袁盎称吴相从史及安陵富人皆曰公，岂三公耶！

万石张叔列传第四十三

万石君至而齐大治,为立石相祠止

案:各本下述元狩、元鼎以后事,后人窜入也。今删。

建陵侯卫绾者至子信代侯止

案:各本'代'下无'侯'字,下云'坐酎金失侯',此元鼎五年事,今删,则'侯'字当徙此。

塞侯直不疑者至子相如代侯止

案:各本'代'下无'侯'字,云'孙望坐酎金失侯',此元鼎五年事,今删,则'侯'字当徙此。

田叔列传第四十四

仁为丞相长史,失官止

案:各本下述其自刺举三河为京辅都尉,此官元鼎四年置,详《正义》。又下云'仁坐纵太子,诛死。仁发兵,长陵令车千秋上变仁,仁族死。'张照曰:'仁既以坐纵太子诛,岂又以车千秋讼太子冤而族诛乎?'此说亦可为非才妄续之证。今并删。

扁鹊仓公列传第四十五

尽见五藏六府症结

案：各本脱'六府'二字。《正义》：'五藏谓心、肺、脾、肝、肾也，六府谓小肠、大肠、胃、胆、膀胱、三焦也。'兼释'六府'，正文本有此二字明矣。《正义》亦脱'小肠'二字，今并补。

晋昭公时○赵简子疾○扁鹊入视○其后扁鹊过虢，虢太子死○问中庶子喜方者○扁鹊过齐，齐桓侯客之

案：此传以扁鹊之医术为主义，相遇之人，杂取传记，多系寓言，此无关于信史，非子产、叔敖之比，不可以世次求也。如以视赵简子疾为扁鹊时代之本位，则先简子立百有三十九年而虢亡，晋昭公亦先是九年卒，后简子死七十二年而田齐桓公午立。魏惠王时有中庶子官，见《商君传》，秦、汉因之。《文王世子》汉儒所作，其言庶子，因汉制也。《说苑·辨物篇》作'赵王太子死'，此似汉之赵王，故有庶子。然援以解此传，仍去赵简子时代太晚，且是时岂有称王之赵国耶？齐桓侯，《韩非子·喻老篇》作'蔡桓侯'。《年表》《世家》：蔡桓侯与鲁隐、桓同时，又视赵简子时代太早，皆非事实明甚。《索隐》《正义》以世次言之，未得太史公本意也。

此岁中亦除肉刑法○臣意尽十三年所，年三十九岁也

案：各本误作'年尽三年，年三十九岁也。'上文'高后八年'《集解》：'徐广曰："意年二十六。"'《孝文本纪》：'十三年，除肉刑。'则此文当作'尽十三年所，年三十九岁也'。'尽十三年所'与上文'事之三年所'，'已死十年所'句法一例。'十'字依《日知录》补。'十三年'上衍'年'字，今删；下脱'所'字，今补。

齐侍御史成之病，得之饮酒且内○齐章武里曹山趺病，得之盛怒而以接内○齐中尉潘满如病得之酒且内○齐王故为阳虚侯病，得之内○安陵阪里公乘项处病，得之内

案：内即'齐侯好内'之'内'，谓御女也。

齐北宫司空命妇病于出○使人腹肿病于出○所以知病于出

案：'病于出'各本皆作'出于病'，义不可解，当由校者不知出是病名，故与'病'字互易。《说文》：'娗，女出病也。'医书谓之'阴挺'，故此传下文曰'疝气之客于膀胱也'。今正。

相即召舍人而谓之曰：'公奴有病不？'

案：各本'舍人'下衍'奴'字，今删。

奴之病，得之灸于火，数流汗，出而见大风也

案：各本作'奴之病，得之流汗数出，灸于火而以出见大风也'。今正。

齐淳于司马病○即走去，疾驱至舍

案：'疾驱'二字，各本误倒，今正。

病喜阴处者顺死，喜阳处者逆死

案：各本上句'喜'字上、下句'喜'字下皆有'养'字，义不可晓。下云'其人喜自静，不躁'，无'养'字，疑此二'养'字衍也。

今正。

吴王濞列传第四十六

高帝已定天下六年，立刘仲为代王

案：'六年'各本误作'七年'，今依《汉兴以来诸侯年表》《楚元王传·集解》及《汉书·诸侯王表》正。

吴王先起兵接正月丙午诛汉吏二千石以下接胶西接胶东、菑川、济南、楚、赵亦然

案：'正月丙午'二句，各本误在'胶西'下、'胶东'上，今依《汉书本传》正。

李将军列传第四十九

广军功自如，无赏止

案：各本下述李蔡为丞相在元狩二年，李陵降匈奴在天汉二年，赞言李广之死，亦'麟止'后语。今删。

匈奴列传第五十止

赵信兵不利，降匈奴止

案：此元朔六年事也，《卫将军传》可证。以下即非'麟止'前语，末言李广利闻家以巫蛊族灭而降匈奴，乃征和三年事，虽主'讫太

初'，'讫天汉'之说者亦不可通，后人从《汉书》窜入明矣。今删。

卫将军列传第五十一

案：各本'卫将军'下有'骠骑'二字，亦后人所增窜，冠军侯为票骑将军在元狩二年也。今删。

封骞博望侯 止

案：此在元朔六年，以下即述元狩二年事矣，两公孙以巫蛊族灭在征和二年，骠骑与诸裨将传皆从《汉书》窜入也。今删。

平津侯主父偃列传第五十二

士亦以此贤之 止

案：各本下云：'淮南、衡山谋反，弘病甚，上书乞骸骨。居数月。病有瘳，视事。'此非太史公语也。淮南、衡山谋反在元朔六年终，详本传下，'居数月'乃在'麟止'后矣。今删。

南越尉佗列传第五十三

案：此与下三篇《史记》所本无，后人直录《汉书·西南夷两粤朝鲜传》也。《汉书》合此四夷为一传，以其国皆为汉所灭而作，并在元鼎、元封以后，则非'至于麟止'之义也。《汉书》有文帝赐赵佗书，此无。《汉书》载佗上书谢，此存五分之二。《汉书》曰：'然其居国窃如故号，婴齐嗣立，即藏其先武帝、文帝玺。'则文王胡居国亦称帝矣，而去帝称王实自婴齐始。比传脱'文帝'二字，则似其父胡亦称王，藏帝玺当属之胡矣，今属婴齐，意不可通，此皆割裂《汉书》之征也。

东夷列传第五十四

案：此杂录《汉书·严助传》，余详《南越尉佗传》下。

朝鲜列传第五十五

案：详《南越传》下。

西南夷列传第五十六

案：此录《汉书》至'独夜郎、滇王受王印，滇小邑，最宠焉'而止，乃割去其孝昭始元二年以后事。特彼传为平定四夷而作，至成帝河平中，牂柯太守陈立杀夜郎王兴，降钩町王禹漏，西南夷始为平定。此传中止，则亦刖《汉书》之足尔。

司马相如列传第五十七

此之谓也 止

案：各本下云'司马相如既卒五岁，天子始祭后土。八年封于泰山'。非'麟止'前语，转从《汉书》录取故也，赞语可证。

太史公曰 至 此与《诗》之风谏何异 止

案：各本下有'扬雄以为'云云。由班赞兼录'司马迁称'云云，

'扬雄以为'云云，此转录取班书，删去'赞曰司马迁称'六字，而仍'太史公曰'之文，遂成太史公引扬雄语矣。今删。

淮南衡山列传第五十八

元朔六年终

案：各本误作'元朔七年冬'，今正。'元朔六年终'与上文'元朔六年中'相应。知'七'与'冬'皆误者，元朔无七年。是时尚以十月为岁首，'中'谓三四月间，方衡山王上书请废太子爽之时，'终'谓九月，乃有司求捕所与淮南谋反者时矣。若作'六年冬'，反在'六年中'前也。知非元狩元年冬者，《五宗世家》：江都易王非以孝景前二年立，二十六年卒。子建立七年，以淮南党事发，自杀。胶东康王寄以孝景中二年立，二十八年，以淮南事死。《阳陵侯传宽传》：宽以孝惠五年卒，子须侯精立二十四年卒，子共侯则立十二年卒，子侯偃立三十二年，坐与淮南谋反死。以年数校之，皆在元朔六年，与此传合。惟《将相名臣表》《汉书武帝纪》二王之自杀，皆列于元狩元年，然《五行志》亦云元朔六年。《将相表》后人伪托，不足据。是则列于元狩元年者一，在元朔六年者五，以五校一，决之甚易。后此一月，即属获麟之月矣。《史记》年限于此终，故别传于此止也。

循吏列传第五十九

案：此下篇目、篇文，皆非太史公所有者七焉：《循吏传》为《酷吏传》而作，《酷吏传》伪托，则《循吏传》可知。酷吏皆今人，循吏皆古人，太史公非爱古薄今者，不宜有此。二传不相属，中隔《汲郑》《儒林》二传，亦甚不伦。孙叔敖霸佐也，子产良相也，列之循吏，转为降格矣。《索隐》曰：'有《管晏列传》，国侨、羊舌肸等合著管、晏之下，不合入《循吏传》。'此说是也。又传谓'郑昭君之时，以子产为相，治郑二十六年而死。'案《郑世家》：子产郑成公之少子，与《左氏》不同成公乃厉公之五世孙，厉公乃昭公之弟，子产安得事昭公？《年表》：简公十二年，子产为卿。简公在位三十六年，越定公十六年、献公十三年、声公五年而子产卒，上距为卿之岁五十九年矣。与此云'治郑二十六年'不合。惟《左传》子产于鲁襄公二十三年始知政，三十年为政，昭公二十年卒，则于此言治郑之年数尚近，仍去昭公之世绝远。太史公每述一人分见数传者，其世次、其事迹皆相密合，惟《仲尼弟子传》宰我之事迹与此传子产之世次乖异特甚，其为妄人所伪托，正如一辙也。

汲郑列传第六十

案：此传亦非《史记》所有，据《汉书·张冯汲郑列传》窜入也。传言始黯列为九卿，为下云'是时小吏张汤，后至御史大夫'而发，已入元狩间事。至黯卒后，上以黯故，官其弟汲仁至九卿，子汲偃至诸侯相。黯卒，《集解》在元鼎五年。则仁至九卿、偃至诸侯相，当在武帝末年，谅非太史公所及见矣，安得于'麟止'前言之？证一也。太史公曰：'始翟公为廷尉'云云，于《汉书》在《郑当时传》末，此录班传为赞，犹《文纪》录班赞为纪，其为窜《汉书》入《史记》之迹甚显，证二也。列传次第先别传、后总传，各史皆然，法当创自《史记》。此别传也，不当在《循史》《儒林》两总传之间，犹《大宛传》当在《匈奴》之次，不当列《酷吏》、《游侠》之间也，详彼篇下，证三也。此书别传至《淮南》终，总传自《儒林》始，而《游侠》次之，儒文侠武，并称于世也。次《滑稽》，谈言微中，可以解纷也。次《货殖》，上则富国，下则富家也。而以《自序》终焉，余皆非也。

儒林列传第六十一

焚《诗》《书》，阬术士接陈涉之王也

案：各本中云'《六艺》从此缺焉'，此古文学家所窜入，今删。秦第烧民间之书，博士官所职如故，详《秦本纪》'非博士官所职'条下。萧何入关，收秦丞相御史律令图书藏之，是则《诗》《书》虽焚，《六艺》未尝缺焉。诸生犯禁而阬者四百六十余人，传相告引，乃自除罪。然则除罪之人亦必不少，此皆诵法孔子者，叔孙通故秦博士，比其降汉，从儒生弟子百余人，后又征鲁诸生三十余人。此下云鲁诸儒持孔子之礼器往归陈王；又云及高皇帝诛项籍，举兵围鲁，鲁中诸儒尚讲诵习礼乐，弦歌之音不绝。是则术士虽阬，传《六艺》之人亦未尝缺焉。此非太史公言，明矣。

言《诗》于鲁则申培公，于齐则辕固生，于燕则韩太傅。言《尚书》自济南伏生。言《礼》自鲁高堂生。言《易》自菑川田生。言《春秋》于齐、鲁自胡母生，于赵自董仲舒

案：《五经》师说，惟此八家。《书》《礼》《易》无异师，申、辕、韩、胡母、董无异说，皆折衷于夫子，未有门户之分也，此古文家所别之为今文学者也。自刘歆造古文学，《诗》托之毛氏，《书》托之孔氏，《春秋》托之穀梁、左氏，专主破坏八师之说，于是师丹劾其变乱旧章，公孙禄劾其颠倒《五经》，毁师法。建武初，陈元主古学，范升主今文，是为分门户相攻击之始。其后郑君杂糅，今古门户始淆。王肃不分今古，务与郑异，变本加厉，岐中有岐，辞旨纷繁，首尾冲决，乃有束发受经，皓首不通者。试读此传，则若网在纲，有条不紊

矣。今者，田氏《易》久亡，三家《诗》，伏氏《书》，零章断句，百不存一，高堂氏《礼》亦有古文学窜入。求其完缮无缺，纯而不杂之今文，其惟《春秋》胡母、董氏学乎！胡母氏学在《解诂》，董氏有《繁露》。惟胡母、董氏所传为《公羊学》，此传言《春秋》，越《公羊》而属之胡母、董氏者。《汉书·邹阳传》曰：'庆父亲杀闵公，季子缓追免贼，《春秋》以为亲亲之道也。'《终军传》曰：'《春秋》之义，大夫出疆，有可以安社稷、存万民，专之可也。'皆引《公羊传》文，而不称《公羊》，不称传，直曰《春秋》，以为《春秋》之义者，此《传》与《经》为一体，犹孔子传《易》、子夏传《礼》之比，不与《易》田生、《礼》高堂生为辈，故胡母、董氏与之为辈也，安所得驾胡母、董氏而上之，突出《穀梁》《左氏》二传与《公羊》抗行也哉？《左氏》，详《序证》《春秋古文节》。《穀梁》，详下。此述八师之学既明，下惟有事于朝廷者，各为之传：传申公，为议明堂也；传辕生，为论高帝代秦与以直言忤窦太后也；传伏生，为文帝使晁错往受业也；传董生，为言辽东高庙灾也。然为太史公原文者盖寡，说并详下。余皆无传，不为私家记受授，为弟子识官阀也。其言赵绾、王臧，亦因推毂申公耳。余皆后人从《汉书》窜入。

申公者至**申公亦以疾免归，数年卒**止

案：各本倒作'亦疾免以归'，今正。下云弟子孔安国至临淮太守，周霸至胶西内史，徐偃为胶西中尉，皆谬也。伏生章云：'自此之后，鲁周霸、孔安国颇能言《尚书》事。'汉初诸儒无兼《经》者，安国、霸果从伏生受《书》，不应复从申公受《诗》。《汉书·终军传》：元鼎中徐偃尚为博士，则为胶西中尉更在其后，非'麟止'前语。皆从《汉书·儒林传》窜入也，今删。

清河王太傅辕固生者至时固已九十余矣止

案：各本下云：'固之征也，薛人公孙弘亦征，侧目而视固。固曰："公孙子，务正学以言，无曲学以阿世！"'亦谬说也。公孙子曲学阿世，当在官九卿后，方与固其征时，正当务正学以沽名，观其对策，岂曲学乎？何庸侧目视固，固亦何由诫其曲学阿世耶？又下云'自是之后，齐言《诗》皆本辕固生也。诸齐人以《诗》显贵，皆固之弟子也'数句，意亦自复。且上文已云'言《诗》于齐自辕固生'，此不复言，人岂不知齐人言《诗》皆固之弟子耶？冗矣，《汉书》较此尚简，此乃妄人所窜入，今删。惟此章不录弟子姓名、官阀，则申、伏、董生下备录之，可证其非《史记》本文也。

此下为韩生章。案：'上文已云'言《诗》于燕自韩生'，此仍不出言《诗》之意，绝无与于朝廷之事，与申、辕殊，何以传为？下仿此。其云'韩生推《诗》之意而为《内外传》数万言'，岂申、辕无章句乎？彼不言而此言之，非例也。此言体似《七略》，《汉书·儒林传》衍之，后人据以窜入此传也。今删。

伏生者至乃诏太常使掌故晁错往受之止

案：各本下云'秦时禁书，伏生壁藏之。其后兵大起，流亡，汉定，伏生求其书，亡数十篇，独得二十九篇，即以教于齐、鲁之间'。此节不系于'孝文帝求能治《尚书》者'以上，则晁错所往受者有亡篇乎，无亡篇乎？如有亡篇，何以上文不言，《错传》亦不言？如无亡篇，孝文时尚未亡，汉定时顾亡乎？不合者一。又下云'由是山东大师无不涉《尚书》以教矣。伏生教张生及欧阳生'数语，上承'汉定'为文，则伏生设教当在高、惠之世。孝文求能治《尚书》者，天下无有，然则山东大师何往耶？其所教之弟子何往耶？下文欧阳生教倪宽，倪宽既通《尚书》，应郡举诣博士受业，受业孔安国，补廷尉史，张汤以为奏狱掾。《汉书·百官表》：张汤迁延尉，在元朔三年，然则倪宽受《书》于孔安国极早亦在建元、元光之间，是孝武时欧阳生尚存，孝文时何往耶？不合者二。又下云'倪宽位至御史大夫，九年卒'。案《百官表》：宽为御史大夫在元封元年，九年卒，乃在太初三年，皆'麟止'后事，不合者三。又下云'孔氏有《古文尚书》，安国以今文读之，逸《书》得十余篇，盖《尚书》滋多于是矣'。案：安国之《今文尚书》，不言所受，当为孔氏家学，而非伏生所传，然则与伏生所传者同乎，异乎？如其同也，兵祸所流亡，岂如选家之定本，篇数无差，篇名亦不异乎？如其异也，倪宽兼受业于欧阳氏、孔氏，何不以所异者互补，必待古文出而滋多乎？不合者四。余详《序证》《古文尚书节》。此皆从《汉书·儒林传》及《倪宽传》窜入也，今并删。

此下为高堂生章，案详韩生章下。此亦从《汉书·儒林传》窜入，今删。

又下为田何章。案：七家经师不言所受，此独自'商瞿受《易》孔子'叙起。上文惟董仲舒称名，余皆称生，此云田何子庄、王同子仲，皆名字兼举。岂史家亦有孤雁入群格乎？此当出自杂说，专为传《易》诸儒而发，本不与《五经》诸师并称。《汉书》录入《儒林传》，殊与上下章不俌；录《史记》者既窜入《仲尼弟子传》，又入于此，更觉游移不定矣。且自商瞿至田何尚止六传，案瞿少孔子二十九岁，是生于鲁昭公十九年，至汉高九年，徙齐田氏关中，计三百二十六年，是师弟之年，皆相去五十四五，师必年逾七十而传经，弟子皆十余岁而受业，乃能几及，其可信耶？今删。

董仲舒至**以修学着书为事**止

案：各本下云'故汉兴至于五世之间，惟董仲舒名为明于《春秋》，其传公羊氏也。'此为下言《穀梁》张本。不思上文言《春秋》既下属之仲舒，此复上及《公羊》，所谓尻下出头，枝末生根，天壤间固无此物理，太史公岂有此文理？貂非不足，固无庸狗尾续也。谓'唯董仲舒明于《春秋》'，于'胡母生'句亦不可通。今删。

此下为胡母生章。案：上文先胡母而后董，此在董后，亦非其次，余详韩生章下。今删。

又下云'江生为《穀梁春秋》'。案：《穀梁》亦古文学也。《汉书·梅福传》：'推迹古文，以《左氏》《穀梁》《世本》《礼记》相发明。'《后汉书·章帝纪》：'令群儒受学《左氏》《穀梁》《古文尚书》《毛诗》。'《儒林传》：'肃宗诏高才生受《古文尚书》《毛诗》《穀梁》《左氏春秋》。'然则《穀梁》为古文，班、范二书皆有明文，近儒辨析今古文者，皆未见及此，适幸窥见之尔。《汉书·儒林传》言《穀梁》大师如韦贤、夏侯胜、萧望之、尹更始、刘向诸人，考之本传，不但无影响，适形其翩反，则《儒林传》所谓武帝世江公与仲舒议，卫太子私问《穀梁》，宣帝立《穀梁春秋》者，皆如捕风系影。而读其传，凡与《公羊》同者皆其常义，以示《公》《谷》如一丘之貉焉；《公羊》精义削除殆尽，然后出《左氏》反对之。是《穀梁》者，引人背《公羊》而趋《左氏》之伏流焉，别详愚所撰《春秋复始》中。此文从《汉书·儒林传》窜入，下言吕步舒以《春秋》义决淮南狱，乃从《五行志》窜入也。今删。

酷吏列传第六十二

案：此传既非《史记》所有，《汉书》亦非班固之旧。班氏赞曰：'自郅都以下皆以酷烈为声，然都抗直。张汤阿邑人主。杜周从谀，以少言为重。'若是则张汤、杜周与郅都同传明矣。下云'汤、周子孙贵盛，故别传'，然则何谓自郅都以下乎？《周传》云'周以少言为重'，正与《酷吏》赞语相应，仍可为周在《酷吏传》之证。不然，岂有赞离本传而附他传者乎？'少言为重'一句，此传所无，而赞语有之，文无所承，是亦割裂《汉书》之据。《汉书》'周以少言为重'，叙于与(减)〔咸〕宣更为中丞十余岁之后，上言为廷尉史，事张汤。《百官表》：汤为廷尉在元朔三年，周自汤为廷尉时由廷尉史迁中丞，而为中丞十余岁，则在元封间矣。下言宣为左内史，《百官表》在元封元年，周为廷尉，《表》在二年，是则'少言为重'亦'麟止'后语，太史公无由入赞。于杜周云：'捕治桑弘羊、卫皇后昆弟子，刻深，天子以为尽力无私，迁御史大夫。'此数语《史记》《汉书》皆有之。案捕治二家昆弟子，必在卫、桑得罪后。卫皇后事在征和二年，桑大夫事在昭帝元凤元年，文具《汉书》武、昭二《本纪》。杜周于天汉四年为御史大夫，四年卒，见《百官表》。是周卒后三年而卫氏祸作，又十一年而桑氏族灭。此言在《汉书》固已颠倒世次，在《史记》且豫及昭帝时事矣。且吏之酷，至王温舒论报流血十余里，杜周中都官诏狱逮至六七万人，乃为此传之主人翁，比传尚不为郅都、宁成辈作也。其事多在太初后，故知非太史公作，而班固创为之。汤、周皆在传中，别为其子安世、延年作传，后人徙汤、周事于《安世》《延年传》首，而增《酷吏》赞末云：'汤、周子孙贵盛，故别传'，致与上文'自都以下'汤、周云云意不可通。他人复从未徙之《汉书》去其田广明以下录入《史记》，其后又多讹脱尔。如宁成、周阳由章称'武帝'，不成太史公语；张汤章一称'严助'、两称'庄助'，东汉讳'庄'，因改为'严'，此传'庄'、'严'杂出，非《史记》非《汉书》矣。

大宛列传第六十三

《索隐》：'此传合在《西南夷》下，不宜在《酷吏》《游侠》之间，斯盖司马公之残阙，褚先生补之失也。'

案：此亦非褚先生补，后人直录《汉书·张骞李广利传》也。然此与《律书》，小司马能于张晏所不谓亡者，知非太史公作，《索隐》之名稍符其实矣。

游侠列传第六十四

诚使乡曲之侠，与季次原宪比权量力，效功于当世，不同日而论矣。要以功见言信，侠客之义又曷可少哉

案：此班固所谓'迁序《游侠》则退处士而进奸雄'者也，故其为论曰'以匹夫之细，窃杀生之权，其辠已不容诛'以自表异，实未得太史公本意也。详《佞幸传》下。

近世接孟尝、春申、平原、信陵之徒，皆因王者亲属，借于有土卿相之富厚，招天下贤者

案：各本中有'延陵'二字，衍也。季札虽王者亲属，未尝相吴，亦未闻招天下贤者。《集解》引韩子云'赵襄子召延陵生，令车骑先至晋阳'，以此延陵生当之，并非王者亲属，于下文更不可通。下文专承四豪为义，岂有一字涉于延陵者，其为衍文明矣。今删。

且无用，待我接去

案：'且无用'为句，'待我去'为句，各本中重'待我'二字，衍也。今删。

自是之后为侠者极众，皆敖而无足数者止

案：各本下述长安樊仲子等云'有退让君子之风'，若此则不可谓之敖。敖当读为傲，故《集解》云'倨也'。又述北道姚氏以下曰'此盗跖居民间者'。此正无足数者而又数之，岂不与上文相矛盾？此妄人从《汉书》窜入尔，今删。

佞幸列传第六十五

案：比传亦非《史记》所有，后人录《汉书》而去其石显以下也。《太史公自序》谓《春秋》主乎作，故善善恶恶，贤贤贱不肖；《史记》主乎述，故一则曰论载明主贤君、忠臣死义之士，再则曰载明圣盛德、述功臣世家贤大夫之业。此开名臣言行录之先声，非为司空城旦书也。是故传游侠，贤其不爱其躯，赴士之阨困也；传滑稽，贤其谈言微中，可以解纷也；传货殖，贤其人富而仁义附焉。此皆有益于人国，故传之。传之者，贤之也。王者亲属不在此列。何贤于佞幸而传之？若《汉书》则訾游侠，贬货殖，自当传佞幸尔。或曰此传若非太史公所作，何以改赵谈为赵同以避其父讳耶？曰凡因避讳而改，如改'恒山'为'常山'、'彻侯'为'通侯'，皆用义同声异之字，不用声通义别之字也。'谈'、'同'一声之转，安知非此人本名'同'而《汉书》转作'谈'耶？《索隐》以此为避父讳，然则《滑稽传》曰'谈言微中'何以不避？《春秋》襄公二十三年'臧孙纥出奔邾娄'，孔子且不避父讳，太史公何为避之？临文不讳，西汉犹然。不惟父讳也，亦不避君讳，景帝讳启，《夏本纪》《燕世家》皆所不避。至若'和合万国'自出今文，'田常成子'亦因旧史，非避高帝、文帝讳也。不然岂改'协'为'合'，改'陈'为'田'，亦有所避耶？避君父之讳始于东汉，盛于六朝，唐时并避嫌名，小司马以习俗例古人，谬矣。即以此传之事实征之，邓通得罪于嗣君，韩嫣取憎于太后，皆非色衰爱弛也，比以弥子瑕为不伦矣。惟李延年事稍似，然卫后色衰而李夫人进，乃召贵延年，当在元鼎、元封之间，非'麟止'前事。随举一端，皆可决其非太史公作也。

滑稽列传第六十六

髡后百余年接**秦有优旃**

案：各本中有优孟章，遂云'髡后百余年，楚有优孟'，'孟后二百余年，秦有优旃'，其谬巨甚。孟事楚庄王，髡仕齐威王。威王之立，后庄王之卒二百二十年，是则髡在孟后二百余年，此文转谓孟在髡后百余年，世次颠错至此。旃仕秦历汉，则在孟后三百七八十年，此云二百余年，亦非也。且楚庄王时岂有韩、赵、魏国？楚相之子何至负薪？庄王之贤何待孟言而封敖子？孟但依冠像敖，王即欲以为相；若复像王，且让国乎？《吕氏春秋·异宝篇》：'敖疾将死，戒其子曰："王封汝，无受利地。"王果以美地封其子，而子辞，请寝之邱。'是则不因优孟之言也。此章世次既差，立言复谬，其为赝鼎显而易见，今删之。而以旃承髡，适后百余年也。

齐威王横行接**优旃临槛疾呼**

案：各本中言优孟事，亦因传而窜入。今删。

日者列传第六十七

龟策列传第六十八

《太史公自序·集解》：'张晏曰："褚先生补。"'《索隐》：'《日者》不能记诸国之同异，而论司马季主；《龟策》直太卜所得古

龟兆杂说，而无笔削功，何芜鄙也。'

案：此文亦与《三王世家》空取其策文相似，例以《三代世表》《梁孝王世家》《滑稽传》褚先生补，甚不类也，则亦非才妄续耳。

货殖列传第六十九

当魏文侯时，李克务尽地力

《索隐》：'《汉书·食货志》："李悝为魏文侯作尽地力之教。"今此及《汉书》作"克"，皆误。刘向《别录》则云"李悝"。'

案：《孟荀列传》亦云'魏有李悝尽地力之教'，《魏世家》《吴起列传》皆有李克对魏文侯语，且尝为中山守。尽地力即为守之职，是李克即李悝。'悝'、'克'一声之转，古书通用，非误也。唐人不通汉读，故以不误为误。

无岩处奇士之行，而长贫贱，好语仁义，亦足羞也

案：此班固所谓'迁述货殖则崇势利而羞贱贫'者也，故其序论曰'饰变诈为奸轨者，自足乎一世之间；守道循理者，不免于饥寒之患'，自旌其异。然《列传》多《史记》旧文，中有'子赣则于变诈奸轨'语，且自相违，譬若饰蒲为首，以配人身，杂两人之意合作一文，固不可也，不徒失太史公本意也。

宁爵毋刁

案：'爵'、'刁'为韵，《说文》'噍，或为嚼'。是'爵'、'焦'同声也。古谣云：'嚼复嚼，今年犹可后年饶。''嚼'与'饶'为韵，犹'爵'与'刁'为韵也。

太史公自序第七十

昔在重黎，为帝喾火正

案：各本作'昔在颛顼，命南正重司天，北正黎司地'，与《楚世家》乖异，比岂一人之言乎？《楚世家》云：'高阳生称，称生卷章，卷章生重黎、重黎为帝喾高辛居火正。'古文家创异说，窜入《左》昭二十九年《传》曰：'少皞氏之子曰重，颛顼氏之子曰黎。'又乱《楚语》曰：'少皞氏之衰也，九黎乱德，颛顼受之，乃命南正重司天以属神，火正黎司地以属民。'案：《史记·五帝纪》无少皞，详《序证·终始五德节》《五帝本纪》'是为帝颛顼'条下，《楚语》乃增少皞于颛顼之前。重黎一人也，分重为一人，黎为一人。火正、南正一官也，分南正为一官，火正为一官。司天地、属神民一职也，分司天属神为一职，司地属民为一职。又分重为少皞之子，改其君帝喾为颛顼。古文家专务反对今文如此。《楚语》又曰：'尧复育重黎之后。'韦注以为羲氏、和氏，是《尧典》之羲和亦火正也。《书》曰：'乃命羲和，钦若昊天。'此即司天属神之事。又曰：'敬授人时。'此即司地属民之事。是司天地、属神民，在羲和为一职，重黎岂有二官？是篇开章二句，古文家据《楚语》窜改，又误火正为北正。夫火位南方，而称北正，信乎？南辕而北其辙矣，其谬益甚。今正。

谈为太史公，太史公接受《易》于杨何

案：各本中云'学天官于唐都'，亦后人窜入也。自羲和历象之学不传，后世所传者皆刘歆分野之说，窜入《左传》《国语》《周礼》《晏子》《吕览》《淮南子》及《史记》诸篇，而总之以《汉书·天文志》。又造梓慎、裨竈、子韦、甘公、石申、唐都诸传习之人名以实之，后人复窜《天文志》入《史记》，谓之《天官书》，因造此语以为证，而不思天官非史官职也。姑以古文证之：《周礼》掌天星，以志星辰日月之变动，以观天下之迁，辨其吉凶者，保章氏之职；若太史则掌建邦之六典以逆邦国之治，掌法以逆官府之治，掌则以逆都鄙之治而已。故《左传》梓慎、裨竈不称史官，董狐、南史不言星象，是古文家不言史官掌天官焉。更以今文证之：下文迁述其父之言曰：'今汉兴，海内一统，明主贤君忠臣死义之士，余为太史而弗论载，余甚惧焉！'又曰：'有能绍明世，正《易传》，继《春秋》，本《诗》《书》《礼》《乐》之际，意在斯乎！'亦无一语及天官，是今文家不言史官掌天官焉。然则太史迁无由造《天官书》，太史谈无由学天官于唐都矣。今删。

迁生龙门，耕牧河、山之阳_接二十而南游江、淮_至过梁、楚以归

案：各本中云'年十岁则诵古文'，与上下十三句皆有地名，凡言生长游历之所者语意不伦，岂欲以鱼目混珠乎？今删。

自上世常显功名于虞、夏_接后世中衰

案：各本中云'典天官事'，详上，今删。

自周公卒五百岁而有孔子，孔子卒后至于今五百岁

案：此文上承'是岁，天子始建汉家之封'为义，则是元封元年之言也，上距哀公十六年孔子卒，实止三百七十年，而云五百岁者，此以祖述之意相比，所谓断章取义，不必以实数求也。由今观之，有孔子而尧、舜借以祖述，文、武借以宪章；有太史公，而孔子列于《世家》，《儒林》表其经业。是孔子后不可无太史公，犹周公后不可无孔子也。下文'正《易传》，继《春秋》，本《诗》《书》《礼》《乐》之际'

等语，惟以述作相比耳，岂谓比其圣德哉！《索隐》谓'扬雄、孙盛深所不然，以为述作者记注之志士，岂圣人之伦'。非通论也。且扬雄作《太玄》以拟《周易》，作《法言》以拟《论语》，殆自以为圣人之伦矣，竟何如？

太史公卒三岁而迁为太史令○五年而当太初元年_{此数语在'周公卒五百岁'节前，今欲与下文意旨相属，故徙此。}○于是论次其文，七年而遭李陵之祸○于是卒述陶唐以来，至于麟止

案：此则其稿创始于太初元年，告成于天汉三年，而其述事实止于元狩元年冬十月耳。三者序次极为分明。后人误以其起草之年为述事之年，遂造'太初而讫'之说，以张续貂之本。尤而效之者，漫衍至成帝之世矣。此节《集解》引张晏、《索隐》引服虔亦谓止于武帝获麟。《集解》序引《汉书·司马迁传》赞'讫于天汉'之言，不思《迁传》亦云'至于麟止'，班氏《叙传》又有'太初以后讫而不录'之语，文皆出自《汉书》，说成三隅。今以《后汉书班彪传》《史记后传略论》'太史令司马迁上自黄帝，下讫获麟'之言证之，则天汉、太初二说，决非班固之语，裴骃《序》信《迁传》赞以自背其《集解》，何如据《迁传》以自申之也？司马贞、张守节之徒，可等诸自邻以下已。

接著十二纪接十表接八书接三十世家接七十列传。凡百三十篇，五十二万六千五百字接序曰：惟昔黄帝至作《五帝本纪》第一

案：各本'麟止'下云：'自黄帝始。'当是旁记误入正文。《小序》云'维昔黄帝'，即谓自黄帝始矣，此何待言。总述全书篇数，此大序也；以下分序各篇之意，此小序也。《汉书叙传》如此，知其本于《史记》也。各本退'大序'此文人'小序'列传末篇中，倒乱甚矣。今正。纪、表、书、世家、列传上亦各加以序语，岂不与小序意重？叙'八书'云：'礼、乐、律、历、兵权、山川、鬼神。'《索隐》

曰：'兵权即《律书》，山川《河渠书》，鬼神《封禅书》。'是则《律书》重举，而《天官》、《平准》二书独遗。序'三十世家'云：'三十辐共一毂'，惟此有所取象，纪、表、书、传皆否。于文俱为不伦，今删。原书篇数字数今不可知，姑仍旧文而已。'序曰'二字，依《汉书》序例补。

维秦之先至诗歌《黄鸟》阙

案：'禹'、'旅'为韵，无与'鸟'字为韵者，下文惟云'昭襄业帝'，语不可解，脱误明矣。自此以下，至列传第六十九，其篇伪者序亦伪，或失韵，或不可句读，无从校订；间有完密者，无关大义，故不复校。

维我汉继五帝末流至周道废，秦接焚灭《诗》《书》接图籍散乱

案：各本'秦'下云'拨弃古文'，'《诗》《书》'下云'明堂石室，金匮玉版'，此皆后人窜入也。古文创自刘歆，先秦时所未有，金匮制自哀章，玉版见于《纬书》，三代之制甚为俭朴，明堂尚盖以茅，石室多藏金玉，岂相称乎？今删。

韩信申军法接叔孙通定礼仪

案：各本中云'张苍为章程'，此亦后人窜入也，详《张苍传》下。今删。

至于周，复典之接至于余乎

案：各本中云'故司马氏世主天官'，与上文'遗文古事'语殊不相应，余详上。今删。

罔罗天下放失旧闻接**成一家之言**至**第七十**

案：各本中述全书篇数字数，详上。

下又一节云：'余述历黄帝以来至太初而讫，百三十篇。'案：此于上文年限既殊，篇数亦复，此岂一人之言？当是后人据《班书·叙传》窜入也。今删。

《荀子·赋篇》《班书》赞辞，皆韵语也，缀于篇末。窃取斯意，为系以诗：

新室国师嘉新公，戏侮造化如儿童。且为于穆作新制，瓜分青天立五帝。五帝子为天下王，'终始五德'开羲皇。增饰少昊闰赵政，新受汉禅犹虞、唐。若翁《洪范·五行传》，剌取《春秋》灾异见。用仇父书兼仇《经》，为其讥切王氏遍。诡托《书序》自孔子，夺孔《春秋》予鲁史。颠倒《五经》毁师法，公孙名言信有旨。神经怪谍中秘深，嘘气遂能雾古今。横作尼山五里雾，填塞龙门何处寻？探源一洗龙门出，龙门出兮尼山屺。今文家无门户分，通经何待皓首日！自此通经复通史，取法《春秋》讫'麟止'。《汉书》说如三隅矛，天汉、太初总非是。

罗根泽　管子探源

管子探源 罗根泽

叙 目

甲书杂乙丙之言，则甲之思想学说混；周书羼秦汉之语，则周之学术系统乱；辩伪之学所以不容已也。然进化之说，按之学术思想虽未必尽验，而后人之作，亦未必皆逊于前；古人之言，亦未必尽善。辩伪者，每贵远贱近，崇古卑今，一若闲圣护道者然。真古人者，奉为珍宝，昇于九天；伪于后者，视如粪壤，抛于九渊。胡应麟为《四部正讹》曰："唐宋以还，赝书代作，作者口传，大方之家，第以挥之一笑。乃衒奇之夫，往往骤揭而深信之；至或点圣经，厕贤撰，矫前哲，溺后流，厥系非渺浅也！"至康有为著《新学伪经考》，更变本加厉，谓："不量绵薄，摧廓伪说，犁庭扫穴，魑魅奔逸，雰散阴豁，日戃星呀；冀以起亡经，翼圣制，其于孔氏之道，庶几御侮云尔。"流风所被，成为习尚，去取定于真伪，是非判于古今，辩伪之书出，而古籍几无可读焉！

著书托名古人，斯诚卑矣。然周秦诸子，靡不托古改制，苟其言之成理，持之有故，皆宜保存；惟疏通明辩，使还作主，而不赝伪古人，乱学术之系统已耳。如《列子》出晋人，非列御寇作，近已渐成定谳。晋人之书，传者绝鲜，据此以究战国学术固妄；据此以究晋人学术，则绝好材料，不得以其非列御寇作，而卑弃不一顾。故余以为与其辩真伪，必益以考年代，始为有功于古人，有裨于今后之学术界也。惟史料之书，其功用在史实，后人向壁虚造，自全无价值。如《竹书纪年》出汲冢，真伪姑不论，今本全非汲冢之旧，淆混史实，错乱年代，诚宜析辩而杂烧之。即言理之书，若《文子》之袭《淮南》，慎懋赏本《慎子》之衲百家（余别有《慎懋赏本〈慎子〉辩伪》，载《燕京学报》第六期），割裂剿同，毫无诠发，原书可读，何须乎此？亦应疏通证明，无使滥竽著作之林，而耗学子披读之功。

考年代与辩真伪不同：辩真伪，迹追依伪，摈斥不使厕于学术界，义主破坏；考年代，稽考作书时期，以还学术史上之时代价值，义主建设。考年代，则真伪亦因之而显；辩真伪，而年代或仍不得定。

吾国为文明古国，学术思想，发达最早，书籍浩繁，几为全球冠；而详赡有系统、有组织之学术史，今尚阙焉。区区小子，未敢多让，思竭绵薄，从事于上古一部。而各书真伪，前人虽略有考订；至其年代，则论及者鲜。朱紫并收，一依旧题作者为叙，则虚伪不实，无史之价值；且学术系统，亦茫不可理。去伪存真，则有价值之材料，坐视废弃，故不得不先为考年代之学。海内贤达，有闻之而兴起者乎？各以性之所近，力之所长，择年代未定之书，分别研讨，则书定年代，而光明灿烂之学术史，可企足而待矣。

《管子》非管仲书，前人多能言之，多能信之。傅子曰："《管子》之书半是后之好事者所加。"（王应麟《汉书艺文志考证》引，刘恕《通鉴外纪》引。）苏辙曰："至战国之际，诸之著书，因管子之说而增益之。其废情任法远于仁义者，多申韩之言，非管子之正也。"（《古史·管晏列传》）叶石林曰："其间颇多与《鬼谷子》相乱。管子自序其事，亦泛滥不切，疑皆战国策士相附益。"（《汉书艺文志考证》引。按《鬼谷子》晚出书，钞《管子》，非《管子》钞《鬼谷子》。）叶适曰："《管子》非一人之笔，亦非一时之书，莫知谁所为。以其言毛嫱、西施、吴王好剑推之，当是春秋末年。又'持满定倾，不为人客'等，亦种蠡所遵用也。"（《水心集》）朱子曰："《管子》之书杂。管子以功业著者，未必曾著书。如《弟子职》之篇，全似《曲礼》，他篇有似《老》《庄》；又有说得太卑，真是小意智处，不应管仲如此之陋。内政分乡之制，《国语》载之却详。"又曰："《管子》非管仲所著。仲当时任齐国之政，又有三归之溺，决不是闲工夫著书底人；著书者，是不见用之人也。其书想只是战国时人收拾仲当时行事言语之类著之，并附以他书。"（并《朱子语录》）黄震曰："《管子》书不知谁所集，乃庞杂重复，似不出一人之手。"（《黄震文集·管仲论》）朱长春曰："大氐周衰道拙，至雄国而祖霸贱王大甚，天下有口，游谈长短之士，都用社稷。管仲为大宗，因以其说系而衬之，以干时王，猎世资。田齐之君，亦自以席桓公敬仲祖烈为最胜，夸一世而存雄。故其书杂者，半为稷下大夫坐议泛谈，而半乃韩非李斯辈袭商君以党管氏，遂以借名行者也。故其书：有春秋之文，有战国之文，有秦先周末之文，其体立辩。……故愚以《列子》晚出，与《庄子·杂篇》，与《管子》，皆多伪不可信。"（《管子序》）至如宋濂《诸子辨》，姚际恒《古今伪书考》，纪昀等《四库提要》，皆有疏辩之言，以其皆习见之书，不一一征引。惟既"非一人之笔，一时之书"。而各篇作于某家，成于某时，无人究论，故治周秦两汉学术者，终于踌躇却顾，而割而弃之也。

考《汉志》，《管子》八十六篇，今亡者才十篇，在先秦诸子，衷为巨帙，远非他书可及。《心术》、《白心》，诠释道体，《老》《庄》之书，未能远过；《法法》、《明法》，究论法理，《韩非·定法》《难势》，未敢多让；《牧民》、《形势》、《正世》、《治国》，多政治之言；《轻重》诸篇又为理财之语；阴阳则有《宙合》、《侈靡》、《四时》、《五行》；用兵则有《七法》、《兵法》、《制分》；地理则有《地员》；《弟子职》言礼；《水地》言医；其他诸篇，亦皆率有孤诣。各家学说，保存最夥，诠发甚精，诚战国秦汉学术之宝藏也。宝藏在前而不知用，不以大可惜哉！不揣梼昧，按之本篇，稽之先秦两汉各家之书，参以前人论辩之言，为《管子探源》八章，《附录》三篇。横分某篇为某家（如儒家，阴阳家，政治思想家），纵分某篇属某时。信以传信，疑以传疑。然后治学术史者，可按时编入；治各种学术者，亦得有所参验。宝藏启而战国秦汉之学术，乃益彪炳而伟大矣。

一 《经言》九篇

《牧民》第一，战国政治思想家作。

《形势》第二，亦战国政治思想家作。

《权修》第三，秦汉间政治思想家作。

《立政》第四，战国末政治思想家作。

《乘马》第五，战国末政治思想家作。

《七法》第六，战国末为孙吴申韩之学者所作。

《版法》第七，似亦战国时人作？

《幼官》第八，秦汉间兵阴阳家作。

《幼官图》第九，汉以后人作。

二 《外言》八篇

《五辅》第十，战国政治思想家作。

《宙合》第十一，战国末阴阳家作。

《枢言》第十二，战国末法家缘道家为之。

《八观》第十三，西汉文景后政治思想家作。

《法禁》第十四，《法法》第十六，并战国法家作。

《重令》第十五，秦末汉初政治思想家作。

《兵法》第十七，秦汉兵家作。

三 《内言》九篇

《大匡》第十八，战国人作。

《中匡》第十九，疑亦战国人作？

《小匡》第二十，汉初人作。

《王言》第二十一，亡，疑战国中世以后人作？

《霸形》第二十二，《霸言》第二十三，并战国中世后政治思想家作。

《问》第二十四，战国政治思想家作。

《谋失》第二十五，亡，无考。

《戒》第二十六，战国末调和儒道者作。

四 《短语》十八篇

《地图》第二十七，最早作于战国中世。

《参患》第二十八，汉文景以后人作。

《制分》第二十九，疑战国兵家作？

《君臣上》第三十，《君臣下》第三十一，并战国末政治思想家作。

《小称》第三十二，战国儒家作。

《四称》第三十三，疑亦战国人作？

《正言》第三十四，亡，无考。

《侈靡》第三十五，战国末阴阳家作。

《心术上》第三十六，《心术下》第三十七，《白心》第三十八，并战国中世以后道家作。

《水地》第三十九，汉初医家作。

《四时》第四十，《五行》第四十一，并战国末阴阳家作。

《势》第四十二，战国末兵阴阳家作。

《正》第四十三，战国末杂家作。

《九变》第四十四，疑战国以后人作？

五 《区言》五篇

《任法》第四十五，《明法》第四十六，并战国中世后法家作。

《正世》第四十七，《治国》第四十八，并汉文景后政治思想家作。

《内业》第四十九，战国中世以后混合儒道者作。

六 《杂篇》十三篇

《封禅》第五十，汉司马迁作。

《小问》第五十一，辑战国关于管仲之传说而成。

《七臣七主》第五十二，战国末政治思想家作。

《禁藏》第五十三，战国末至汉初杂家作。

《入国》第五十四，《九守》第五十五，《桓公问》第五十六，并疑战国末年人作？

《度地》第五十七，汉初人作。

《地员》第五十八，疑亦汉初人作？

《弟子职》第五十九，疑汉儒家作？

《言昭》第六十，《修身》第六十一，《问霸》第六十二，并亡，无考。

七 《管子解》五篇

《管子解》五篇，并战国末秦未统一前杂家作。

八 《轻重》十九篇

《轻重》十九篇，并汉武昭时理财学家作。

附录一　战国前无私家著作说
附录二　古代经济学中之本农末商学说
附录三　古代政治学中之"皇""帝""王""霸"

根泽束发入塾，酷喜周秦诸子，爱其各明一义，不相沿袭。肇治《管子》，忆在民国纪元四年；此编之作，则造端于十六年之秋。于时在北平清华大学研究院，从梁任公陈寅恪诸先生游。诸先生耳提面命，殷殷指导；举凡体例之商榷，考订之去取，受于诸先生者实多。属稿未毕，梁先生遽归道山，全国之恸，不惟藐藐小子失所宗仰而已。十七年，转入哈佛燕京所设之国学研究所，继续所业。脱稿后，蒙黄子通冯芝生两先生为改正数事。去年秋，应河南中山大学之聘，承乏国学教授，取此再加增删，印授学生。自惟谫陋，错误必多，宏达君子，其勿吝教！惜也，梁先生不得缓死须臾，观其成而裁其谬，谨以此纪念先生。心丧弟子罗根泽志于河南中山大学教员寄宿舍，时纪元十九年三月十九日也。

第一章 《经言》九篇

《牧民》第一——战国政治思想家作

（1）《史记·管晏列传》曰："吾读《管子·牧民》、《山高》、《乘马》、《轻重》、《九府》，详哉其言之也。"又引管氏之言曰："仓廪实则知礼节，衣食足则知荣辱，上服度则六亲固，四维不张，国乃灭亡，下令于流水之源，令顺民心。"又曰："知与之为取者，政之宝也。"（见《牧民篇》）于是世人遂有谓《牧民》诸篇为真管氏书者。（如朱长春《管子序》谓："自《经言》外，《内言》十二，《外言》十半，《短言》《区言》十七，《杂篇》十九，《轻重》全于伪矣。"案十半二字不通。今本《管子》，《外言》八篇。）不知史公距管仲已数百年，其所言若于古无征，亦不可遽信。章实斋《文史通义》谓："古人不著书，古人未尝离事而言理，六经皆先王之政典也。"（《易教》上）战国以前，无著书立说自为一家言之风，管子亦不能独外。（详本书《附录一》）且孔子屡称管仲，从未言其著作。《庄子·天下篇》，《荀子·非十二子篇》，《尸子·广泽篇》，备论诸家，亦未一及《管子》。则直至庄荀之前，无《管子》之书。迨韩非著《五蠹》，始言："今境内之民皆言治，藏商管之法者家有之而国贫。"则知战国言治之风盛，需治之途多，遂有缀拾往哲政治大家管商之遗言往事，以为书而干世者矣。

（2）瑞士珂罗倔伦（Karlgren）著《左传真伪及其性质》（*The Authenticity and nature of the Tso Chuan*），陆侃如先生译为《左传真伪考》（在新月书店出版），以语音变迁诠释"於"字用例，卫君聚贤据之而再加以研讨，断定用作介词与"于"字相通，始于战国。（卫君《古史研究·春秋之研究》）检此篇"於"字凡十五见：曰："错国於不倾之地，积於不涸之仓，藏於不竭之府，下令於流水之源，使民於不争之官。"曰："错国於不倾之地者，授有德也；积於不涸之仓者，务五谷也；藏於不竭之府者，养桑麻、育六畜也；下令於流水之源者，令顺民心也；使民於不争之官者，使各为其所长也。"曰："唯有道者能备患於未形也。"曰："审於时而察於用。"曰："缓者后於事，吝於财者失所亲。"皆用为介词。若单言只字，尚可谓后世所改；如此之多，不得谓为后人所改也。则其为战国人作，而非春秋时之管仲作明矣。

（3）据上二证，知此篇必在春秋之后，顾何以不谓其在秦汉，而必谓其在战国？篇中曰："如地如天，何私何亲？如月如日，唯君之节。御民之辔，在上之所贵；道民之门，在上之所先；召民之路，在上之所好恶。故君求之，则臣得之；君嗜之，则臣食之；君好之，则臣服之；君恶之，则臣匿之。毋蔽汝恶，毋异汝度，贤者将不汝助。言室满室，言堂满堂，是谓圣王。"一望而知为有韵文字。以"天"叶"亲"，以"先"叶"门"，以"服"叶"得"，其韵甚古，与《诗》《骚》相仿。《诗·柏舟》"天"叶"人"，《雨无正》"天"叶"信""臻""身"。《楚辞·大司命》"天"叶"辚""人"。《诗·小弁》"先"叶"墐""忍""陨"。《楚辞·国殇》"先"叶"云"。《招魂》"先"叶"纷""陈"。《诗·关雎》"服"叶

"得""侧"。《六月》"服"叶"翼""棘"。"先"与"门","服"与"得",汉代能否相叶,余未博考;"天"之与"亲",则绝不相叶。《说文》:"天,颠也。"(《一部》)显为以音释义。《释名》一书,纯以音释,亦曰:"天,显也。"又曰:"天,坦也。"(《释天》)则汉代读"天",亦非古之铁因切,而与今音同矣。故《素问》为秦汉间作品(虽托名黄帝,其实为秦汉间作品,辩见姚际恒《古今伪书考》及梁任公师《古书真伪及其年代》卷三),其《天元纪大论》六十六,即以"天"叶"元""玄""旋"矣。

《形势》第二——亦战国政治思想家作

(1)"于"字作介词用者有七,曰:"平原之隰,奚有于高?大山之隈,奚有于深?""有无弃之言者,必参于天地也。""万物之于人也。""见与之交,几于不亲;见哀之役,几于不结;见施之德,几于不报。"

(2)诸侯称王,惟楚在春秋之世,自余皆在战国。《史记·魏世家》襄王元年:"与诸侯会于徐州,相王也。"《田敬仲世家》亦谓宣王九年:"与魏襄王会徐州(此襄王,与《魏世家》所言襄王,实皆惠王,以惠王三十五年后改元从一年起,《史记》误以是年卒,于是以改元后年属襄王。但时代固不误),诸侯相王也。"依《六国表》,是年为周威烈王三十五年。诸侯称王,皆在此年前后。燕韩据两《世家》及《六国表》,在威烈王四十六年。赵虽不可考,然《赵世家》谓武灵王五年:"五国相王,赵独否。"则其王,更较晚矣。秦之称王,《本纪》无明文,据《周本纪正义》引《秦纪》云:"惠王十三年,与魏韩赵并称王。"惠王十三年为威烈王四十四年。(与韩称王不甚相符,辩证见梁玉绳《史记志疑》卷四。)《管子》之书,就各面观察,决非楚言,而此篇曰:"独王之国,劳而多祸。"是必在诸侯称王之后矣。(刘绩谓

"王"当依《解》作"任"。考尹《注》亦作"王"。且下文云:"独国之君,卑而不威。""国""王"相对成文,知作"王"是也。)

《权修》第三——秦汉间政治思想家作

(1)篇中曰:"故末产不禁,则野不辟。"又曰:"故上不好本事,则末产不禁;末产不禁,则民缓于时事而轻地利。"又曰:"有地不务本事,而求宗庙社稷之无危,不可得也。"此与管子之主张,极相背驰。《史记·管晏列传》曰:"管仲既任政相齐,以区区之齐,在海滨,通货积财,富国强兵。"刘向《管子书录》,亦有此言。(见影宋本、明本《管子》及严可均《全汉文》。标题依严氏。)《齐语》载管仲对桓公曰:"四民勿使杂处。……今夫商群萃而州处,察其四时,而监其乡之资,以知其市之贾(同价),负任儋何(同担荷),服牛轺马,以周四方,以其所有,易其所无,市贱鬻贵,旦莫(同暮)从事于此,以饬其子弟,相语以利,相示以赖(赢也),相陈以贾;少而习焉,其心安焉,不见异物而迁焉。是故其父兄之教,不肃而成,其子弟之学,不劳而能。夫是故商之子恒为商。"则管子固甚提倡商业也。再考《史记·货殖列传》:"太公望封于营丘,地潟卤,人民寡,于是太公劝其女工,极其技巧,通鱼盐,则人物归之。……其后齐中衰,管子修之,设轻重九府,则桓公以霸,九合诸侯,一匡天下。而管氏亦有三归,位在陪臣,富于列国之君,是以齐富强至于威宣也。"《正义》曰:"管子云:'轻重谓钱也,夫治民有轻重之法。'周有大府、玉府、内府、外府、天府、职内、职金,皆掌财币之官,故云九府也。"(案《正义》所举,实仅七府。)则齐地固不宜农桑,而宜工商。桓公管仲之霸,亦端恃工商,乌能一再为"禁末产"之论也?且提倡农业,尊之为本;压抑工商,卑之曰末,盛行于汉初,而产生于战国末年以至秦皇统一之时,前此无有也。(详本书《附录二》)则此篇之作,亦当在秦汉之交，或竟在汉初矣。

（2）凡补偏救弊之学说，必生于弊端已见之后。此篇中有曰："商贾在朝，则货财上流。"管子之前为贵族政治时代，商贾何能在朝？考之载籍，亦无商贾在朝之事。此种惩弊思变之说，不能产生。战国之末，吕不韦以大贾潜移秦之天下，但尚未闻专以与民争利。及汉初桑孔用事，实为"货财上流"。此种学说，虽不敢谓在桑孔之后，亦必在战国之后。

（3）篇中曰："赏罚信于其所见"，"赏罚不信于其所见"，"而度量不生于其间"，"故取于民有度"，"取于民无度"，"藏于民也"，"奚待于人"，"奚待于家"，"奚待于乡"，"奚待于国"，"奚待于天下"，"则民缓于时事"，"小礼不谨于国"，"小义不行于国"，"小廉不修于国"，"小耻不饰于国"，"爵服加于不义"，"禄赏加于无功"，"则国不免于贼臣矣"。凡"于"字十九，皆作介词用，亦在战国或战国后之证也。

（4）篇中曰："凡牧民者，欲民之有礼也。欲民之有礼，则小礼不可不谨也。小礼不谨于国，而求百姓之行大礼，不可得也。凡牧民者，欲民之有义也。欲民之有义，则小义不可不行。小义不行于国，而求百姓之行大义，不可得也。凡牧民者，欲民之有廉也。欲民之有廉，则小廉不可不修也。小廉不修于国，而求百姓之行大廉，不可得也。凡牧民者，欲民之有耻也。欲民之有耻，则小耻不可不饰也。小耻不饰于国，而求百姓之行大耻，不可得也。"此显为对《牧民篇》："国有四维……何谓四维？一曰礼，二曰义，三曰廉，四曰耻"之言，加以补充。必在《牧民》篇后矣。

《立政》第四——战国末政治思想家作

（1）中有一节摘钞《荀子·王制篇》，今将二文并列于下，真伪自可立判。

《王制》

修宪命，审诗商，禁淫声，以时顺修，使夷俗邪音，不敢乱雅，大师之事也；修堤梁，通沟浍，行水潦，安水臧，以时决塞，岁虽凶败水旱，使民有所耘艾，司空之事也；相高下，视肥墝，序五种，省农工，谨畜藏，以时顺修，使农夫朴力而寡能，治田之事也；修火宪，养山林薮泽草木鱼鳖百索，以时禁发，使国家足用，而财物不屈，虞师之事也；顺州里，定廛宅，养六畜，间树艺，劝教化，趋孝悌，以时顺修，使百姓顺命，安乐处乡，乡师之事也；论百工，审时事，辨功苦，尚完利，便备用，使雕琢文采，不敢专造于家，工师之事也；相阴阳，占祲兆，钻龟陈卦，主攘择五卜，知其吉凶妖祥，伛巫跛击之事也；修采清，易道路，谨盗贼，平室律，以时顺修，使宾旅安而货财通，治市之事也；抃急禁悍，防淫除邪，戮之以五刑，使暴悍以变，奸邪不作，司寇之事也；本政教，正法则，兼听而时稽之，度其功劳，论其爵赏，以时慎修，使百吏免（同勉）尽而众庶不偷，冢宰之事也；论礼乐，正身行，广教化，美风俗，兼覆而调一之，辟公之事也；全道德，致隆高，綦文理，一天下，振毫末，使天下莫不顺比从服，天王之事也。

《立政》

修火宪，敬山泽林薮积草，天（原作夫，依戴望《管子校正》引丁说改）财之所出，以时禁发焉，使民于宫室之用，薪蒸之所积，虞师之事也；决水潦，通沟渎，修障防，安水臧，使时水虽过度，无害于五谷，岁虽凶旱，有所粉获，司空之事也；相高下，视肥硗，观地宜，明诏期，前后农夫，以时钧修焉，使五谷桑麻，皆安其处，由田之事也；行乡里，视宫室，观树艺，简六畜，以时钧修焉，劝勉百姓，使力作毋偷，怀乐家室，重去乡里，乡师之事也；论百工，审时事，辨功苦，上完利，监壹五乡，以时钧修焉，使刻镂文采，毋敢造于乡，工师之事也。

此篇所载只虞师、司空、由田（《荀子》作治田）、乡师、工师、五职，而无大师、伛巫跛击、治市、司寇、冢宰、辟公、天王、七职，以为治齐政典耶？则非齐国之官；（齐国之官，依《左传》《国语》有工正、太史、南史等，未闻有此篇所载诸官。）以为泛论耶？则官职未全，且与章氏"古人不著书"（见前）之说相违。尤当注意者，与《荀子》所同五职，在《荀子》为连属之文，非间有间无，其为摘钞《荀子》何疑？

（2）尚有一节与《春秋繁露·服制篇》从同。

《服制》

率得十六万国三分之，则各度爵而制服，量禄而用财，饮食有量，衣服有制，宫室有度，畜产人徒有数，舟车甲器有禁，生则有轩冕之服位贵禄田宅之分（苏舆《春秋繁露义证》谓"上之字衍"），死则有棺椁绞衾圹袭（疑垄字）之度；虽有贤才美体，无其爵不敢服其服；虽有富家多赀，无其禄不敢用其财。天子服有文章，夫人不得以燕飨，公以庙，将军大夫不得以燕飨以庙，将军大夫以朝，官吏以命士止于带缘（苏舆校改为"天子服有文章，夫人不得以燕飨以庙，将军大夫不得以燕飨以庙，朝官吏命士止于带缘"），散民不敢服杂采，百工商贾不敢服狐貉，刑余僇民不敢服丝玄纁乘马，谓之服制。

《立政》

　　度爵而制服，量禄而用财，饮食有量，衣服有制，宫室有度，六畜人徒有数，舟车陈器有禁修，生则有轩冕服位谷禄田宅之分，死则有棺椁绞衾圹垄之度；虽有贤身贵体，毋其爵不敢服其服；虽有富家多资，毋其禄不敢用其财。天子服文有（二字应校正）章，而夫人不敢以燕、以飨庙，将军大夫以朝，官吏以命士止于带缘，散民不敢服杂采，百工商贾，不得服长鬈貂，刑余戮民，不敢服绋，不敢畜连乘车。

《繁露》起九字无所附丽（苏舆《义证》引钱云："上有脱文，二句亦与服制无涉"），又"禁修"，《繁露》只作"禁"以求工整，二"毋"字皆改作"无"，似《繁露》钞此篇。此钞《荀子》，董子钞此，则其时代当在战国末矣。

（3）篇中谓："寝兵之说胜，则险阻不守；兼爱之说胜，则士卒不战；全生之说胜，则廉耻不立；私议自贵之说胜，则上令不行；群徒比周之说胜，则贤不肖不分；金玉货财之说胜，则爵服下流；观乐玩好之说胜，则奸民在上位；请谒任举之说胜，则绳墨不正；谄谀饰过之说胜，则巧佞者用。"考春秋中叶，虽有向戌等弭兵之议；而曰"寝兵"之说，则实始宋钘。（见《庄子·天下篇》，余有《宋子及其学说》，可供参考。）"兼爱"始自墨子。"全生"之说，似始于子华子。《吕氏春秋·贵生篇》引《子华子》曰："全生为上，亏生次之，死次之，迫生为下。"又《审为篇》记魏韩相与争侵地，子华子说韩昭釐侯以所争者甚轻，不宜愁身伤生以忧之，昭釐侯甚善其说。考《史记·韩世家》无昭釐侯，有昭侯。载昭侯二年，魏取朱，则昭釐侯昭侯，盖即一人？（余别为《子华子考》）是子华子当与昭侯同时。"私议自贵"之说似指杨朱。余者，书阙有间，未悉所指。各种皆标之曰"说"，以知者例不知者，似皆指一种学说。盖战国中世以降，一面言论极自由，可任意创说；一面时势环境，皆予人以欠阙之感想，恶劣之影响，于是横决旁溢，而学说遂无奇不有。此篇于各说皆施以抨击，更在诸说备出之后焉。

（4）尊农为本、卑商为末之风，权舆战国之末，本书《附录二》中，论之颇详。此篇曰："不好本事，不务地利。"又曰："好本事，务地利，重赋敛，则民怀其产。"

（5）篇中曰："卿相不得众，国之危也。""卿""相"连举，是以"相"为官名；"相"为官名，盖始战国。

考《书·说命》上："爰立作相。"伪古文不足据。自余《左传》《国语》"相"字甚多，然皆"辅相"之意，非官名。《鲁语》上："季文子相宣成，无衣帛之妾，无食粟之马，仲孙它谏曰：'子为鲁上卿，相二君矣。'"可见文子之官为上卿，不过其职责在辅相其君耳。即此可见其所言相，皆非相官。《公羊传》桓十一年："祭仲者何？郑相也。"而据《左传》此年曰："祭封人仲足（即祭仲）有宠于庄公，庄公使为卿。"则祭仲官郑，亦实为卿。《左传》庄九年："鲍叔言管仲于桓公曰，使相可也。"僖二十四年："齐桓公置射钩而使管仲相。"《论语·宪问》第十四论管仲曰："桓公杀公子纠，不能死，又相之。"又曰："管仲相桓公。"而《左传》僖十二年，周王以上卿之礼飨管仲，管仲辞，受下卿之礼而还。则其官盖为下卿。《左传》襄二十八年："子产相郑伯。"三十年、三十一年并云："子产相郑伯以如晋。"昭三年："郑伯如楚，子产相。"四年："子产善相小国。"五年："子产相郑伯，会晋侯于邢丘。"十二年："子产相郑伯。"十三年："子产子大叔相郑伯以会。"而《史记·郑世家》："子产为卿十九年。"则子产之官，实亦为卿。《左传》定十年："公会齐侯于祝其，实夹谷，孔丘相。"《穀梁传》亦记曰："夹谷之会，孔子相焉，两君就坛，两相相依。"而杜《注》谓："相会仪。"至孔子之官，据《世家》为大司寇。他言"相"者，亦皆类是，不必悉举。最宜注意者,《左传》昭三年:"乐桓子相赵文子。"八年:"七月甲戌、齐子尾卒,子旗欲治其室。丁丑杀梁婴(子尾家宰)。八月庚戌,逐子成、子工、子车(皆子尾之属)、皆来奔。而立子良氏之宰。(子良、子尾之子,子旗、为子良立宰。)其臣曰:'孺子长矣,而相吾室,欲兼我也。'"赵文子、晋臣,子良、齐臣;安能立相,而皆曰相。盖春秋及春秋以前,无名相之官;而上至天子,下至诸侯公卿大夫,其辅佐之高等臣工,皆可曰相,义取辅相,非若后世之相为专官。犹凡有土治民者,皆可曰主,义取主持,非若后世之主为君主专称也。(春秋凡有土治民者,皆可曰主,说详本书第四章《君臣》上下二篇。)故《左传》隐五年:"天子三公者,天子之相也。"至襄二十五年:"庆封为左相。"定元年:"仲虺居薛,以为汤左相。"当以天子之三公,诸侯之卿大夫,分等次之故也。惟《论语·先进》第二十一,公西华曰:"愿为小相焉。"《季氏》第十六:"危而不持,颠而不扶,则将焉用彼相矣!"似为春秋有相之证。但前者,何晏曰:"小相为相君之礼者。"后者,苞《注》曰:"言辅相人者。"则皆非后世所谓相也。考古官少一字之官,故后世立相,其名亦或曰宰相,或曰丞相,或曰相国,无单名相者。《左》《国》及他春秋时或春秋以前书,皆单文,知皆为辅相之义,非真有是官。《墨子·尚贤中》曰:"伊挚、有莘氏女之私臣,亲为庖人,汤得之,举以为相。"《耕柱》曰:"使圣人聚其良臣,与其桀相而谋。"《贵义》曰:"使为一国之相,不能而为之。"亦皆只曰相,尚非官名。至《尚同》上中下三篇,皆有:"举天下贤可者,立以为君,立以为三公,立以为诸侯"之言,名三公,不名相,知其时无相官。

《国策》《荀子》始见"相国"之称。《东周策》:"国君所令,相国往,相国不欲。"又曰:"有人谓相国曰"云云。《强国篇》荀子说齐相曰:"今相国上则得专主,下则得专国,相国之于胜人之势,亶有之矣。……贤士愿相国之朝。能士愿相国之官。……相国舍是而不为。"

则于时确有相国之官。考《秦策》记苏秦在赵受相印。而"卿""相"二字，遂多并称者。《秦策》："安有说人主，不能出其金玉锦绣，取卿相之尊者乎？"《赵策》二："天下之卿相。"《韩策》二："而严仲子乃诸侯之卿相也。"《燕策》二："弗予相，又不予卿也。"《荀子·富国篇》："其卿相调议。"《君道》篇："然而求卿相辅佐，则独不若是其公也。"又曰："卿相辅佐，人主之基杖也。……人主必将有卿相辅佐足任者。……无卿相辅佐足任者谓之独。"

至《韩非子》《吕氏春秋》，更见"宰相"之称。《韩非子·显学篇》曰："故明主之吏，宰相必起于州部。"《吕氏春秋·制乐篇》曰："宋景公之时，荧惑在心，公惧，召子韦而问焉。曰：'荧惑在心，何也？'子韦曰：'荧惑者，天罚也；心者，宋之分野也，祸当于君。虽然，可移于宰相。'公曰：'宰相所与治国家也，而移死焉，不祥。'"（分野之说，始自阴阳家，宋景公时无有也，故此决非事实。——参观本书《附录一》辨《宋司星子韦》条——而宰相之名，亦只认为后起，不能认为宋景公时已有。）而卿相连称，更屡见矣。《韩非子·奸劫弑臣》曰："立为卿相之处。"《解老》曰："而小易得卿相将军之赏禄。"而《左》《国》《论》《孟》则绝无。足征相为专官，始于战国中世，而此篇抑在其后矣。

（附言）　此篇及以下诸篇，以"于"字作介词用者皆甚多，以此只能证非春秋或春秋以前作。而此书早者不能超过战国，故此后不再以之为证。

《乘马》第五——战国末政治思想家作

（1）篇中曰："无为者帝，为而无以为者王，为而不贵者霸。"考以政治分别"王""霸"，约当孟子之时；益之以"帝"，更在战国之末。（说详本书《附录三》）则此篇之作，不能超过战国末叶。

（2）冯芝生先生所著《孔子在中国史中之地位》言："在孔子以前，似乎没有以后所谓士农工商之士阶级。"（《燕京学报》第二期）余于本书《附录一》中，博征繁引，证明其说不误。今此篇第六节标语曰："右士农工商。"篇中虽曰："非信士不得立于朝。"而又曰："士闻见博学，意察而不为君臣者，与功而不与分焉。"则固不专指士大夫之士，而实指所谓士农工商之士，篇中亦实分论农士贾工。《国语·齐语》载管子治齐之政，虽谓："四民勿使杂处……士之子恒为士……士乡十五。"但韦昭《注》："此士、军士也。"则不能与此篇所谓士相提并论。而此篇固当为孔子以后作品无疑也。

《七法》第六——战国末为孙吴申韩之学者所作

（1）依《春秋》及三《传》、《国语》、《史记》，以及其他先秦书，管子可称为政治家，不能称为兵家法家。《国语》载其治齐之政，可谓详赡，三国伍鄙，制野分乡，相地衰征，牧民亲邻：（详《齐语》，不具引。）无一不从政治入手。虽谓："作内政以寄军命。"但可谓为政治家之军令，不能谓为兵家之军令。如孔子亦云："足兵"，但不能谓孔子为兵家。二家之区别，最好以荀子与临武君之议兵为证。临武君谓："上得天时，下得地利，观敌之变动，后之发，先之至。"此兵家言也。荀子谓："用兵攻战之本，在乎一民。"（俱详《荀子·议兵篇》，不备引。）则非兵家言，而为政治家言也。且孔子称桓公"九合诸侯，一匡天下，不以兵车，管仲之力也"。《齐语》称其"兵车之属六，乘车之会三，诸侯甲不解累，兵不解翳，弢无弓，服无矢，隐武事，行文道"。则管仲为政治家，非兵家明矣。今篇中曰："不能强其兵，而能必胜敌国者，未之有也。……兵不必胜敌国而能正天下者，未之有也。……为兵有数……刚柔也，轻重也，大小也，虚实也，远近也，多少也，谓之计数。"又曰："若夫曲制时举，不失天时，毋圹（同旷）地利，其数多少，其要必出于计数。故凡攻伐之为道也，计必先定于内，然后兵出乎境。"又曰："故兵也者，审于地图，谋十官，日量蓄积，齐勇士，遍知天下，审御机数，兵主之事也。故有风雨之行，故能不远道里矣；有飞鸟之举，故能不险山河矣；有雷电之战，故能独行而无敌矣；有水旱之功，故能攻国救邑；有金城之守，故能定宗庙，育男女矣；有一体之治，故能出号令，明宪法矣。……然后可以有国，制仪法，出号令，莫不向应。然后可以治民一众矣。"此等战胜攻取之方略，以武力推行法令之主张，是战国末年，混合兵法以为治者之言，非政治家管子之言也。

法家言法，他家亦言法，言法虽同，实则大异。最显著者，他家所谓法，不似法家之专指法条律令；他家对于法，不似法家视若神圣。孟子谓："徒善不足以为政，徒法不能以自行。"（《离娄篇》）其法实泛指治国之一切政治制度。荀子礼法并举，又谓："礼义之谓法。"则其法，亦不与法家同。故法之起原盖甚早，法家之成立则甚迟。《韩非子》言："申不害言术，公孙鞅言法。"（《定法篇》）则法家至商鞅可谓小成，而大成则为韩非。申子主术。慎子主势，固非唯法主义者也。（参阅本书第二章《法禁》《法法》两篇及梁任公先生《中国法理学发达史论》）今此篇曰："不明于法，而欲治民一众，犹左书而右息之。"又曰："故不为重宝亏其命，故曰令贵于宝；不为爱亲危其社稷，故曰社稷戚于亲；不为爱人枉其法，故曰法爱于人；不为重爵禄分其威，故曰威重于爵禄。不通此四者，则反于无有。故曰：治人如治水潦，养人如养六畜，用人如用草木。……论功计劳，未尝失法律也；便辟左右大族尊贵大臣，不得增其功焉；疏远卑贱隐不知之人，不忘其劳。"此种"引绳墨，切事情"之唯法主义，纯为战国末为商韩之学者之主张，非管子所宜出也。

（2）带有政治色彩之"王""霸"二字，发生盖在战国中叶。此篇中曰："王道非废也，而天下莫敢窥者，王者之正也。"亦为战国时作品之一证。

《版法》第七——似亦战国时人作

此篇乃一短幅之有韵文字，考订年代，本证既少，旁证又无，如欲确定，实谢未能。惟以余谫陋，疑有战国嫌疑者二事：

（1）"兼爱""尚贤"为墨子主张，此篇曰："兼爱无遗，是谓君心。"又曰："修长在乎任贤。"似乎在墨子之后。但只言片语，难以为据，故亦未敢遽以为然也。

（2）其文体既非诗歌，又异《骚》赋，虽为有韵文，而无文学趣味。持比他家，与《荀子·成相》篇颇相似，疑其时代相上下，同为赋之初期，故有韵无味，酷肖后世之鼓儿词也。

《幼官》第八——秦汉间兵阴阳家作

（1）"帝""王""霸"之分在战国之末。此篇曰："尊贤授德则帝，身行仁义服忠用信则王，审谋章礼选士利械则霸。"纯为抽取"帝""王""霸"之行事与学说而言者，足证其发生甚晚也。

（2）篇中分四时，谓春行夏秋冬政，则有如何灾异；夏行春秋冬政，则有如何灾异。又谓某时，君宜服某色，味某味，听某声，治某气，用某数，纯为阴阳家言。又区为十种，二标为"此居图方中"。余平分东西南北，各标曰："居于图某方方外。"又似兵阴阳。考《汉志》，阴阳家最早者惟《黄帝泰素》二十篇，班氏自注曰："六国时韩诸公子作。"余较早者，惟宋《司星子韦》三篇，班氏自注曰："景公之史。"而实后人依托，详本书《附录一》。此外皆六国时书。《洪范》有阴阳家言，然刘节先生《洪范疏证》，证为战国末秦未统一以前作品。兵阴阳，班氏谓："顺时而发，推刑法，随斗击，因五胜，假鬼神而为助者也。"则其发生必在阴阳家后；以阴阳家之说未出，无由以之用于兵也。《汉志》所载，虽有神农黄帝之书，亦皆后人伪托。此篇述阴阳之说，资以用兵，其为六国后兵阴阳家言无疑。

（3）卿相之"相"，前已证明始于战国。此篇曰："八分有职，卿相之守也。"亦足证时代甚晚。

《幼官图》第九——汉以后人作

此篇与《幼官》第八，内容全同，惟排列稍异。《幼官》先中方，次东方，次南方，次西方，次北方，依次叠之，以毕十图。此则先以方相从：先中方本图，次中方副图，次东方二图，次南方二图，次西方二图，次北方二图。明朱养和本已如此。而宋本则先西方本图，次西方副图，次南方本图，次中方本图，次北方本图，次南方副图，次中方副图，次北方副图，次东方本图，次东方副图。安井衡曰："此篇名图，则当列《幼官》不及，以为十图，今不惟无图，其言又与前篇无异，盖图既佚，后人再钞《幼官》以充数也。"（《管子纂诂》）考刘向《管子书录》谓："凡中外书五百六十四篇，以校复重四百八十四篇，定著八十六篇。"（按应余八十篇，六字疑衍。）则刘向定著无复篇，此篇必在刘向之后。再考唐尹之章（旧题房玄龄）虽不注此篇，而于《幼官》第八："居某方方外"下，皆注以此某方本图或副图，其说全同此篇，则唐时已有矣。

第二章 《外言》八篇

《五辅》第十——战国政治思想家作

（1）篇中曰："今有土之君，皆处欲安，动欲威，战欲胜，守欲固，大者欲王天下，小者欲霸诸侯。"言"王""霸"之风盛于战国中叶，已详前文。且春秋之世，犹尊王室，不轻于言王。晋侯请隧，楚子问鼎，尚未直言欲王，即为一时舆论所非。及至战国，王室式微，学者知其不足以系天下，由是孟荀著论，已争言王矣。

（2）极力提倡"士民贵武勇而贱得利"，"庶人好耕农而恶饮食"，此战国商鞅一派富国强兵之语。盖列国并峙，兵强者霸，故欲士民之贵武勇；粮饟供给，赖力田之所生，故欲庶人之好耕农。两者相提并重，惟战国为然。至汉重农加甚，力非商贾，而定鼎之后，殊不愿人之武勇好战也。

（3）《左传》成书年代虽未能确定，然最早不过战国初年。（篇中引及子思，知在子思后。）今此篇有显袭《左传》者。《左传》隐三年："且夫贱妨贵，少陵长，远间亲，新间旧，小加大，淫破义，所谓六逆也。"此则曰："下不倍上，臣不杀君，贱不逾贵，少不陵长，远不间亲，新不间旧，小不加大，淫不破义：凡此八者，礼之经也。"用字全同，不过此篇加一不字以成反义，必有一为钞袭者。考此篇前曰："所谓八经者何？曰：上下有义，贵贱有分，长幼有等，富贵有度：凡此八者，礼之经也。"与此又异。盖好左氏之言，不忍割爱，据以窜入，致自驰舛。而其时代必在《左传》之后矣。

《宙合》第十一——战国末阴阳家作

（1）《汉志》："阴阳家者流，盖出于羲和之官，敬顺昊天，历象日月星辰，敬授民时，此其所长也。及拘者为之，则牵于禁忌，泥于小数，舍人事而任鬼。"此篇宗旨，一言以蔽之曰："以人事合宇宙。"故曰宙合。其言曰："春采生，秋采蓏，夏处阴，冬处阳，此言圣人之动静开阖诎信浧儒（章太炎《管子余义》释为长短）取与之必因于时也。时则动，不时则静，是以古之士有意而未可阳也；故愁其治，言含愁而藏之也。贤人之处乱世也，知道之不可行，则沉抑以辟罚，静默以俟免。辟之也，犹夏之就清，冬之就温焉，可以无及于寒暑之灾矣。"此以宇宙推之于持身涉世者也。又曰："夫天地一险一易，若鼓之有桴，擿挡则击。（戴望《校正》引洪说谓桴当为枹，擿挡则击，当作擿击则挡，挡与铛通。）天地万物之橐，宙合有橐天地。左操五音，右执五味，此言君臣之分也。……夫五音不同声而能调，此言君之所出令无妄也；而无所不顺，顺而令行政成。五味不同物而能和，此言臣之所任力无妄也；而无所不得，得而力务财多。……君失音则风律必流，流则乱败。臣离味则百姓不养，百姓不养，则众散亡。君臣各能其分，则国宁矣。故名之曰不德。（《校正》引丁云："古字多以丕为不，此不字当读为丕。丕、大也。"）怀绳与准钩，多备规轴，减溜大成，是唯时德之节。"此以宇宙推之于君国政治者也。又总括之曰："宙合之意，上通于天之上，下泉（王引之曰：'泉不可通，当为橐；橐，暨字也；暨，及也'）于地之下，外出于四海之外，合络天地以为一裹，散之至于无间，不可名而山，是（洪颐煊《管子义证》：谓山是当作由是，言宙合之意，散之至于无间，不可名，而民莫不由是，故下云，大之无外，小之无内）大之无外，小之无内。"纯以阴阳宇宙为说，非阴阳家言而何？

（2）《汉书·严安传》引《邹子》之言曰："政教文质，所以云救也，当时则用，过则舍之，有易则易也。故守一而不变者，未睹治之至也。"后之论邹子者，亦谓其"疾晚世之儒墨，守一隅而欲知万方"。（《盐铁论·论邹篇》）今此篇曰："天不一时，地不一利，人不一事，是以著业不得不多，人之名位不得不殊。方明者察于事，故不官于物，而旁通于道。道也者、通乎无上，详乎无穷，运乎诸生。是故辩于一言，察于一治，攻于一事者，可以曲说，而不可以广举。圣人由此知言之不可兼也，故博为之治而计其意；知事之不可兼也，故名为之说而况其功。岁有春秋冬夏，月有上下中旬，日有朝暮，夜有昏晨，半星（《校正》引王说中星也）辰序各有其司。"不惟与非訾"守一不变"之说相应，且其立脚点以天地四时为说，亦合阴阳家言，则虽非邹子之书，亦为邹子之学者所作也。

（3）猪饲彦博《管子补正》曰："此篇先著经托古，而后作传解之。然泛托古贤，不的言其人，故曰：'谕教者取辟焉。'又曰：'圣人著之简笈，传以告后世。'其非托敬仲也昭昭矣。盖此篇本自为一书，亦朱长春所谓'采入以侈其富'者也。"此言良是。

《枢言》第十二——战国末法家缘道家为之

（1）"王""霸"二字之带政治色彩者，产于战国中叶。此篇曰："王主积于民，霸主积于将战士。"又曰："先王用一阴二阳者霸，尽以阳者王。"

（2）篇中多道家之言，如曰："德盛义尊，而不好加名于人；人众兵强，而不以其国造难生患；天下有大事，而好以其国后；如此者、制人者也。德不盛，义不尊，而好加名于人；人不众，兵不强，而好以其国造难生患；恃与国，幸名利；如此者，人之所制也。人进亦进，人退亦退，人劳亦劳，人佚亦佚：进退劳佚，与人相胥；如此者、不能制人，人亦不能制也。……故先王贵当，贵周。周者不出于口，不见于色，一龙一蛇，一日五化之谓周。故先王不以一过二，先王不独举，不擅功。"又曰："欲知者知之（知同智），欲利者利之，欲勇者勇之，欲贵者贵之。……戒之戒之，微而异之，动作必思之，无令人识之，卒来者必备之。"又曰："德莫如先，应适莫如后。"又曰："能戒乎？能敕乎？能隐而伏乎？能而稷乎？能而麦乎？（《校正》引宋云：'能而音义并同，后人读此而字为能，遂改而为能，而仍存而字旧文。'）能春不生而夏无得乎？"又曰："故有事，事也；毋事，亦事也。吾畏事，不欲为事；吾畏言，不欲为言。"此纯乎《汉志》论道家，所谓："清虚以自守，卑弱以自持"之旨也。而又曰："人之心悍，故为之法；法出于礼，礼出于治；治礼，道也。"则又以道为体，以法为用者也。（法家源于道家者极多，故史公以老庄申韩合传，谓申子"本于黄老而主刑名"，韩子"喜刑名法术之学，而其归本于黄老"。）善乎朱长春之言曰："《枢言》必宿隐道术之士，以管子重言行也。略计主本，详于运术，又法家强附道耶？"（朱养和辑订本《管子》引。猪饲敬所《管子补正》曰："《枢言》亦是法家一书，于篇末自言如此，则固非假托管子者也，是亦集书者采入焉耳。朱长春以为宿隐道术之士之作，是也。但其曰：以管子重言者，犹未免眩于篇首一节也。"按篇首有"管子曰"数语，猪饲敬所谓："酷类《小称》，错简在此。"无论"托管子重言"否，要之二人皆谓道家法家言。非《管子》旧文。）

考道家思想，其源甚古。三代尚矣。《论语》楚狂、接舆、荷篠丈人，固亦道家之流也。但著之书册，蔚为一家一派之学，则为时较晚。《汉志》道家所列，最古者有《黄帝君臣》十篇，班氏自注："起六国时，与《老子》相似也。"《杂黄帝》五十八篇，班氏自注："六国时贤士所作。"《力牧》二十二篇，班氏自注："六国时所作，托之力牧。"《黄帝四经》四篇，《黄帝铭》六篇，朱文公谓："战国方术之士，笔之于书。"（详王应麟《汉志考证》）《伊尹》五十篇，王氏《考证》谓："战国权谋之士，著书而托之伊尹。"《太公》二百三十七篇（《谋》八十一篇，《言》七十一篇，《兵》八十五篇），班氏自注："或有近世，又以为为太公术者所增加也。"刘向谓："虽近世之文，然多善者。"（王氏《考证》言《文选》注引）《鬻子》二十二篇，胡氏《四部正讹》、姚氏《古今伪书考》、纪氏《四库书目提要》，皆谓后人伪作。《文子》九篇，班氏自注："似依托。"惟《辛甲》二十九篇，班氏自注："纣臣。"其书久佚，后人亦遂未论真伪。余以为诸道家书皆产生在战国，此不容独远在商末，想亦后世所依托。《左传》魏绛所述《虞人之箴》，又为箴铭，而非若诸子之自成一家言，谅不在二十九篇之内。《玉函山房辑佚书》采以入道家类，误矣。自余皆战国书。而老子、今人又多谓在墨子孟子之后，则道家成立，当在战国。（参阅本书《附录一》）此篇撷道家之旨而行之以法，抑更在道家之后也。

《八观》第十三——西汉文景后政治思想家作

（1）篇中曰："六畜有征，闭货之门也。"考《春秋》、《国语》，春秋时无六畜税。不惟春秋，即至战国赋敛繁重，然孟荀力主薄租税，曾未讥及六畜；韩非、吕不韦已至战国之末，其书亦不一及；则战国时尚未六畜有征。《汉书·昭帝纪》："元凤二年……其令郡国毋敛今年马口钱。"《注》文颖曰："往时马口出敛钱。"《西域传》："算至车船，租及六畜。"盖武昭之世，国家多故，财匮不足，而桑孔之徒，又善巧立名目，故车船六畜，无不有税，而班氏特表而出之，以志感喟。此篇论"六畜有征"之害，必在征税既行，弊端既见之后也。

（2）篇中又曰："上卖官爵，十年而亡。"按卖官鬻爵，亦似始于西汉。《仪礼·丧服传》注："爵谓天子、诸侯、卿、大夫、士也。"《周礼·大宰》注："爵谓公、侯、伯、子、男、卿、大夫、士也。"《礼记·中庸》注："爵谓公、卿、大夫、士也。"公、侯、伯、子、男之封，其权操之天子；卿、大夫、士，容操之各国之君。但太半其来甚早，其承袭甚久（多在周初已袭爵），固非由买卖而得。战国需材孔亟，各国于士卿之外，甄拔奇特之士以为之佐；但太半与官而不与爵，得爵者极少，未闻以金钱买者。至西汉因种种关系，爵多而贱，始得购买；但公、侯、伯、子、男、卿、大夫、士，诸重爵，亦未买卖。《史记·平准书》："孝文时……募民能输及转粟于边者拜爵，爵得至大庶长。孝景时，上郡以西旱，亦复修卖爵令，而贱其价以招民。……至今上（武帝）……议令民得买爵及赎禁锢，免减罪，请置赏官，命曰武功爵。"又："始令吏得入粟补官。"（亦在武帝时）则春秋战国无卖官爵之实。（卖官容或有之，卖爵则必无。）亦不能有此无的放矢之论也。

（3）篇中有与晁错《贵粟疏》相出入者。《贵粟疏》曰："民贫则奸邪生，贫生于不足，不足生于不农。"此则曰："民贫则奸智生，奸智生则邪巧作。故奸邪之所生，生于匮不足；匮不足之所生，生于侈；侈之所生，生于毋度。"《贵粟疏》曰："粟米布帛生于地，长于时，聚于力。"此则曰："谷非地不生，地非民不动，民非作力毋以致财，天下之所生，生于用力。"凡两书相出入，定其孰为钞同晚出，有一公式焉；古者简而晦，晚出钞同者繁而显。晁《疏》："民贫则奸邪生"，视之邻于武断。此衍为"民贫则奸智生，奸智生则邪巧作，故奸邪之所生，生于匮不足"。义仍如此，而明达晓畅，视之入情入理矣。晁《疏》："聚于力"，亦失简晦。此衍为"地非民不动，民非作力毋以致财,天下之所生,生于用力"。则明显多矣。故此篇当在文景之后也。

（4）以农为本,卑商曰末,盛于西汉,产生在战国之末。此篇有曰:"悦商贩而不务本货。"本货商贩对举,必指农业无疑。

（5）曰:"民有鬻子。"曰:"道有损瘠。"曰:"商贾之人不论志行而有爵禄。"曰:"禽兽行。"皆西汉流行语,而春秋战国所罕见者也。

《法禁》第十四《法法》第十六——并战国法家作

（1）二篇按名思义,可知为法家言。尤以《法法》一篇科令严明,一切绳之以法,持与《韩非子·定法》等篇较,未易轩轾,此后人所以跻管仲为法家之祖也。余则以为惟其为成熟之法家言,故知为战国书,而非春秋时之管仲书。法家完成,前已据《孟子》《荀子》《韩非子》等书,略论在战国中叶。兹再以《左》《国》《公》《榖》证之,益知春秋时不能产生此种学说。《公》《榖》言法者极鲜,见于《公羊传》者,惟文九年曰:"毛伯来求金……非礼也。……继文王之体,守文王之法度;文王之法无求,而求,故讥之也。"成二年曰:"欺三军者,其法奈何?曰法斨。"见于《榖梁传》者,惟庄二十九年曰:"延厩者,法厩也。"僖二十年曰:"南门者,法门也。"定十年曰:"使司马行法焉,首足异门而出。""法厩","法门",与法令之法,毫无关系,余皆礼法常法。（即自然法,欺三军者法斨,与司马行法,皆自然法。）盖春秋时所谓法皆如此。《周语》载晋随武子（会）:"讲聚三代之典礼,于是乎修'执秩'以为晋法。"《晋语》亦曰:"武子宣法以定晋国,至于今是用。"《左传》宣十六年亦载曰:"武子归而讲求典礼,以修晋国之法。"考"执秩"之法,亦见《左传》。《左传》僖二十七年,晋文公欲用其民。"子犯曰:'民未知礼,未生其共。'于是乎大蒐以示之礼，作'执秩'以正其官。"则其法，礼法也。《晋语》又曰："先王之法志，德义之府也。"《左传》成十二年又记楚子反谓晋郤至曰："如天之福，两君相见，无亦唯是一矢以相加遗，焉用乐？"郤至曰："共俭以行礼，而慈惠以布政，政以礼成，民是以息。……今吾子之言，乱之道也，不可以为法。"其法亦即礼法。《鲁语》："季康子欲以田赋，使冉有访诸仲尼，仲尼不对；私于冉有曰：'……若子季孙欲其法也，则有周公之籍矣；若欲犯法，则苟而赋，又何访焉？'"《左传》哀十一年亦载之，谓孔子曰："君子之行也，度于礼：施取其厚，事举其中，敛从其薄，如是则以丘亦足矣。若不度于礼，而贪冒无厌，则虽以田赋，将又不足。且子季孙若欲行而法，则周公之典在；若欲苟而行，又何访焉？"周公作礼者也，所谓周公之法，周公之典，当然不若法家之法，法家之典。且孔子之言，以礼为之说，则亦礼法也。《左传》文六年："宣子于是乎始为国政，制事典，正法罪，辟刑狱，董逋逃，由质要，治旧洿，本秩礼，续常职，出滞淹；既成，以授太傅阳子与太师贾佗，使行诸晋国，以为常法。"《周语》单子与周定王论陈国曰："陈国道路不可知，田在草间，功成而不收，民罢于逸乐，是弃先王之法制也。"则又以制度为法，亦礼制礼法也。《周语》："夫子而弃常法，以从其私欲。"《越语》："死生因天地之刑。"韦《注》："刑，法也。"又曰："天道皇皇，日月以为常，明者以为法，微者则是行。"《左传》昭二十六年："奖顺天法。"皆自然法也。又昭七年，楚无宇曰："周文王之法曰：'有亡荒阅'，所以得天下也。吾先君文王作'仆区'之法：'盗所隐器，与盗同罪。'所以封汝也。"亦皆极简单自然之法，与法家之法不同。《周语》曰："若启先王之遗训，省其典图刑法，而观其废兴者，皆可知也。其兴者必有夏吕之功焉，其废者必有共鲧之败焉。"则其刑法，乃所谓典刑，非法令也。《左传》《公》《穀》言法，尽于此矣；即有未尽，亦无关宏旨者也。

法家所谓法，据《韩非子·显学篇》："为治者用众而舍寡，故不务德而务法。""用众而舍寡"，与《礼记》"礼不下庶人"异。"不务德而务法"，与"先王之法制，德义之府也"异。法家之所谓法，据《韩非子·定法篇》曰："法者，宪令著于官府，刑罚必于民心，赏存乎慎法，而罚加乎奸令者也。"又《难三篇》曰："法者，编著之图籍，设之于官府，而布之于百姓者也。"此亦春秋时所不能产生。《左传》昭六年："郑人铸刑书，叔向使诒子产书曰：'昔先王议事以制，不为刑辟，惧民之有争心也。……民知有辟，则不忌于上，并有争心，以征于书，而徼幸以成之，弗可为矣。'"又昭二十九年："晋国一鼓铁以铸刑鼎，著范宣子所为《刑书》焉，仲尼曰：'晋其亡乎，失其度矣。夫晋国将守唐叔之所受法度，以经纬其民，卿大夫以序守之，民是以能尊其贵，贵是以能守其业，贵贱不愆，所谓度也。文公是以作执秩之官，为被庐之法，以为盟主。今弃是度也，而为刑鼎；民在鼎矣，何以尊贵？贵何业之守？贵贱无序，何以为国？'"盖春秋直至战国初年，政治家及政治思想家，主用礼，不主用法，且深藏固密，使民人不得与闻。直至《老子》书犹曰："国之利器，不可以示人。"《国语》虽曰："夫耳内（同纳）和声，而口出美言，以为宪令，而布诸民。"又曰："布宪施舍于百姓。"但皆就乐言，非就法言。《楚语》载屈到死，子木言其"承楚国之政，其法刑在民心，而藏在王府，上之可以比先王，下之可以训后世"。《左传》言遗法者甚多，乃法范或法制之议，非若法家所言之条法律令也。如《鲁语》："庄公如齐观社，曹刿曰：'……夫齐弃太公之法，而观民于社，君为是举而往观之，非故业也，何以训民？……君举必书，书而不法，后嗣何观？'"（《左传》庄二十三年亦载之）以观社为非法，则法乃法制；"后嗣何观"，则又有遗法以为后嗣模范之义。又："庄公丹桓宫之楹，而刻其桷，匠师庆言于公曰：'臣闻圣王公之先封者，遗后之人法，使无陷于恶。'"以丹楹刻桷为法，则法亦法制法范之义。又展禽论祀，臧文仲曰："季子

（展禽字）之言，不可不法也。"亦法制法范之义。《左传》文六年，秦伯卒，以子车氏之三子殉，君子曰："先王违世，犹诒之法。……古之王者，知命之不长，是以……予之法制。……今纵无法以遗后嗣，而又收其良以死，难以在上矣。"亦明著为法制之法。屈到既为政，盖遗政在民，而载之王府所藏之史，其亦法范法制之义，非法家"编著之图籍，设之于官府，而布之于百姓"之法也。

法家对于法之观念，据《韩非子·诡使篇》曰："法令行而私道废矣。私者，所以乱法也；而士有二心私学，岩居窘路，托伏深虑，大者非世，细者惑下，上不禁，又从而尊之以名，化之以实，是无功而显，无劳而富也。如此，则士之有二心私学者，焉得无深虑勉知，诈与诽谤法令，以求索与世相反者也。"此种以法为神圣不可侵犯之说，亦与春秋时代之重贤尚德不同。

法家对于法之观念，据《史记·商君传》："法之不行，自上犯之。"与荀子："由士以上，则必以礼乐节之；由士以下，则必以法制之"异。

法家对于法之观念，据《韩非子·用人篇》："释法术而心治，尧不能正一国。"慎子亦极力反对"君人者，舍法而以身治"。此亦与春秋时之说异。《鲁语》及《左传》庄十年载长勺之战，"庄公谓曹刿曰：'小大之狱，虽不能察，必以情。'对曰：'忠之属也，可以一战。'"断狱以情，不以法，实即法家最忌之心治。又《左传》宣十五年："君能制命为令，臣能承命为信。"则直以君言为法令，更法家所最忌。

再检《管子》此二篇。《法禁篇》："法制不议，则民不相私。"又曰："君之置其仪也不一，则下之倍法而立私理者必多矣。是以人用其私，废上之制，而道其所闻。故下与官列法，而上与君分威，国家之危，必自此始矣。昔者圣王之治其民也，不然。废上之法制者，必负以耻。……昔者圣王之治人也，不贵其人博学也，欲其人之和同以听令也。……拂世以为行，非上以为名，常反上之法制，以成群于国者，圣王之禁也。"《法法篇》："明君在上位，民毋敢立私议自贵者，国毋怪严、毋杂俗，毋异礼；士毋私议，倨傲易令，错仪画制，作议者，尽诛。……彼下有立其私议，自贵分争而退者，则令自此不行矣。故曰，私议立则主道卑矣。况主倨傲易令，错仪画制，变易风俗，诡服殊说犹立，上不行君令，下不合于乡里。……不牧之民，绳之外也；绳之外诛。"此与《韩非子·诡使篇》之意同也。《法禁篇》曰："法制不议，则民不相私；刑罚毋赦，则民不偷于为善；爵禄毋假，则下不乱其上。三者藏于官则为法，施于国则成俗。"《法法篇》曰："禁胜于身，则令行于民矣。"又曰："不为君欲变其令，令尊于君。……不为爱民亏其法，法爱于民。"此与韩非子"用众"及商君"法行自上"之主张同，与慎子韩非子力斥"释法而以身治"之说，亦无不同也。《法法篇》力言毋赦，谓"赦出则民不敬，惠行则过日益，惠赦加于民，而囹圄虽实，杀戮虽繁，奸不胜矣。"谓："凡赦者，小利而大害者也，故久而不胜其祸。毋赦者，小害而大利者也，故久而不胜其福。故赦者，奔马之委辔；毋赦者，痤雎之矿石也。"谓："惠者，多赦者也，先易而后难，久而不胜其祸。法者先难而后易，久而不胜其福。故惠者，民之仇雠也；法者，民之父母也。"《法禁篇》亦主"刑杀毋赦"，此与"务法不务德"之说同也。其思想无处不与战国法家同，与春秋之说异。管子远在春秋初叶，安得有此违反时代预同数百年后之说？《齐语》记鲍叔牙称管仲曰："制礼义可法于四方，（臣）弗若也。"则管子思想，固与春秋时代同，而此必战国法家之作无疑矣。

（2）《法法篇》两曰："故《春秋》之记，臣有弑其君，子有弑其父者矣。"孔子以前之史，固亦多称《春秋》者，而连以"臣弑其君，子弑其父"，则战国称孔子《春秋》之词。如孟子曰："臣弑其君者有之，子弑其父者有之，孔子惧，作《春秋》。"（《滕文公下》）亦可为成于战国之副证也。

《重令》第十五——秦末汉初政治思想家作

此篇亦带极浓厚之法家色彩。如曰："令出虽自上，而论可与不可者在下。夫倍上令以为威，则行恣于己以为私，百吏奚不喜之有？且夫令出虽自上，而论可与不可者在下，是威下系于民也。威下系于民，而求上之毋危，不可得也。"可知必在法家完成之后。再考篇中曰："菽粟不足，末生不禁，民必有饥饿之色。"又曰："畜长，树艺，务时，殖谷，力农，垦草，禁止末事者，民之经产也。"本农末商，盛于汉初，发生远不过战国之末，则此篇之作，亦在秦汉之间矣。

《兵法》第十七——秦汉兵家作

此篇为兵家言，非春秋时书，无问题。其问题在作者年代。篇中发端即曰："明一者皇，察道者帝，通德者王，谋得兵胜者霸。"王霸之分，起于战国中世；益之以帝，起战国末世；此又益以皇，其时已在秦汉矣。（详本书《附录三》）

第三章 《内言》九篇

《大匡》第十八——战国人作

（1）此篇记事有明袭《左传》者。凡两书同记一事，欲考其先后，有一要诀：前者每失之晦，后者惩其失而修正之，必较前者显明。今将此篇与《左传》同记一事而文字小异者列下，其为袭《左传》，而非《左传》本事，可一望而知。

《左传》

僖公之母弟曰夷仲年，生公孙无知，有宠于僖公，衣服礼秩如適。襄公绌之。（庄八年）

《大匡》

僖公之母弟夷仲年，生公孙无知，有宠于僖公，衣服礼秩如適。僖公卒，以诸儿长，得为君，是为襄公。襄公立后，绌无知。

"僖公之母弟曰夷仲年"，此篇无"曰"字，皆可以明，无甚关系。"襄公绌之"一语，则《左传》实伤简，而有突如其来莫明所以之病。此篇易为"僖公卒，以诸儿长，得为君，是为襄公。襄公立后，绌无知"。则显明多矣。

《左传》

春，公会齐侯于泺，遂及文姜如齐。齐侯通焉，公谪之；以告。夏四月丙子，享公，使公子彭生乘公，公薨于车。（桓十八年）

《大匡》

……公不听，遂以文姜会齐侯于泺，文姜通于齐侯。桓公闻，责文姜。文姜告齐侯。齐侯怒，飨公，使公子彭生乘鲁侯，胁之。公薨于车。

"齐侯通焉"，通谁？"公谪之"，谪谁？"以告"，谁以告？告于谁？"享公"，谁享公？"公子彭生乘公"，用何法？《左传》皆似简晦；必连上下文读之，其意始明。《大匡》于"齐侯通焉"，易为"文姜通于齐侯"；于"公谪之"，易为"桓公闻，责文姜"；于"以告"，易为"文姜告齐侯"；于"享公"，易为"齐侯怒，飨公"；于"使公子彭生乘公"，易为"使公子彭生乘鲁侯，胁之"。实较《左传》明显。

不惟此也，其叙连称管至父戍葵丘，叙襄公田于贝丘，皆全同《左传》。（戍葵丘，田贝丘，并见《左传》庄八年。）《左传》此两段与他处文笔相同，不似割裂他书以置之；而管子之文，极不一律，亦足征其钞袭《左传》，非《左传》钞袭此书。

不惟此也，尚有一极显著之证迹。此篇前数页皆叙月不叙年，已知其为杂采断烂遗事；而数页之后，忽标"九年"二字，某人九年，前后无见。其下所载之事，为"公孙无知虐于雍廪，雍廪杀无知也"。考《左传》庄公九年，亦载雍廪杀无知，则九年为鲁庄之年。无论记齐事应用齐年；即用鲁年，亦应书明某国某公。今此二字所以无所附丽而成不完全之词句者，缘《左传》于某公开始，特别标出，以下即只书若干年，而不再书某公，此钞录其文，未加检点耳。

（2）篇中曰："晏子识不仕与耕者之有善者。"又曰："凡仕者近宫，不仕与耕者近门。"考孔子以前，无士农工商之士。（详冯芝生先生《孔子在中国史中之地位》及本书《附录一》）国家政权，操于少数贵族之手，无所谓仕不仕。仕不仕乃对后世士之入仕与否而言，所谓："仕而优则学，学而优则仕"也。（《论语·子张》第十九子夏语）士入仕为仕，无士自然无仕。古无仕不仕之说，故仕宦连文，不见古书。《殷墟书契类编》、《金文编》及《诗》《书》六艺皆无仕字。惟《大雅·文王有声》曰："武王岂不仕。"但《晏子春秋·谏上》引作"武王岂不事"。则今本作仕者，乃后世讹文。至《论语》，仕字乃屡见，除所引"仕而优则学，学而优则仕"外，《阳货》第十七亦曰："吾将仕矣。"今此篇屡曰仕者，不仕者，是其成书必在《论语》后矣。且篇中又曰："士处靖，敬老与贵，交不失礼，行此三者为上举，得二为次，得一为下。耕者农，农用力，应于父兄，事贤多，行此三者为上举，得二为次，得一为下。令高子进工贾，应于父兄，事长养老，承事敬，行此三者为上举，得二为次，得一为下。"又曰："士出入无常，不敬老而营富，行此三者，有罪无赦。耕者出入不应于父兄，用力不农，不事贤，行此三者，有罪无赦。……工贾出入不应父兄，承事不敬，而违老治危，行此三者，有罪无赦。"已有士农工贾之士，益征其作于战国之时，孔子之后也。且晏子与孔子同时，此篇追记晏子，非在孔晏之后，安能有此？

《中匡》第十九——疑亦战国人作

此篇文甚短小，从文字之内容与形式，寻不出时代色彩。但战国前无私家著作，《管子》全书，产生甚晚（详本书《附录一》），此篇亦不能独外，故亦暂认为战国作品。总之，大中小三《匡》杂记桓公管仲事迹，小半可征信于《左传》《国语》，大半书阙有间，稽考无由。《大匡》知必在《左传》之后，《小匡》更在汉初，《中匡》一篇，时代难定，而以彼例此，亦有战国秦汉嫌疑。谓其为桓公管仲施政之真，则《大匡》所记，已先举一说，后列或曰，大相径庭，不能皆是。谓为捏造，则必不举或曰，故使人疑。盖以《左》《国》及齐《春秋》（《墨子》载齐之《春秋》，但至战国中世以后，有无流传，尚有问题）等书为底本，而以社会流传疑信之说附益以成也。

《小匡》第二十——汉初人作

（1）篇中与《国语·齐语》同者甚多，二书比较，知其在《齐语》后。

《齐语》

桓公曰："夫管夷吾射寡人中钩，是以滨于死。"鲍叔对曰："夫为其君动也，君若宥而反之，夫犹是也。"桓公曰："若何？"

《小匡》

公曰："管夷吾亲射寡人中钩，殆于死，今乃用之，可乎？"鲍叔曰："彼为其君动也，君若宥而反之，其为君亦犹是也。"公曰："然则为之奈何？"

《齐语》于"是以滨于死"下，即不再为桓公言，甚为简古。《小匡》续以"今乃用之，可乎？"则明浅多矣。《齐语》："夫犹是也"之"夫"字，《小匡》改为"亦"，并益以"其为君"三字；《齐语》"若何"，《小匡》改为"然则为之奈何"，皆视《齐语》明显而浅近。

《齐语》

昔吾先王昭王穆王……蒪本肇末。

《小匡》

昔吾先王周昭王穆王……原本穷末。

《齐语》无"周"字，实失含混。"蒪本肇末"亦较"原本穷末"为古。（《齐语》曰："班序颠毛"，《小匡》作"粪除其颠旄"。"粪除"二字，在此费解。安井衡《纂诂》谓："当依《齐语》作班序，声之误也。"误字讹文，不得据以定今古。）

《齐语》

四民者，勿使杂处；杂处则其言哤，其事易。

《小匡》

士农工商四民者，国之石民也，不可使杂处，杂处则其言哤，其事乱。

《小匡》于"四民"之上,冠以"士农工商"四字,以指明"四民"之谓何,亦见其力求明显,足为晚出之证。至改"易"字为"乱"字,更为显著。《晋语》:"是哀乐喜怒之节易也。"又:"好恶不易。"韦《注》并云:"反也。"《易·系辞》:"易以贡。"《释文》:"易,谓变易。"《释名·释典艺》:"易,易也,言变易也。"《晋语》:"子韦易之。"韦《注》:"易,变也。"则易有变反不常之义。《齐语》:"其言尨,其事易。"谓其言尨杂,其事变易不常,不能专心一志,以竟其功。《小匡》以"易"字难解而有歧义,故改为"乱"字,古奥浅近之别,一望而悉矣。

《齐语》

击菒、除田……尽其四支之敏。

《小匡》

击槁除田……尽其四支之力。

《齐语》作"菒",《小匡》作"槁"。(安井衡《纂诂》:"槁疑当为稿,谓末根在田者以枷击坏之。")"菒"不经见,除《国语》外,于古书无征。(《唐韵》及《类编》即收入矣)但其字从草,杲声,于字例甚合。《小匡》晚出,见其奇怪,故易为"槁"。至"敏"改为"力",更显趋浅近。尤须注意者,《小匡》于叙农之后,较《齐语》多:"故以耕则多粟,以仕则多贤,是以圣王敬畏戚农。""仕"字,《论语》前未见,前已略为之说,独于农,谓"圣王敬畏戚农",工商则否,此后世重农卑工商之思想。管子以泻卤之齐,兴鱼盐之利,以富国为天下盟主,自当独重商贾;否则亦必农商等视,决不重农贱工商也。《国语》所记,正无此数句,足征《小匡》之作,在重农之后也。

《齐语》

相语以利，相示以赖。

《小匡》

相语以利，相示以时。

"赖"字不若"时"字之浅易。

《齐语》

于子之乡，有居处好学，慈孝于父母，聪惠质仁，发闻于乡里者，有则以告；有而不以告，谓之蔽明。……于子之乡，有拳勇股肱之力，秀出于众者，有则以告；有而不以告，谓之蔽贤。

《小匡》

于子之乡，有居处为义好学，聪明质仁，慈孝于父母，长弟闻于乡里者，有则以告；有而不以告，谓之蔽贤。……于子之乡，有拳勇股肱之力，筋骨秀出于众者，有则以告；有而不以告，谓之蔽才。

《小匡》移"聪明（《齐语》作惠）质仁"于"慈孝于父母"之前；于"闻于乡里"之上，增"长弟"二字。意谓有"聪明质仁"之质，又有"慈孝于父母，长弟于乡里"之实，较《齐语》圆满而显豁。《小匡》又加"筋骨"二字，以实"拳勇股肱"。《齐语》谓前者为"明"，后者为"贤"，亦不若《小匡》谓前者为"贤"，后者为"才"之惬心贵当也。

《齐语》

訾相其质。

《小匡》

省相其质。

"訾"字不及"省"字易解。

《齐语》

无夺民时，则百姓富。

《小匡》

无夺农时，则百姓富。

"民时"改为"农时"，亦征为重农后之作。

《齐语》

地南至于𬇛阴，西至于济，北至于河，东至于纪鄣。

《小匡》

地南至于岱阴，西至于济，北至于海，东至于纪随。

𬇛阴，韦《注》："地名，齐南界也。"此亦想当然耳，韦氏亦无他证；但既曰："南至于𬇛阴"，则谓为齐南界地名，自无大误。《小匡》以𬇛阴无征，遂改为岱阴。鄣，韦《注》："纪季之邑，已入于齐也。"但其地亦不如随之有名，故《小匡》作者亦遂改为随耳。

（2）据（1）证在《国语》后固矣，而谓在汉初者何也？《齐语》："故士之子恒为士"，"故工之子恒为工"，"故商之子恒为商"，"故农之子恒为农"。四"恒"字，《小匡》皆改为"常"，此汉人避文帝讳也。

（3）篇中曰："南至吴、越、巴、牂柯、䢼、不庾、雕题、黑齿、荆夷之国。"考《史记·西南夷列传》："始楚威王时，使将军庄蹻将兵循江上，略巴蜀黔中以西。庄蹻者，故楚庄王苗裔也。蹻至滇池，地方三百里，旁平地肥饶数千里，以兵威定属楚。欲归报，会秦击夺楚巴黔中郡，道塞不通，因还，以其众王滇，变服，从其俗以长之。秦时，常頞略通五尺道，诸此国颇置吏焉。十余岁，秦灭。及汉兴，皆弃此国，而开蜀故徼，巴蜀民或窃出商贾，取其筰马僰僮髦牛，以此巴蜀殷富。建元六年，大行王恢击东越，东越杀王郢以报。恢因兵威，使番阳令唐蒙风指晓南越。南越食蒙蜀枸酱，蒙问所从来，曰：'道西北牂牁，牂牁江广数里，出番禺城下。'蒙归至长安，问蜀贾人，贾人曰：'独蜀出枸酱，多持窃出市夜郎。夜郎者，临牂牁江。江广百余步，足以行船。南越以财物役属夜郎，西至同师，然亦不能臣使也。'蒙乃上书说上曰云云（书词略），上许之。乃拜蒙为郎中将，将千人，食重万余人，从巴蜀筰关入，遂见夜郎侯多同。蒙厚赐，喻以威德，约为置吏，使其子为令。夜郎旁小邑皆贪汉缯帛，以为汉道险，终不能有也，乃且听蒙约。还报，乃以为犍为郡，发巴蜀卒治道，自僰道指牂牁江。"（《汉书·西南夷传》略同）张守节《正义》引崔浩云："牂牁，系船杙也。常氏《华阳国志》云：'楚顷襄时，遣庄蹻伐夜郎，军至且兰，椓船于岸而步战，既灭夜郎，以且兰有椓船柯处，乃改其名曰牂牁。'"今按《华阳国志》，晋常璩撰，时代甚晚，未足为据。若庄蹻已灭夜郎，据《史记》，蹻变服为滇王，谓："秦灭诸侯，唯楚苗裔尚有滇王；汉诛西南夷，国多灭矣，唯滇复为宠王。"是庄氏未尝绝祀，则夜郎亦未能复兴，唐蒙又安得见夜郎侯？常氏书盖演庄蹻灭滇而误。然则牂牁之通中国，实始于汉，而此篇之作，更在其通中国后矣。（牂牁，牂舸，音同字通。）

《王言》第二十一——亡疑战国中世以后人作

此篇虽亡，而即题思义，当言王道之作，其时代必在孟子分析王霸之后也。

《霸形》第二十二《霸言》第二十三——并战国中世后政治思想家作

（1）二篇睹名思义，知为以政言霸。检篇中语，亦实在如此。《霸形篇》："管子对曰：'君有霸王之心，而夷吾非霸王之臣也。'"又曰："管子对曰：'君若将欲霸王举大事乎？则必从其本事矣。'桓公变躬迁席拱手而问曰：'敢问何谓其本？'管子对曰：'齐国百姓，公之本也。人甚忧饥而税敛重，人甚惧死而刑政险，人甚伤劳而上举事不时。公轻其税敛，则人不忧饥；缓其刑政，则人不惧死；举事以时，则人不伤劳。……近者示之以忠信，远者示之以礼义。'""示之以忠信礼义"，孟子所谓"以力假仁者霸"也，纯为抽取霸者行事而著为一种政治学者之言也。《霸言篇》曰："霸王之形，象天则地，化人易代，创制天下，等列诸侯，宾属四海，时匡天下，大国小之，曲国正之，强国弱之，重国轻之，乱国并之，暴王残之；僇其罪，卑其列，维其民，然后王之。夫丰国之谓霸，兼正之国之谓王。夫王者有所独明，德共者不取也，道同者不王也。夫争天下者以威易危，暴王之常也。君人者有道，霸王者有时；国修而邻国无道，霸王之资也。"又曰："夫善用国者，因其大国之重，以其势小之；因强国之权，以其势弱之；因重国之形，以其势轻之。强国众，合强以攻弱，以图霸；强国少，合小以攻大，以图王。强国众而言王势者，愚人之智也；强国少而施霸道者，败事之谋也。夫神圣视天下之形，知动静之时，视先后之称，知祸福之门。强国众，先举者危，后举者利；强国少，先举者王，后举者亡。战国众，后举可以霸；战国少，先举可以王。"若此者甚多，不必备列。以政治言王霸，知在战国中世之后矣。

（2）《霸形篇》曰："削方墨笔。"考"笔"字产生甚晚。《说文·聿部》："聿，所以书也，楚谓之聿，吴谓之不律，燕谓之弗。"又："秦谓之笔，从聿从竹。"钮玉树《说文解字校录》曰："聿笔实一字，蒙恬始束毫为笔，故秦谓之笔耳。"王筠《说文系传校录》曰："聿便是笔，笔仍是聿。说解云：秦谓之笔，以其音而言，非以字形言也。"依钮说：则笔聿虽实一字，而自蒙恬束毫之后始谓之笔。依王说：则笔即聿，聿即笔。今检古经聿字甚多，如《诗·文王》："聿修厥福"，《蟋蟀》："岁聿云莫"，《绵》："聿来胥宇。"《左传》昭二十六年："聿怀多福。"《金文编》收四文，《壶文》作𦘒，《女帚卣》作𦘒，又作𦘒，《甚諆鼎》作𦘒。《殷墟书契前编》卷七收𦘒，《后编》下收𦘒，亦皆聿之别体，而绝无笔字。（"孔子作《春秋》，笔则笔，削则削"，语出《尚书序》，汉人之说解也。）声音之道，因地而转，亦因时而转。古曰聿，后世曰笔，盖以声音变转而异，钮氏"束毫为笔"之说，未必然也。《赵策》："臣少为刀笔（一作笔）吏。"《齐策》："建曰：'请书之。'君王后曰：'善，取笔牍。'"则聿转为笔，盖在战国。而此文之作，亦远不过战国也。

《问》第二十四——战国政治思想家作

（1）发端即曰："凡立朝廷，问有本纪：爵授有德，则大臣兴义；禄予有功，则士轻死节；上帅士以人之所戴，则上下和；授事以能，则人上功；审刑当罪，则人不易讼；无乱社稷宗庙，则人有所宗；

毋遗老忘亲，则大臣不怨；举知人急，则众不乱行。此道也，国有常经，人知终始，此霸王之术也。"以霸王之业，作政治学之研究，知在战国中世以下。

（2）仕字，《论语》前不见，前已考论。此篇曰："馀子仕而有田邑。"亦产生于战国之一证。

《谋失》第二十五——亡无考

《戒》第二十六——战国末调和儒道者作

（1）篇中多道家言，如："管仲复于桓公曰：'无翼而飞者声也，无根而固者情也，无方而富者生也。公亦固情谨声，以严尊生，此谓道之荣。……滋味动静，生之养也；好恶喜怒哀乐，生之变也；聪明当物，生之德也。是故圣人齐滋味而时动静，御正六气之变，禁止声色之淫，邪行亡乎体，违言不存口，静然定生，圣也。……所以谓德者，不动而疾，不相告而知，不为而成，不召而至，是德也。'"皆道家言也。如："孝弟者，仁之祖也；忠信者，交之庆也。内不考孝弟，外不正忠信，泽其四经，而诵学者，是亡其身者也。"则又儒家言也。兼取儒道以为用，必在二家有相当成立之后。儒家虽自孔子已成立；而道家成立，则直待战国中世之老庄。（老子在孔子后，详本书《附录一》。）则此篇之作，必在战国中世以降。且名书曰经，于古未见，章实斋《经解上》曰："《易》曰：'云雷屯，君子以经纶。'经纶之言，纲纪世宙之谓也。郑氏《注》谓：'论撰《书》《礼》《乐》，施政事。'经之命名，所由昉乎？然犹经纬经纪云尔，未尝明指《诗》《书》六艺为经也。……至于官师既分，处士横议，诸子纷纷著书立说……儒家者流，乃尊六艺而奉以为经。……《荀子》曰：'夫学始于诵经,终于习礼。'《庄子》曰:'孔子谓老聃曰:丘治《诗》、《书》、《礼》、《乐》、《易》、《春秋》六经,自以为久矣。'又曰:'繙十二经以见老子。'"今按:庄子言六经云云见《天运篇》,十二经云云见《天地篇》,皆非庄子作,其时代颇有问题,故须以《荀子》为据。《荀子》以经与礼对言,则礼尚不称经,但经究为书名。此曰四经,尹《注》:"谓《诗》、《书》、《礼》、《乐》。"意度之词,未必尽是,但四经究指四种书。以书名经,始见《荀子》,前古无征,亦时在战国之一证也。

(2)"仁内义外"之说,倡自告子,古无有也。故告子之与孟子驳辩,据为己说,不引古证;孟子呵斥,亦只针对告子。今此篇曰:"仁从中出,义从外作。"知在告子之后。

(3)篇中曰:"以善胜人者,未有能服人者也;以善养人者,未有不服人者也。"亦似汲取《孟子》"以善服人者,未有能服人者也;以善养人,然后能服天下"(《离娄》下)之言也。(以善服人之服字,确不如以善胜人之胜字著明,益足证为汲取《孟子》而加以润色修正无疑。)

第四章 《短语》十八篇

《地图》第二十七——最早作于战国中世

此篇媕俗靡弱，不似先秦文字，而幅短字少，不得确凿实据之时代色彩；故究为何时人作，颇难臆定。惟置"相"始于战国中世，前此未闻。（说见前）篇中谓："主明，相知，将能之谓参具。"又谓："论功劳，行赏罚，不敢蔽贤，有私行，用货财，供给军之求索，使百吏肃敬，不敢解怠行邪，以待君之令，相室之任也。"则其时代，决不能超过战国中世而上也。

《参患》第二十八——汉文景以后人作

（1）篇中有与《汉书·晁错传》晁错《言兵事书》相袭者，今比较于下，知为钞晁书而略加变换。

《言兵事书》

兵不完利，与空手同；甲不坚密，与袒裼同；弩不可以及远，与短兵同；射不能中，与亡矢同；中不能入，与亡镞同；此将不省兵之祸也，五不当一。故兵法曰："器械不利，以其卒予敌也；卒不可用，以其将予敌也；将不知兵，以其主予敌也；君不择将，以其国予敌也；四者：兵之至要也。"

《参患》

得众而不得其心，则与独行者同实；兵不完利，与无操者同实；甲不坚密，与侲者同实；弩不可以及远，与短兵同实；射而不能中，与无矢者同实；中而不能入，与无镞者同实；将徒人，与侲者同实；短兵待远矢，与坐而待死者同实。故凡兵有大论，必先论其器，论其士，论其将，论其主。故曰：器滥恶不利者，以其士予人也；士不可用者，以其将予人也；将不知兵者，以其主予人也；主不积务于兵者，以其国予人也。

"同"增为"同实"，"器械不利"增为"器滥恶不利"。又前后皆增多数句，古者简而晦，近则繁而显，故知袭晁书，非晁书袭此。且晁书此段之前，言如何如何"二不当一"，如何如何"十不当一"，如何如何"百不当一"，如何如何"三不当一"，如何如何"二不当一"，如何如何"三不当一"，如何如何"百不当十"；与此如何如何"五不当一"，排比而下，确相联贯。此篇此段之前，为"故计必先定，而兵出于竟；计未定而兵出于竟，是战之自败，攻之自毁者也"。前后两橛，有割裂箝置之痕；"计必先定"数语，亦见本书《七法》选陈一节，可知此为百衲袭裘也。

（2）战国除儒道两家外，言用兵之害者甚鲜。至一面论兵，似兵家言；而一面又极力论用兵之靡财费时，乃西京之风，战国所无。此篇鸟瞰全文，确为兵家之书。而曰："一期之师，十年之蓄积殚；一战之费，累代之功尽。"亦西汉文景以后人作之一证也。（"一战之费，累代之功尽。"似指文景之蓄积,耗于武帝,以无他证,未敢遽以为然也。)

《制分》第二十九——疑战国兵家作

此篇文字上无时代色彩之证佐,然审全篇为兵家言。(通篇皆言征伐致胜之道,不容举例,举例则须将全篇钞下。)兵家成立于战国,说已见前。《汉志·兵书略》无战国以前书;即有之,皆赝作,故此篇当亦为战国人所著者。

《君臣上》第三十《君臣下》第三十一——并战国末政治思想家作

(1)考"主"字古泛指有治民之责者,非君王之专称。《书·多方》:"天惟求民主,乃大降显休命于成汤。"《左传》襄十八年、齐太子与郭荣谏齐王曰:"且社稷之主,不可以轻,轻则失众,君必待之。"斯固指君主;但亦用以称世卿大夫。宣二年:"宣子(赵)骤谏,公(晋灵公)患之,使鉏麑贼之。晨往,寝门辟矣,盛服将朝,尚早,坐而假寐。麑退而叹曰:'不忘恭敬,民之主也。'"昭元年鍼曰:"赵孟将死矣,主民玩岁而愒日,其与几何?"十六年:"郑六卿饯宣子(韩)于郊,宣子曰:'……二三君子,数世之主也。'"故"主"字非君王之专称,不能为君王之代名字。逮战国中世以降,诸子著书,曰主,曰人主,率为君王之专称,不得用于他人矣。《荀子·儒效篇》:"成王冠成人,周公归周反籍焉,明不灭主之义也。"又:"人主用之,则势在本朝而宜。"《富国篇》:"知夫为人主上者,不美不饰之不足以一民也。"《韩非子·有度篇》:"忘主外交,以进其与。"又:"不壹至主之廷。"又:"然则主有人主之名,而实托于群臣之家也。"《二柄篇》:"明主之所导制其臣者。"如此者甚众,不胜枚举。然则以主为君王之专称,实始于战国中世以后。今《君臣上》曰:"能上尽言于主。"又曰:"则百姓上归亲于主。"又曰:"而臣主之道毕矣。"又曰:"主画之,相守之。"又曰:"则人主失威。"又曰:"主道得,贤材遂,百姓治,治乱在主而已。"又曰:"主身者,正德之本也。"又曰:"大臣假于女之能以规主情。"又曰:"人主之位也。"又曰:"贤人之臣其主也。"《君臣下》亦曰:"狡妇袭主之请(请通情)。"又曰:"臣主之参。"又曰:"上唊其主。"则其作书年代,最早在战国中世以下矣。

(2)置相在六国之世,说已见前。《君臣上》曰:"君明相信。"又曰:"道德出于君,制令传于相。"又曰:"主画之,相守之;相画之,官守之。"又曰:"岁一言者君也,时省者相也。"《君臣下》曰:"有道之君者执本,相执要。"又曰:"故其立相也,陈功而加之以德,论劳而昭之以法。"又曰:"朝有疑(同拨)相之臣",又曰:"相必直立以听。"知其时代在六国时也。

(3)古者学术在官,平民颇少求学机会,乃势也,非故意愚民也。考《左传》僖公二十七年,晋文公始入而教其民,二年欲用之,子犯告以"民未知义","民未知信","民未知礼"。于是示之义,示之信,示之礼,必待"民听之不惑而后用之"。及孔孟论政,更欲民明,而不愿民愚。《论语·子路篇》:"子适卫,冉有仆。子曰:'庶矣。'冉有曰:'既庶矣,又何加焉?'曰:'富之。'曰:'既富矣,又何加焉?'曰:'教之。'"《阳货篇》其高第弟子子游亦曰:"君子学道则爱人,小人学道则易使也。"孟子一再倡言"谨庠序之教"(《梁惠王上》两见:一告梁惠王,一告齐宣王),谓:"人之有道也,饱食煖衣,逸居而无教,则近于禽兽。"(《滕文公》上)知孔孟而上,皆求民明。《论语·泰伯篇》:"子曰:'民可使由之,不可使知之。'"此欲民之知,而伤其不能,非愚民政策也。何晏《集解》谓："由，用也，可使用而不可使知者，百姓能日用而不知。"邢昺《疏》亦引《正义》曰："此章言圣人之道深远，人不易知也。"后人据此谓孔子倡愚民之策，误矣。愚民之策，倡于儒家后之道家。《庄子·山木篇》："南越有邑焉，名为建德之国，其民愚而朴。"《老子》曰："绝圣弃智，民利百倍。"又曰："古之善为道者，非以明民，将以愚之。民之难治，以其智多。"（世每以为老子在孔子前，其实不然。说详梁任公先生《评胡适之中国哲学史大纲》及本书《附录一》。）今《君臣下》曰："明君在上，忠臣佐之，则齐民以政刑，牵于衣食之利，故愿而易使，愚而易塞。"知其在道家之后也。

（4）《君臣下》曰："齐民食于力则作本，作本者众，农以听命。"以农为本，亦作于战国末年之证。

《小称》第三十二——战国儒家作

此篇重"畏民"，重"有过则反之于身，有善则归之于民"。重"恭逊敬爱之道"。谓："泽之身则荣，去之身则辱。"颇似儒家荀子一派之言。且篇中言及毛嫱西施，西施为吴王夫差宠姬，则其时代必在春秋之后，战国之时焉。

《四称》第三十三——疑亦战国人作

此篇时代，颇难臆定。但自春秋以前，除诗歌谣谚之外，韵文极少。此为四言韵语，似乎不在春秋之世。而以"伏"韵"殖"，以"夜"韵"处"，以"服"韵"疑"，以"常"韵"从"，其音甚古，与汉代不同，故疑亦战国人作。

《正言》第三十四——亡无考

《侈靡》第三十五——战国末阴阳家作

（1）本农末商，肇自战国之末，而此篇曰："地重人载（同栽），毁敝而养不足，事末作而民兴之。"又曰："市也者，劝也；劝者，所以起本，善而末事起，不侈，本事不得立。"（安井衡《纂诂》："言农夫富则百货售，而末事由此以兴发；末业不侈，则菽粟不贵；菽粟不贵，则农怠其业而本事不得立也。"）

（2）王霸之分，约在孟子之时，而此篇曰："王者上事，霸者生功。"

（3）阴阳五行，成于邹衍，前此未闻，有之亦极幼稚，不成专学。（参阅前辩《宙合篇》）而此篇曰："阳者进谋，幾者应感，再杀则齐，然后运可请也。"（《校正》引丁说请当为谋）又曰："运谋者，天地之虚满也，合离也，春秋冬夏之胜也；然有知强弱之所尤，然后应诸侯取交，故知安危。"又曰："其满为感，其虚为亡。满虚之合，有时而为实，时而为动。地阳时贷（《校正》引丁说，当作阴阳时贷，贷与代通），其冬厚则夏热，其阳厚则阴寒。是故王者谨于日至，故知虚满之所在，以为政令。"又曰："夫阴阳进退满虚亡时，其散合可以视岁。唯圣人不为岁，能知满虚，夺余满，补不足，以通政事，以赡民常。地之变气，应其所出；水之变气，应之以精，受之以豫；天之变气，应之以正。且夫天地清气有五，不必为沮，其亟而反，其重陔动毁之进退，即此数之难得者也。此形之时变也。沮平气之阳，若如辞静。余气之潜然而动，爱气之潜然而哀，胡得而治动？"有此浓厚之阴阳家色彩，必在战国末年矣。

《心术上》第三十六《心术下》第三十七《白心》第三十八——并战国中世以后道家作

（1）三篇为道家言，人艳称之，无庸质证。道家清静无为，纯任自然之旨，成于老庄。（据《庄子·天下篇》，彭蒙田骈慎到已近似道家，然完成则在老庄。老子之人与书，虽不在孔子前；然确在庄子前。）前此据三《传》《国语》，确无此种思想。《汉志》道家者流，有《伊尹》、《太公》、《辛甲》、《鬻子》、诸书，皆伪托，说见本书《附录一》。后世以来，黄老并称，亦以道家者流，喜托黄帝以自重，其书亦皆后人依伪。若此三篇，非战国中世道家成立以后之作，而为春秋之书，或竟出管子之手，则老庄之言，皆为钞袭，不应成为一家之学，而春秋之世，不应绝无道家思想。故以思想系统而论，必在老庄之后。

（2）以思想系统言，容不足以见谅于信古之士，再以真凭实据言之。《老子》曰："失道而后德，失德而后仁，失仁而后义，失义而后礼；夫礼者、忠信之薄而乱之首。"《庄子·知北游》亦曰："失道而后德，失德而后仁，失仁而后义，失义而后礼；礼者、道之华而乱之首也。"皆至礼而止。以老庄之时，言政者不外道德仁义礼，故评骘优劣，亦唯此五者而已。今《心术上》则曰："虚无无形谓之道，化育万物谓之德，君臣父子人间之事谓之义，登降揖让贵贱有等亲疏之体谓之礼，简物小未一道（《校正》引丁云：未疑大字之误）杀僇禁诛谓之法。"又曰："以无为之谓道（《校正》：据尹注以字衍文），舍之之谓德，故道之与德无间。……义者、谓各处其宜也，礼者、因人之情，缘义之理，而为之节文者也。故礼者、谓有礼也。理也者、明分以谕义之意也。……法者、所以同出不得不然者也。故杀戮禁诛以一之也。故事督乎法，法出乎权，权出乎道。"于礼外又及于法，则以老庄之时，法家未立，此文之作，法家已成，以此知时代在老庄之后也。

（3）《心术下》有与《庄子·庚桑楚篇》相袭者，兹仍用从文字异同审察年代前后之法，将两文并列于下，以判断之：

《庚桑楚》

能抱一乎？能勿失乎？能无卜筮而知吉凶乎？能止乎？能已乎？能舍诸人而求诸己乎？

《心术下》

能专乎？能一乎？能毋卜筮而知吉凶乎？能止乎？能已乎？能毋问于人而自得之于己乎？

"能抱一乎？能勿失乎？"与"能专乎？能一乎"，时代前后，一望而知。"能舍诸人而求诸己乎？"与"能毋问于人而自得之于己乎？"相较，则此文实有嫌于彼文未能显明，遂易"舍诸人"为"毋问于人"，"求诸己"为"自得之于己"。则此袭《庚桑楚》，非《庚桑楚》袭此明矣。《庚桑楚》，庄子后学所作，非出庄子之手（详拙稿《庄子篇章真伪考证》），此篇更在其后，则已至战国中世后矣。

（4）《白心篇》曰："名正法备，则圣人无事。"冀以刑名法术，实现道家无为无事之治，此法家之策，例不胜举，略举一二。如《韩非子·主道篇》曰："刑名参同，君乃无事焉。"《慎子·君臣篇》亦曰："上下无事，唯法所在。"

（5）同学刘君子植（节）告余曰："《庄子·天下篇》言：'不累于俗，不饰于物，不苛（原作苟，依章太炎先生改）于人，不忮于众，愿天下之安宁以活民命，人我之养毕足而止。以此白心。古之道术有在于是者，宋钘尹文闻其风而悦之。作为华山之冠以自表。接万物以别囿为始。语心之容，命之曰心之行。'由此知《心术》上下及《白心》三篇出宋钘或尹文之手。"余当时亦以为是；今检书覆核，知其不然：《天下篇》谓宋钘尹文"以此白心"，乃谓以"不累于俗"云云表白其心志，是其学在"不累于俗，不饰于物，不苟于人，不忮于众"；在"愿天下之安宁以活民命，人我之养毕足而止"：纯为入世思想，纯为用世之学。所以下文曰："先生恐不得饱，弟子虽饥，不忘天下。日夜不休，曰：'我必得活哉。'"庄子又赞美之曰："图傲乎救世之士哉！"至于"语心之容，命之曰心之行"二句，历代注释家，从无确诂。因文核义，似名"心之容"为"心之行"，亦有注重行为之意。

至《心术》上下及《白心》三篇，与宋钘尹文之说，完全不同。《心术》上曰："故必知不言无为之事，然后知道之纪。"又曰："恬愉无为，去智与故。其应也，非所设也；其动也，非所取也。是故有道之君，其处也若无知，其应物也若偶之，静因之道也。"又曰："心术者、无为而制窍者也。"又曰："无为之道，因也。"《白心篇》曰："无迁无衍，命乃长久；和以反中，形性相葆；一以无贰，是谓知道。将欲服之，必其端而固其守。责其往来，莫知其时。索之于天，与之为期；不失其期，乃能得之。"清静无为之旨，全性葆真之妙，以静制动之方，纯为道家之主张，与"图傲救世"之宋钘尹文，宗旨全殊。——即果为宋钘尹文之作，其时代固至战国中世矣。

《水地》第三十九——汉初医家作

（1）篇中曰："人，水也，男女精气合而水流形，三月如（《校正》引俞说如当为而）咀；咀者何？曰五味。五味者何？曰五藏。酸主脾，咸主肺，辛主肾，苦主肝，甘主心。五藏已具，而后生肉。（《校正》引丁说肉当作内）脾生隔（宋本作膈），肺生骨，肾生脑，肝生革，心生肉。五肉（《校正》谓当从丁说作五内）已具而后发为九窍，脾发为鼻，肝发为目，肾发为耳，肺发为窍（《纂诂》：古本作口。《校正》：宋本此下有心发为舌一句），五月而成，十月而生。"以五味五藏相配，纯系医家受阴阳家影响者之言。《黄帝内经·素问·五藏生成篇》曰："故心欲苦，肺欲辛，肝欲酸，脾欲甘，肾欲咸，此五味之所合也。"《灵枢经·五味》第四十六曰："谷味酸，先走肝；谷味苦，先走心；谷味甘，先走脾；谷味辛，先走肺；谷味咸，先走肾。"其配置之位次不同，而同为以五藏五味羼配。《灵枢》《素问》题为黄帝，而实为自秦汉以至唐人所为。（辩见姚际恒《古今伪书考》及梁任公《古书真伪及其年代》）《汉志·医经》《经方》共十八家四百九十卷，皆未标作者，其于书名冠以黄帝者，尚为秦汉人书；其书名未冠以人者，更无法认为先秦之作。（《经方》有《神农黄帝食禁》七卷，书已佚，亦必后人依伪。黄帝时文字未备，更何论神农？而谓神农黄帝有经方，宁非诬妄？）行世《本草》，旧题神农，亦后世伪托。（辩见晁氏《读书志》，陈氏《书录解题》及梁任公《古书真伪及其年代》。）故春秋虽有医药，而无传后之书。（和缓虽皆为春秋时秦之善医者，但《汉志》不载其书。）况以五行、五味、五藏、五色，恣意相配，神秘玄妙之说，实受阴阳家之影响。在阴阳家未成立之前，安能有此耶？

（2）篇中言各地水性，区以齐、楚、越、秦、晋、燕、宋。越之显著，在春秋之末，前者甚微，故所谓十二诸侯，越无与焉。《史记·越王勾践世家》独叙勾践夫差，前此无可记故耳。此篇若作于春秋，不容不记鲁卫陈蔡，而独记边徼无闻之越。若谓春秋末叶，越甚彪炳，作者在春秋之末，鲁卫陈蔡俱已式微，故记此略彼；然则当时吴越并称，不容记越遗吴。至战国，晋分为三，宋灭于齐，又不得再以晋宋与齐楚秦燕并举。汉世天下一统，诸国久灭，而言地理者，每喜以周末诸侯国名之，司马迁《史记》，厥例綦繁，他书亦迭见不鲜。然则即其名地言之，亦当在汉初之世矣。

《四时》第四十《五行》第四十一——并战国末阴阳家作

《四时篇》于东南西北及中央，分名为星日辰月土，各曰其时某，其气某，其德云何，其事云何。除南方外，皆各条五政。并谓春行夏秋冬政，冬行春秋夏政……则有如何灾变，纯为阴阳家言。至《五行篇》题标五行，更无论矣。阴阳家成立于战国之末，说已见前；故知此篇时代，亦当在战国末也。

《势》第四十二——战国末兵阴阳家作

（1）篇中曰："战而惧水，此谓澹灭……战国惧险，此谓迷中，分其师众，人既迷芒，必其将亡之道。"又曰："夫静与作，时以为主人，时以为客，贵得度。知静之修，居而自利；知作之从，每动有功。"又曰："人先生之，天地刑之，圣人成之，则与天同极。正静不争，动作不贰，素质不留，与地同极。"又曰："修阴阳之从，而道天地之常，嬴嬴缩缩，因而为当，死死生生，因天地之形。"纯为战国末以阴阳用兵之兵阴阳家言也。

（2）以政治言帝，肇自战国末叶，此篇曰："无为者帝。"

《正》第四十三——战国末杂家作

法家成立，盖在战国中世以后，已经前文迭次证明。此篇曰："制断五刑，各当其名，罪人不怨，善人不惊，曰刑。正之，服之，胜之，饰之，必严其令，而民则之，曰政。如四时之不忒，如星辰之不变，如宵如昼，如阴如阳，如日月之明，曰法。爱之，生之，养之，成之，利民不德，天下亲之，曰德。无德，无怨，无好，无恶，万物崇一，阴阳同度，曰道。刑以弊之，政以命之，法以遏之，德以养之，道以明之。"又曰："罪人当名曰刑，出令时当曰政，当故不改曰法，爱民无私曰德，会民所聚曰道。"道德法政刑五者并用，纯战国末"兼儒墨，合名法"之杂家主张。杂家之学，发生必在诸家有相当成立之后；以诸家未立，无可供其采获，以成其博杂之学也。《汉志》杂家所载，《孔甲盘盂》二十六篇，《大禽》三十七篇，《伍子胥》八篇，《子晚子》三十五篇，《由余》三篇，似在诸家成立之先。但皆依伪之书，不足为据，本书《附录一》已论之，兹不多赘也。

《九变》第四十四——疑战国以后人作

此篇文甚短简，时代难定，然浅近滑俗，不类先秦文。中有曰："则州县乡党与宗族足怀乐也。"古者区地为九州，或十二州，地域甚广，不容与县连举并称。春秋之末，有县郡之称（世多以为郡县始于商鞅，其实不然。《左传》哀二年："克敌者、上大夫受县，下大夫受郡。"可见春秋末已有县有郡），又不言州也。州县连称，在西汉，但孤证未敢遽定，姑志疑以俟考。

第五章 《区言》五篇

《任法》第四十五《明法》第四十六——并战国中世后法家作

（1）二篇睹名思义，不问而知为法家言。法家成立在战国中世之后，前已迭次证明，兹亦不必再赘。

（2）以"主"与"人主"为君王之专称，昉于战国，于论《君臣篇》已言之。《任法篇》曰："是故人主有能用其道者。"又曰："以遇其主矣。"又曰："以事其主。"又曰："主之所恒也。"又曰："下之所以侵法乱主也。"《明法篇》曰："主道明也。"又曰："今主释法。"又曰："是主以誉为赏。"又曰："是忘主死交。"又曰："其蔽主多矣。"其他以"主"与"人主"为君王之专称者尚众，不必枚数；亦为战国作品，非春秋作品之证也。

（3）相之始置在战国时，今《任法篇》曰："邻国诸侯能以其权置子立相。"又曰："卿相不得朋其私。"

（4）《明法篇》大半与《韩非子·有度篇》相袭，今比列于下：

《有度》

审得失有法度之制者,加以群臣之上,则主不可欺以诈伪;审得失有权衡之称者,以听远事,则主不可欺以天下之轻重。今若以誉进能,则臣离上而下比周;若以党举官,则民务交而不求用于法。故官之失能者其国乱。以誉为赏,以毁为罚也,则好赏恶罚之人,释公行,行私术,比周以相为也。忘主外交,以进其与,则其下所以为上者薄矣。交众与多,外内朋党,虽有大过,其蔽多矣。故忠臣危死于非罪,奸邪之臣、安利于无功。忠臣之所以危死而不以其罪,则良臣伏矣;奸邪之臣、安利不以功,则奸臣进矣:此亡之本也。若是,则群臣废法而行私重,轻公法矣。数至能人之门,不壹至主之廷,百虑私家之便,不壹图主之国。属数虽多,非所以尊君也;百官虽具,非所以任国也。然则主有人主之名,而实托于群臣之家也。故臣曰:亡国之廷无人焉。廷无人者,非朝廷之衰也,家务相益,不务厚国;大臣务相尊,而不务尊君;小臣奉禄养交,不以官为事。此其所以然者,由主之不上断于法,而信下为之也。故明主使法择人,不自举也;使法量功,不自度也。能者不可弊(张榜本作蔽),败者不可饰,誉者不能进,非者弗能退,则君臣之间,明辩而易治。故主仇法,则可也。……故明主使其群臣,不游意于法之外,不为惠于法之内,动无非法。法,所以凌过游外私也。(卢文弨曰:"游外二字,一本作灭。")严刑,所以遂令惩下也。威不贷错,制不共门。威制共则众邪彰矣,法不信则君行危矣,刑不断则邪不胜矣。

《明法》

是故先王之治国也,不淫意于法之外,不为惠于法之内也。动无非法者，所以禁过而外私也。威不两错，政不二门。以法治国，则举错而已。是故有法度之制者，不可巧以诈伪；有权衡之称者，不可欺以轻重；有寻丈之数者，不可差以长短。今主释法以誉进能，则臣离上而下比周矣；以党举官，则民务交而不求用矣。是故官之失其治也，是主以誉为赏，以毁为罚也。然则喜赏恶罚之人，离公道而行私术矣。比周以相为匿，是（《解》下多一故字）忘主死交以进其誉。故交众者誉多，外内朋党，虽有大奸，其蔽主多矣。是以忠臣死于非罪，而邪臣起于非功。所死者非罪，所起者非功也。然则为人臣者，重私而轻公矣。十至私人之门，不一至于庭；百虑其家，不一图国。属数虽众，非以尊君也；百官虽具，非以任国也。此之谓国无人。国无人者，非朝臣之衰也，家与家务于相益，不务尊君也；大臣务相贵而不任国；小臣持禄养交，不以官为事。故官失其能。是故先王之治国也，使法择人不自举也；使法量功不自度也。故能匿而不可蔽，败而不可饰也（《解》作能不可蔽而败不可饰），誉者不能进，而诽者不能退也。然则君臣之间明别，明别则易治也。主虽不身下为，而守法为之可也。

以繁简多寡而论，似乎《韩非子》钞《管子》。然审检孰先孰后，不惟察其形式，尚须察其内容。后所以繁于前者，有二因：一、恐其简古而难明，此有关于形式者；一、嫌其意佥而未足，此有关于内容者。关于内容，后者有增无减；关于形式，则后者增减迭有；简晦则增之，词费则去之；《管子》之视《韩非》，文虽省而意未减。如《韩非》："审得失有法度之制者，加以群臣之上，则主不可欺以诈伪；审得失有权衡之称者，以听远事，则主不可欺以天下之轻重。"《管子》作："是故有法度之制者，不可巧以诈伪；有权衡之称者，不可欺以轻重；有寻丈之数者，不可差以长短。"两文相较，《管子》文省意丰（多寻丈一喻），《韩非》文繁意俭。且《韩非》两事皆用"欺"字，《管子》则用"巧""欺""差"三字以避重复，知为作《管子》此文者据《韩非》而润色之也。《管子》大体文省，而于《韩非》"以誉进能，则臣离上而下比周"之上，增"今上释法"一句，则以如此意较完密。"比周以相为也"，《管子》易为"比周以相为匿"，亦较明显。"忘主外交"，《管子》易为"忘主死交"。"外交"二字，在春秋战国之时，多指与他国相交。上文为"比周以相为匿"，指国内臣工互交互匿，故"外交"实不若"死交"为妥。"若是，则群臣废法而行私重，轻公法矣"，《管子》易为"然则为人臣者，重私而轻公矣"，实视《韩非》简明。有此诸证，故余以为《管子》钞《韩非》，非《韩非》钞《管子》，知其年代最早在战国之末焉。

《正世》第四十七《治国》第四十八——并汉文景后政治思想家作

（1）《治国篇》曰："常山之东，河汝之间，蚕生而晚杀，五谷之所蕃熟也。"考常山古名恒山；称常山，乃汉人避文帝讳改。《尚书·禹贡》："大行恒山，至于碣石。"《尔雅·释山》："河北恒……恒山为北岳。"皆名恒不名常。至汉，《史记·赵世家》曰："简子乃告诸子曰：'吾藏宝符于常山上，先得者赏。'诸子驰之常山上，求无所得。毋邮还曰：'已得符矣。'简子曰：'奏之！'毋邮曰：'从常山上临代，代可取也。'"《说苑·辩物篇》曰："常山，北岳也。"《春秋元命苞》曰："昴毕散为冀州，分为赵国，立为常山。"《本草》曰："常山有名草。"则皆避作常矣。汉人逢君上之名，多避讳而代以同义之字，故蒯彻避武帝讳作蒯通，庄助避明帝讳作严助。恒之作常，亦不惟恒山，《史记·田完世家》"田恒"亦避讳作

"田常"也。然则名恒山为常山，实汉文帝以后之习，而此文之时代亦可想矣。

（2）本农末商，肇始战国末年，而盛于西汉。《治国篇》曰："夫富国多粟生于农，故先王贵之。凡为国之急者，必先禁末作文巧；末作文巧禁，则民无所游食；民无所游食，则必农（猪饲敬所《补注》：必字下疑脱事字）；民事农则田垦；田垦则粟多；粟多则国富；国富者兵强；兵强者战胜；战胜者地广。是以先王知众民强兵广地富国之必生于粟也，故禁末作，止奇巧，而利农事。今为末作奇巧者，一日作而五日食；农夫终岁之作，不足以自食也。然则民舍本事而事末作；舍本事而事末作，则田荒而国贫矣。"他处虽不言本末，亦皆与此段之旨相同，不外重农贵粟而禁末业。与贾谊《论积贮》，晁错《论贵粟》完全契合，故以时代思想与用字言，亦汉文景后之书也。

（3）《治国篇》曰："中年亩二石，一夫为粟二百石。"考古量曰钟，曰秉，曰庾，曰釜……无以石计者。《周语》单穆公引《夏书》曰："关石和钧，王府则有。"韦昭《注》："关，门关之征也；石，今之斛也。"然《文选》左思《魏都赋》："关石之所和钧。"李善《注》引贾逵《国语注》："关，通也。"《伪古文尚书·五子之歌》："关石和钧，王府则有。"《传》："金铁曰石，供民器用，通之使和平，则官定民足。"《疏》："关，通也，名石而可通者，惟衡量之器耳。"《律历志》云："二十四铢为两，十六两为斤，三十斤为钧，四钧为石。"今按"关石和钧"，错综为文，犹言关和石钧也。石，钧，皆衡名，韦氏不知关有通义，故以门关释关，以钧与和连文释为调钧，而以晚出之义释石，谓即今之斛。果如此说，石不仅用于关，而只调关；关不仅限于石，而只钧石；宁有此理？且"关石"二字，亦不词矣。再考石为衡名，于古甚多。《国语》："重不过石。"韦《注释》曰："百二十斤为石。"是《国语》以石为衡名，不仅一见，而韦氏亦非不知石义者。《吕氏春秋·仲春》："钧衡石。"《适音》：

"重不过石。"《仲秋纪》:"正钧石。"高《注》并曰:"百二十斤曰石。"则石为衡称,周之通义。唯《韩非子·定法篇》曰:"斩一首者,爵一级,欲为官者,为五十石之官;斩二首者,爵二级,欲为官者,为百石之官。"似为量名。考《史记·秦本纪》昭襄王十二年:"予楚粟五万石。"又叙诛商鞅下《集解》引《汉书》曰:"商君为法于秦,战斩一首,赐爵一级,欲为官者,五千石。"则石盖秦量,炎汉仍之。至汉百官之禄,率以石计;粟米之量,率以石数。刘向《说苑·辩物篇》曰:"十斗为一石。"既有前二证,则此亦可为一证也。

(4)《正世篇》曰:"故为人君者,莫贵于胜。所谓胜者,法立令行之谓胜。"似法家言。又曰:"君道立然后下从,下从故教可立而化可成也。夫民不心服体从,则不可以礼义之文教也。"又似儒家言。儒法混用,汉儒贾晁者流之政见,战国之时无有也。(吕不韦之流,摭儒墨,采名法博杂之学,与贾晁之混儒法以为用者,不得同日而语。)目曰《正世》,曰《治国》,相对为题,其内容亦相生相用,疑出一人之手,故虽无他据可以证明《正世》为汉儒之文,亦且与《治国》比附同视也。

《内业》第四十九——疑战国中世以后混合儒道者作

(1)《汉志》儒家载《内业》十五篇、班自注:"不知作书者。"其排次在《芈子》之后,《周史六弢》之前,《芈子》班自注:"七十子之后。"其排次,前为《孙卿子》。是班氏虽不知《内业》作者,而固以《芈子》后《孙卿子》,《内业》更后《芈子》也。《汉志·内业》今亡,然考《孝经》十一家,有《弟子职》一篇,今在此书为第五十九篇。《管子》作者非一人,辑者亦不出一时一人之手。《韩非子·五蠹篇》言:"藏商管之法者家有之。"是《管子》于《韩非》之前,已有撰著。《史记·管晏列传》:"太史公曰:'吾读管氏

《牧民》、《山高》、《乘马》、《轻重》、《九府》,详哉其言之也!'"则司马迁之前,此诸篇已汇订成书。而今本《封禅》第五十,为《史记·封禅书》之言(详后),则其编入必在史公之后。《幼官图》第九,为刘向所未见,前已详论,则其编入又在刘向之后。《弟子职》,《汉志》尚载于《孝经》十一家,则其编入更在班固之后矣。以彼例此,《内业》之篇,容即《汉志》所载。马国翰《辑佚书》据以辑入,依《汉志》分为十五篇,虽未敢遽以为是,而分析之后,甚成篇章,无割裂剪裁之痕,谓即《汉志》所载,不为全无义证。即非其十五篇,亦有包于十五篇之嫌。如此说倘不甚谬,则其时代盖在战国中世之下哉?

(2)籀读全篇,多道家言,诠发大道之蕴,如曰:"夫道者所以充形也……"云云,"凡道无所……"云云,"道也者,口之所不能言也……"云云,"凡道无根……"云云,若此者甚众。而又曰:"止怒莫若诗,去忧莫若乐,节乐莫若礼,守礼莫若敬,守敬莫若静。"又若儒家。混合儒道以为用,必在儒道成立之后,故疑在战国中世之后。(3)篇中又有《心术下》与《庄子·庚桑楚》篇相同之一段,亦似袭《庄子》。

《庚桑楚》

能抱一乎?能勿失乎?能无卜筮而知吉凶乎?能止乎?能已乎?能舍诸人而求己乎?

《内业》

能抟(一本作搏)乎?能一乎?能无卜筮而知吉凶乎?能止乎?能已乎?能勿求诸人而得之己乎?

"舍诸人"改为"勿求诸人",已较明显,尚不足以为钞《庄子》之证。《庄子》此文之先曰:"《老子》曰:'卫生之经。'"此文之后,续以"能翛然乎? 能侗然乎? 能儿子乎? 儿子终日嗥而嗌不嗄,和之至也;终日握而手不掜,共其德也;终日视而目不瞚,遍不在外也。行不知所之,居不知所为,与物委蛇而同其波,是卫生之经矣"。词意联贯,绝无割袭他书之迹。此篇此文之前曰:"抟气如神,万物备存。"(抟一本作搏)此文之后,续以"思之,思之,又重思之,思之而不通,鬼神将通之,非鬼神之力也,精气之极也"。语意不若《庄子》之衔接,故疑此钞《庄子》,非《庄子》钞此。

第六章 《杂篇》十三篇

《封禅》第五十——汉司马迁作

尹知章曰:"原篇亡,今以司马迁《封禅书》所载《管子》言以补之。"管子自己无书,封禅之事,真伪姑不论(《荀子》谓五帝之外无传人,《国语》三《传》亦不记五帝以上事。此语及无怀氏,必在战国末诸子托古立说时。然则桓公欲封禅之事,或竟子虚乌有也),其记载不知始见何书。《管子》作者非一人,编者非一时。《封禅》之篇,盖尹氏见《史记》载《管子》论封禅,遂据以羼附,非必原有此篇也。

《小问》第五十一——辑战国关于管仲之传说而成

(1)篇中凡叙十二事,各自成章,毫不联属,不过皆为管仲之事而已。盖管子为政治大家,事功彪炳,自春秋以至战国,君相士庶,艳羡钦仰,神话式之传说,自丛生而迭出。加之诸子立说,托管子以坚人之信,《管子》全书,泰半因此而成;此篇尤其显著者也。惜书阙有间,此十二事出处,不得尽考。但"桓公北伐孤竹"一事,见《说苑·辨物论》；"桓公与管仲阖门而谋伐莒"一事，见《吕氏春秋·重言篇》、《说苑·权谋篇》。《说苑》成书，盖在西汉（旧以为刘向作，非是，详拙撰《诸子概论》），杂采百家传记而成。《辨物论》所记伐孤竹事，采之《管子》抑他书，今不可考。《吕氏春秋》所记，则与此比较，知此在后。《吕氏春秋》曰："日之役者，有执跖瘉而上视者。"此文作："夫日之役者，有执席食以视上者。"瘉字音义无考，盖为古字之失传授者，《管子》作"席食"，抑浅近矣。《吕氏春秋》曰："乃令宾者延之而上。"《管子》"宾"作"儐"，延宾之儐相，古字少作"宾"，后世字繁，示别于宾客字作"儐"。亦见《吕氏春秋》古，而此文近也。

（2）所以谓为神话式之传说，而非当时之记载者，鄙意十二事皆然；而最显豁者，为"桓公乘马"及"伐孤竹"二事。其言曰："桓公乘马，虎望见之而伏，桓公问管仲曰：'今者寡人乘马，虎望见寡人而不敢行，其故何也？'管仲对曰：'意者君乘驳马而洀桓（尹注：洀，古盘字），迎日而驰乎？'公曰：'然。'管仲对曰：'此驳象也。驳食虎豹，故虎疑焉。'""桓公北伐孤竹，未至卑耳之溪十里，闟然止，瞠然视，援弓将射，引而未敢发也。谓左右曰：'见是前人乎？'左右对曰：'不见也。'公曰：'事其不济乎？寡人大惑。今者寡人见人长尺而人物具焉，冠右祛衣，走马前疾，事其不济乎？寡人大惑，岂有人若此者乎？'管仲对曰：'臣闻登山之神，有俞儿者，长尺而人物具焉，霸王之君兴而登山神见。且走马前疾，道也；祛衣，示前有水也；右祛衣，示从右方涉也。'至卑耳之溪，有赞水者曰：'从左方涉，其深及冠；从右方涉，其深至膝；若右涉，其大济。'桓公立拜管仲于马前曰：'仲父之圣至若此，寡人之抵罪也久矣。'……"以"虎望见之而伏"，而知必"乘驳马而洀桓"，且必"迎日而驰"，世间宁有此神明之人？至伐孤竹一事，不惟推测神圣，妄诞不经，而言神言鬼，更事之绝无者也。盖神明鬼怪之事，每托古名人，一而可以坚人之信；一而时代悠远，不能质证；此王充所以有三《增》之篇（《语增》《儒增》《艺增》）以辩之也。

（3）管仲卒于鲁僖公十七年。又二十一年，为文公六年，而秦穆公始卒。卒然后有谥。今此篇记婢子谓管子曰："百里奚，秦国之饭牛者也，穆公举而相之，遂霸诸侯。"知其为后人之附益哉？

（4）王霸之分，在战国中世。今此篇记桓公之言曰："寡人欲霸，以二三子之功，既得霸矣；今吾有欲王，其可乎？"亦战国中世以后人作之一证也。

《七臣七主》第五十二——战国末政治思想家作

（1）春秋之时，凡有治民之权与责者，皆称主；至战国中世，主始为君王之专称；前已详论之矣。此以"七臣七主"名篇，臣主对举。篇中曰"申主"，曰"惠主"，曰"侵主"，曰"芒主"，曰"劳主"，曰"振主"，及与他言"主"之语，皆专指君王，故知为战国末年人作。

（2）篇中曰："主好本，则民好垦草莱。"显系以农为本，则其时代不能超过战国末也。

（3）法家成立在战国中叶，此篇曰："夫法者，所以兴功惧暴也；律者，所以定分止争也；令者，所以令人知事也；法律政令者，吏民规矩绳墨也。夫矩不正，不可以求方；绳不信，不可以求直；法令者，君臣之所共之也。"他言法者尚多，不必列举，知其时代在战国中世法家成立后也。

《禁藏》第五十三——战国末至汉初杂家作

（1）石为量名，昉自战国，而盛于西汉。此篇曰："食民有率，率三十亩而足于卒岁。岁兼美恶，亩取一石，则人有三十石，果蓏素食当十石，糠秕六畜当十石，则人有五十石。"知作者为战国末以至汉初人。

（2）本农末商亦始于战国末年，盛于汉初。此篇曰："夫明王不美宫室，非喜小也；不听钟鼓，非恶乐也；为其伤于本事而妨于教也。故先慎于己而后彼，官亦慎内而后外，民亦务本而去末。"

（3）篇中曰："法者，天下之仪也，所以决疑而明是非也，百姓所县命也。故明王慎之，不为亲戚故贵易其法，吏不敢以长官威严危其命，民不敢以珠玉重宝犯其禁。故主上视法，严于亲戚；吏之举令，敬于师长；民之承教，重于神宝。"法家言也。然又曰："赐鳏寡，振孤独，贷无种，与无赋，所以劝弱民。发五正，赦薄罪，出拘民，解仇雠，所以建时功，施生谷也。"则又摄取儒家之论，而法家所不以为然也。又曰："宫室足以避燥湿，食饮足以和血气，衣服足以适寒温，礼仪足以别贵贱，游虞足以发欢欣，棺椁足以朽骨，衣衾足以朽肉，坟墓足以道记，不为无补之功，不为无益之事。"又有吸于墨子之教也。然插入"游虞足以发欢欣"，则墨子所厚非，而似采摭儒家荀子一派之说以入之者也。"兼儒墨，合名法"，纯战国末至汉初杂家之言也。

（4）以政治分别帝、王、霸，在战国末年。此篇有曰："凡有天下者，以情伐者帝，以事伐者王，以政伐者霸。"知在战国末年之后。

《入国》第五十四《九守》第五十五《桓公问》第五十六——并疑战国末年人作

三篇并极简短，作书时代颇难订定。审其文字，浮浅滑俗，不类先秦人文。《九守篇》曰："人主不可不周；人主不周，则群臣下乱。"称君为"人主"，必在战国中世，或中世以下。既无法以证明为汉人或汉以后人作，故暂认为战国末年人作。

《度地》第五十七——汉初人作

（1）篇中曰："与三老、里有司、伍长行里，因父母案行。"又曰："因三老、里有司、伍长案行之。"又曰："君令五官之吏，与三老、里有司、伍长行里顺之，令之家起火，为温其田。"又曰："故吏者，所以教顺也；三老、里有司、伍长者，所以为率也。"又曰："故常以冬日顺三老、里有司、伍长。"考《汉书·百官公卿表》："十里一亭，亭有长；十亭一乡，乡有三老。"又云："三老掌教化。"《高帝本纪》："汉二年，举民年五十以上有修行能率众为善，置以为三老，乡一人，择乡三老一人，为县三老，与县令丞尉以事相教，复勿繇戍。"此所言三老，似为乡三老；乡三老，汉官；则此篇作者必汉人。惟《墨子·备城门》篇曰："召三老、左葆、官中者与计事。"（孙诒让从王校左作在）《号令篇》曰："勿令里巷中三老守闾。"《史记·滑稽传》："西门豹为邺令……长老曰：'苦为河伯娶妇。……'豹问其故，对曰：'邺三老廷掾，常岁赋敛百姓，收取其钱，得数百万，用其二三十万为河伯娶妇。'"然《墨子·备城门》《号令》两篇皆汉人伪书，近人朱希祖有《墨子备城门以下二十篇系汉人伪书说》详论之。（《清华周刊》第三十卷第九期）《史记》此文，不出史公之手，乃褚先生所续；于古无征，未悉何本。《说文》："掾一曰官属。"《正字通》："秦汉官皆有掾属。"今考《史记·项羽本纪》："狱掾曹咎书抵栎狱掾司马欣。"《汉书·萧何传》曰："为沛主吏掾。"《后汉书·马援传》曰："此丞掾之任，何足相烦？"战国则未见名掾之官。然则不惟三老汉官，廷掾亦秦汉官，而三老廷掾为河伯娶妇之说，或子虚乌有，出汉人之伪造；或有之而汉人以汉官记之。不然，何能于战国书不见三老廷掾，于他追叙战国书亦不见，独于汉人此篇突出战国未闻而炎汉极普通之官？故只此不可依据之孤证，不能遽谓战国亦有三老之官。至《礼运》言："三公在朝，三老在学。"《乐记》《祭义》俱言："祀三老五更于太学。"则国之三老，为天子所敬养，非此乡三老与里有司伍长同侪者也。

（2）篇中曰："冬作土功，发地藏，则夏多暴雨，秋霖不止；春不收枯骨朽脊，伐枯木而去之，则夏旱至矣。"纯乎阴阳家说。阴阳家虽始于战国之末，而实盛于汉初，亦可为前证之副，而益信为汉人之作也。

《地员》第五十八——疑亦汉初人作

篇中记五山，十一草，九州，三土，九十物，胪列而标举之，甚纤甚悉。战国征讨会盟，各国之交通虽繁；然国界未泯，各地地质产物，不易调察如此详细，故此与《山海经》疑皆汉人或汉以后人作。且其分别土性，曰五粟、五沃、五位、五蘟、五壤、五浮、五壏、五垆、五壏、五剽、五沙、五塥、五犹、五壮、五殖、五觳、五凫、五桀。五字之义，以今视之，颇难索解；盖汉儒最中阴阳五行之毒，喜名五以配五行。但无确证，故姑举所疑，以俟博考。

《弟子职》第五十九——疑汉儒家作

庄述祖《弟子职集解》云："《汉志》附《石渠》、《论语》、《尔雅》后，盖以礼家未之采录，故特著之六艺。……案《别录》有《子法》、《世子法》、《弟子职》，记弟子事师之仪节，受业之次叙，亦《曲礼》《少仪》之支流余裔也。汉初论《五经》引《弟子职》，郑康成每据以说礼。"今案《曲礼》《少仪》，皆汉儒之书，此既为其支流余裔，盖亦汉儒所作也。且自孔子开讲学授徒之风，而师弟之间，辩难解惑，其仪节未甚繁赜，子路冉有公然与孔子面争。尔后墨孟以及诸子百家，其弟子之于师，更肆然发难，毫无忌惮。至西汉尚师说而师道尊，弟之视师，如万能之神圣，有承受而无辩诘。加之汉儒重礼，仪节纤悉，而弟之于师，遂有此刻板式之规律矣。春秋战国，盖无此也。故虽无他证，而即其思想与仪节而论，颇疑为出于汉人之手也。

《言昭》第六十《修身》第六十一《问霸》第六十二——并亡无考

第七章 《管子解》五篇

《管子解》五篇——并战国末秦未统一前杂家作

（1）共只五篇，都名为解，篇中皆先说空理，然后将所解说《管子》之言，加以"故曰"，缀之于后。惟《明法解》作"故《明法》曰"。虽多一篇名指示词，其格式全同，故疑同出一时，或竟一人所为也。（《版法解》于解毕《版法篇》后，复出两段，当为他篇之错简。）

（2）《立政篇》作于战国末年，此为之作解，当稍在后，故疑时当战国末至秦未统一之顷。

（3）《形势解》曰："入则务本疾作，以实仓廪。"显为以农为本。以农为本，产自战国之末，而盛于西汉之初，则此篇时代可以推知矣。

（4）《形势解》曰："古者三王五伯，皆人主之利天下者也。"称五伯曰古者，知去五伯甚远。

（5）《形势解》曰："为主而惠，为父母而慈，为臣下而忠，为子妇而孝，四者：人之高行也。高行在身，虽有小过，不为不肖。"又曰："圣人之求事也，先论其理义，计其可否；故义则求之，不义则止；可则求之，不可则止。"又曰："圣人之诺已也，先论其理义，计其可否；义则诺，不义则已；可则诺，不可则已。"又曰："言而语道德忠信孝弟者，此言无弃者。"又曰："中情信诚，则名誉美矣；修行谨敬，则尊显附矣。"又曰："人主出言，不逆于民心，不悖于理义，其所言足以安天下者也。"《立政九败解》曰："滋味也，声色也，然后为养生；然则从欲妄行，男女无别，反于禽兽；然则礼义廉耻不立，人君无以自守也。"《版法解》曰："凡人君者，欲民之有礼义也。夫民无礼义，则上下乱，而贵贱争。"又曰："爱施之德，虽行而无私，内行不修，则不能朝远方之君。是故正君臣上下之义，饰父子兄弟夫妻之义，饰男女之别，别疏数之差；使君德、臣忠、父慈、子孝、兄爱、弟敬，礼义章明；如此，则近者亲之，远者归之。"《明法解》曰："匡主之过，救主之失，明理义以道其主，主无邪僻之行，蔽欺之患，此臣之所以为功也。"皆似儒家言。《形势解》曰："人主立其度量，陈其分职，明其法式，以莅其民，而不以言先之，则民循正。"又曰："以规矩为方圆则成，以尺寸量长短则得，以法数治民则安。"《立政九败解》曰："人君唯无（案此应作毋，毋乃贯之古文，贯即惯）听私议自贵……然则令不行，禁不止。"又曰："人君唯无（亦应作毋）听请谒任誉，则群臣皆相为请。然则请谒得于上，党与成于乡。如是，则货财行于国，法制毁于官，群臣务佼（同交）而求用。然则无爵而贵，无禄而富。"《版法解》曰："凡国无法，则众不知所为，无度则事无机。有法不正，有度不直，则治辟，治辟则国乱。"又曰："治国有三器。……三器者何也？曰号令也，斧钺也，禄赏也。"又似法家言。至《明法解》解释《明法》，自多法家之说，不待条举。《形势解》曰："人主务学术数，务行正理。"又曰："明主内行其法度，外行其理义。"《版法解》曰："成事以质者，用称量也；取人以己者，度恕而行也。度恕者，度之于己也，己之所不安，勿施于人。"则又儒法并用者也。《版法解》曰:"版法者,法天地之位,象四时之行,以治天下。四时之行,有寒有暑,圣人法之,故有文有武。天地之位,有前有后,有左有右,圣人法之,以建经纪。春生于左,秋杀于右,夏长于前,冬藏于后。生长之事,文也;收藏之事,武也;是故文事在左,武事在右。圣人法之,以行法令,以治事理。"又似阴阳家言。《版法解》又曰:"乘夏方长,审治刑赏,必明经纪,陈义设法,断事以理,虚气平心,乃去怒喜。若倍法弃令而行怒喜,祸乱乃生,上位乃殆。""陈义设法"似儒法,"虚气平心"似道家,"乘夏方长",以天地运行为出发点,又似阴阳家,真可谓杂家也。

(6)所以不谓在秦汉者何也?《形势解》曰:"明主内行其法度,外行其理义,故邻国亲之,与国信之。"邻国至秦汉尚有,与国则绝无。匈奴西域闽粤诸国,汉代皆视为戎狄,视为仇雠,无所谓与国;与国乃战国合纵连横,亲此攻彼之名词。《立政九败解》曰:"内之不知国之治乱,外之不知诸侯强弱。"亦非汉人语。

(7)此五篇:曰《牧民解》第六十三,《形势解》第六十四,《立政九败解》第六十五,《版法解》第六十六,《明法解》第六十七;中惟《牧民解》亡,余具存。亡者虽无考,而以存者四篇例之,当亦时代相同之书也。

第八章 《轻重》十九篇

《轻重》十九篇——并汉武昭时理财学家作

（1）《史记·货殖传》曰："太公望封于营丘，地潟卤，人民寡，于是太公劝其女功，极技巧，通鱼盐，则人物归之。……其后齐中衰，管子修之，设轻重九府，则桓公以霸。"《齐太公世家》曰："太公至国……通商工之业，便鱼盐之利，而人民多归齐。"又曰："桓公既得管仲……设轻重鱼盐之利，以赡贫穷，禄贤能，齐人皆悦。"知管子致富之源在鱼盐利用海滨潟卤之地；于山岳不甚措意。《齐语》："桓公曰：'伍鄙若何？'管子对曰：'相地而衰征，则民不移；政不旅旧，则民不偷；山泽各致其时，则民不苟；陵阜陆墐井田畴均，则民不憾；无夺民时，则百姓富；牺牲不略，则牛羊遂。'"虽言及于山，但曰："山泽各致其时，则民不苟。"其意谓采山渔泽，各有定时，则民不苟取，与《孟子》"数罟不入洿池，则鱼鳖不可胜食也；斧斤以时入山林，则材木不可胜用也"略同。故非颛颛提倡山矿之利者。

今《海王篇》曰："桓公问于管子曰：'吾欲借于台雉何如？'管子对曰：'此毁成也。''吾欲借于树木。'管子对曰：'此伐生也。''吾欲借于六畜。'管子对曰：'此杀生也。''吾欲借于人何如？'管子对曰：'此隐情也。'桓公曰：'然则吾何以为国？'管子对曰：'惟官山海为可耳。'桓公曰：'何谓官山海？'管子对曰：'……（略盐策）今铁官之数曰：一女必有一针一刀，若其事立；耕者必有一耒一耜一铫，若其事立；行服连轺辇者必有一斤一锯一锥一凿，若其事立。不尔而成事者，天下无有。令针之重加一也，三十针一人之籍。刀之重加六，五六三十，五刀一人之籍也。耜铁之重加七，三耜铁一人之籍也。其余轻重，皆准此而行，然则举臂胜事，无不服籍者。'桓公曰：'然则国无山海不王乎？'管子曰：'因人之山海，假之名。有海之国，雠盐于吾国，釜十五，吾受而官出之以百，我未与其本事也，受人之事以重相推，此人用之数也。'"《国蓄篇》曰："君有山海之金，而民不足于用，是皆以其事业交接于君上也。（《轻重乙篇》亦云）故人君挟其食，守其用，据有余而制不足，故民无不累于上也。五谷食米，民之司命也；黄金刀币，民之通施也。故善者，执其通施，以御其司命；故民力可得而尽也。"《山国轨篇》曰："桓公问管子曰：'请问官国轨？'管子对曰：'田有轨，人有轨，用有轨，乡有轨，人事有轨，币有轨，县有轨，国有轨。不通于轨数而欲为国，不可。'……桓公曰：'善，吾欲立轨官，为之奈何？'管子对曰：'盐铁之策，足以立轨官。'"（安井衡曰："轨官，量度货财之官。"）又曰："管子曰：'盐铁抚轨，谷一廪十，君常操九民衣食而繇，下安无怨咎。……上立轨于国，民之贫富，如加之以绳，谓之国轨。"（安井衡曰："抚，循也。"）《揆度篇》曰："盐铁，二十国之策也。"

考"山海""盐铁"，连举正用，不惟非《管子》之政，春秋战国以至嬴秦，未闻此政。至汉武军兴祸结，国用不足，而有盐铁之策。《史记·平准书》："县官大空，而富商大贾，或蹛财役贫，转毂百数，废居居邑，封君皆低首仰给，冶铸煮盐，财或累万金而不佐国家之急。……于是以东郭咸阳孔仅为大农丞，领盐铁事。"又曰："大农上盐铁丞孔仅咸阳言：'山海，天地之藏也，皆宜属少府；陛下不私，以属大农佐赋。愿募民自给费，因官器作煮盐，官与牢盆。浮食奇民，欲擅管山海之货以致富羡，役利细民，其沮事之议，不可胜听。敢私铸铁器煮盐者，钛左趾，没入其器物。郡不出铁者，置小铁官，便属在所县。'使孔仅东郭咸阳乘传举行天下盐铁，作官府。"又曰："而县官有盐铁缗钱之故，用益饶矣。"又曰："初大农管盐铁官布（泉布）多，置水衡欲以主盐铁。"又曰："式（卜式）既在位，见郡国多不便县官作盐铁。"又曰："桑弘羊为治粟都尉，领大农，尽代仅管天下盐铁。……乃请置大农部丞数十人，分部主郡国，各往往县置均输盐铁官。"《盐铁论·本议篇》大夫曰："匈奴背叛不臣，数为寇暴于边鄙，备之则劳中国之士，不备则侵盗不止。先帝（按指武帝）哀边人之久患，苦为虏所系获也，故修障塞，饬烽燧，屯戍以备之；边用度不足，故兴盐铁。"又曰："管子云：'……有山海之货，而民不足于财者，工商不备也。'"《通有篇》大夫曰："天地之利无不赡，而山海之货无不富也。"《禁耕篇》大夫曰："家人有宝器，尚函匣而藏之，况人主之山海乎？"又曰："山海有禁而民不倾。"《复古篇》大夫曰："故扇水都尉彭祖宁归言，盐铁令品，令品甚明，卒徒衣食县官，作铸铁器，给用甚众，无妨于民。……今意总一盐铁，非独为利入也，将以建本抑末，离朋党，禁淫侈，绝并兼之路也。古者明山大泽不以封，为下之专利也；山海之利，广泽之畜，天下之藏也，皆宜属少府；陛下不私，以属大司农，以佐助百姓，浮食豪民，好欲擅山海之货，以致富业，役利细民，故沮事议者众。……往者豪强大家得管山海之利，采铁石鼓铸煮盐，一家聚众或至千余人，大抵尽收流放人民也。远去乡里，弃坟墓，依倚大家，聚深山穷泽之中，成奸伪之业，遂朋党之权，其轻为非亦大矣。"《盐铁·取下篇》大夫曰："不轨之民，困桡公利，而欲擅山泽。"《非鞅篇》文学曰："盖文帝之时，无盐铁之利而民富。"《刺复篇》文学曰："其后干戈不休，军旅相望，甲士糜弊，县官用不足，故设险兴利之臣起，东郭偃孔仅（张敦仁谓宜作东郭咸阳）建盐铁策。"《盐铁论》一书，专记昭帝始元六年，丞相御史大夫与贤良文学辩论盐铁酒榷均输之书，故言山海盐铁者极多，不必备引。他若《汉书·食货志》及《史》《汉》与盐铁事有关人之列传，亦迭见。参伍比较之，盐铁之策，文景时尚无，至武帝始置。其原因粗略言之，不外二端：一、县官费绌；一、防兼并滋乱。此实创举，于古无闻，故贤良文学，誓死力争。《管子·轻重》诸篇，盖即主张盐铁策者，以管仲通鱼盐之利以霸诸侯，遂依托以发挥盐铁均输之说也。《平准书》曰："齐桓公用管仲之谋，通轻重之权，徼山海之业，以朝诸侯。"因海而联山以成文，非管仲已用桑弘羊孔仅辈之盐铁策也。故于《齐太公世家》《货殖传》实叙时，皆只曰"通鱼盐之利"也。

（2）《史记·平准书》曰："令远方各以其物贵时商贾所转贩者为赋，而相灌输，置平准于京师，都受天下委输。召工官治车诸器，皆仰给大农。大农之诸官，尽笼天下之货物，贵即卖之，贱则买之。如此，富商大贾，无所牟大利则反本，而万物不得腾踊。故抑天下物，名曰平准。"《盐铁论·本议篇》曰："开委府于京，以笼货物，贱即买，贵即卖，是以县官不失实，商贾无所贸利，故曰平准。"而文学则讥之曰："未见准之平也。"（亦见《盐铁论·本议篇》）是平准之说，亦倡于武帝时聚敛牟利之臣。

今《乘马数》曰："出准之令，守地用人策，故开阖皆在上，无求于民。"又曰："乘马之准，与天下齐准，彼物轻则见泄，重则见射，此斗国相泄、轻重之家相夺也。"《国蓄篇》曰："岁适美，则市粜无予，而狗彘食人食；岁适凶，则市籴釜十缗，而道有饿民。……物适贱，则半力而无予，民事不偿其本；物适贵，则什倍而不可得，民失其用。然则岂财物固寡而本委不足也哉？夫民利之时失，而物利之不平也；故善者委施于民之所不足，操事于民之所有余。夫民有余则轻之，故人君敛之以轻；民不足则重之，故人君散之以重。敛积之以轻，散行之以重，故君必有什倍之利，而财之枋可得而平也。凡轻重之大利，以重射轻，以贱泄平，万物之满虚随财，准平而不变，衡绝则重见。人君知其然，故守之以准平。使万室之都，必有万钟之藏，藏繦千万；使千室之都，必有千钟之藏，藏繦百万。春以奉耕，夏以奉芸，耒耜械器，种饷粮食，毕取赡于君。故大贾蓄家不得豪夺吾民矣。"又曰："夫物多则贱，寡则贵，散则轻，聚则重。人君知其然，故视国之羡不足，而御其财物。谷贱则以币予食，布帛贱则以币予衣。视物之轻重，而御之以准，故贵贱可调而君得其利。"又曰："百乘之国，官赋轨符，乘四时之朝夕，御之以轻重之准，然后百乘可及也。……万乘之国，守岁之满虚，乘民之缓急，正其号令，而御其大准，然后万乘可资也。"《山国轨篇》曰："以乡枋市准曰：上无币有谷，以谷准币，环谷而应策。国奉决谷，反准赋轨。"又曰："赀家假币，皆以谷准币。"《山权数》曰："隘则易益也，一可以为十，十可以为百，以陉守丰。陉之准数一上十，丰之策数十去九，则吾九为余于数。策丰，则三权皆在君。"又曰："轨守其数，准平其流，动于未形，而守事已成。物一也而十，是九为用，徐疾之数，轻重之策也。"《山至数篇》曰："以币准谷而授禄，故国谷斯在上。谷价什倍，农夫夜寝蚤起，不待见使。五谷什倍，士半禄而死君。农夫夜寝蚤起，力作而无止。彼善为国者，不曰使之，使不得不使；不曰贫之，使不得不用。"又曰："五谷相靡而重，去什三为余，以国币谷准（二字疑倒）反行。"又曰："相彼用平而准。"《轻重丁》曰："故可因者因之，乘者乘之，此因天下以制天下，此之谓国准。"又曰："桓公曰：'齐西水潦而民饥，齐东丰庸而粜贱，欲以东之贱，被西之贵，为之有道乎？'管子对曰：'今齐西之粟釜百泉，则鏂二十也；齐东之粟釜十泉，则鏂二钱也。请以令籍人三十泉，得以五谷菽粟决其籍。若此，则齐西出三斗而决其籍，齐东出三釜而决其籍。然则釜十之粟皆实于仓廪，西之民饥者得食，寒者得衣，无本者予之陈，无种者予之新。若此则东西之相被，远近之准平矣。'"又曰："桓公曰：'……请问国准？'管子对曰：'孟春且至，沟渎阮而不遂，豁谷报上之水不安于藏，内毁室屋，坏墙垣，外伤田野，残禾稼。故君谨守泉金之谢，物且为之举。大夏帷盖衣幕之奉不给，谨守泉布之谢，物且为之举。大秋甲兵求缮，弓弩求弦，谨丝麻之谢，物且为之举。大冬任甲兵，粮食不给，黄金之赏不足，谨守五谷黄金之谢，物且为之举。已守其谢，富商蓄贾不得如故，此之谓国准。'"与汉之平准，作用全同，惟不平准而曰准平，或只名曰准。然《盐铁论·禁耕篇》曰："贱平其准。"则汉时亦有只曰准者。《申韩篇》曰："非患无准平。"则汉时亦有称准平者。此种名称，此种政策，除武昭时，前古未有也。作者不惟托之管子，且使管子托之古人。《地数篇》载管子对桓公曰："昔者桀霸有天下，而用不足；汤有七十里之薄，而用有余。天非独为汤雨菽粟，而地非独为汤出财物也。伊尹善通移轻重，开阖决塞，通于高下徐疾之策，坐起之费时也。"（虽不言准，实为准策。）又曰："武王立重泉之戍，令曰：民自有百鼓之粟者不行。民举所最粟，以避重泉之戍，而国谷二什倍，巨桥之粟亦二什倍。武王以巨桥之粟二什倍而市缯帛，军五岁毋籍衣于民；以巨桥之粟二什倍而衡黄金百万，终身无籍于民；准衡之数也。"果信其言，是伊尹武王亦行平准之政也，岂不悖哉？

（3）其所言社会情形经济状况，绝类武昭之世。《国蓄篇》曰："是故万乘之国，有万金之贾；千乘之国，有千金之贾。然者何也？国多失利，则臣不尽其忠，士不尽其死矣。岁有凶穰，故谷有贵贱；令有缓急，故物有轻重。然而人君不能治，故使蓄贾游市，乘民之不给，百倍其本。分地若一，强者能守；分财若一，智者能收。智者有什倍人之功，愚者有不赓本之事，然而人君不能调，故民有相百倍之生也。"《揆度篇》曰："今天下起兵加我，民弃其末耜，出持戈于外，然则国不得耕，此非天凶也；此人凶也。君朝令而夕求具，民肆其财物与其五谷，为仇厌而去，贾人受而廪之，然则国财之一分在贾人。师罢，民反其事，万物反其重，贾人出其财物，国币之少分廪于贾人。若此则币重三分，财物之轻重三分，贾人市于三分之间，国之财物尽在贾人，而君无策焉；民更相制，君无有事焉；此轻重之大准也。"《轻重甲》曰："管子曰：'万乘之国，必有万金之贾；千乘之国，必有千金之贾；百乘之国，必有百金之贾。非君之所赖也，君之所与。故为人君而不审其号令，则中一国而二君二王也。'桓公曰：'何谓一国而二君二王？'管子对曰：'今君之籍取以正万物之贾，轻去其分（半也），皆入于商贾，此中一国而二君二王也。故贾人乘其弊，以守民之时，贫者失其财，是重贫也，农夫失其五谷，是重竭也。'"又曰："且君朝令而求夕具，有者出其财，无有者卖其衣屦，农夫粜其五谷三分贾而去，是君朝令一怒，布帛流越而之天下。"又曰："今欲调高下，分并财，散积聚。不然，则世且并兼而无止，蓄余藏羡而不息，贫贱鳏寡独老不与得焉。"《轻重乙》曰："桓公曰：'吾欲杀正商贾之利，而益农夫之事。'"《轻重丁》曰："桓公曰：'寡人多务令衡籍吾国之富商蓄贾称贷家，以利吾贫萌农夫。'"又曰："桓公曰：'四郊之民贫，商贾之民富。寡人欲杀商贾之民，以益四郊之民。'"归纳所言，大旨为商贾太盛，农民太瘠。其原因不外商人时谷之贵贱，令之缓急，操纵居积，以酿成兼并之势。

考此种情形，固非春秋所有，即至战国末年，尚不若此之甚。（参阅本书《附录二》）稽之载籍，适与汉文景武昭之时全同。《汉书·食货志》载晁错上书有曰："急政暴虐，赋敛不时，朝令而暮改（一说当具接上句改字衍文），当具有者半贾而卖，亡者取倍称之息，于是有卖田宅、鬻子孙以偿责者矣。而商贾大者积贮倍息，小者坐列贩卖，操其奇赢，日游都市，乘上之急，所卖必倍。故其男不耕耘，女不蚕织，衣必文采，食必粱肉，亡农夫之苦，有仟伯之得。因其富厚，交通王侯，力过吏势，以利相倾，千里游敖，冠盖相望，乘坚策肥，履丝曳缟。此商人所以兼并农人，农人所以流亡者也。"《史记·平准书》曰："富商大贾，或蹛财役贫，废居居邑，封君皆俯首仰给，冶铸煮盐，财或累万金。"（武帝时）与《管子》所言，情形全同。且《管子》谓盐铁准平之策，所以防商贾之兼并。（例见第（1）（2）两条，余尚多，不备引。）《盐铁论·复古篇》大夫亦曰："非独为利入也，将以建本抑末，离朋党，禁淫侈，绝并兼之路也。"《轻重篇》大夫亦曰："笼天下盐铁诸利，以排富商大贾。"《史记·平准书》亦曰："如此则富商大贾，无所牟大利。"其社会情形，其经济状况，其所行政策，其所持理由，以至于名称，无一不同，谓其非汉武昭时主平准政策之理财学家作，人谁信之？

（4）《山权数篇》曰："汤以庄山之金铸币……禹以历山之金铸币。"《轻重戊》曰："铸庄山之金以为币。"《盐铁论·力耕篇》大夫亦曰："禹以历山之金，汤以严山之铜，铸币以赠其民。"（卢校引王云："言严山者，东京避明帝讳改……非次公旧本也。"）禹汤铸币，并子虚乌有（罗叔蕴《俑庐日记》有详论），而两书全同，亦征其同为一家一派之学也。

（5）术语文字，与武昭时理财者之所用相仿。《盐铁论·错币篇》曰："交币通施，民事不及，物有所并也。"又曰："刀币以通民施。""通施"二字，他书罕见，审为当时理财学之专门术语，不可以常义解之。而此书《国蓄篇》亦曰："黄金刀币，民之通施也。故善者执其通施以御其司命。"又曰："人君铸钱立币，民庶之通施也。"至于"准衡"、"盐铁"、"铸钱"、"立币"、"黄金"、"刀布"诸术语，则两书俯拾皆是。然则以其语言文字，及书中背景而论，亦当在武昭时也。

（6）本农末商，虽始战国之末，而实为汉初最沸腾煊耀之现象。今《乘马数篇》曰："春秋冬夏不知时终始，作功起众，立宫室台榭，民失其本事，君不知其失诸春策，又失诸春秋之策数也。"《轻重甲》曰："君虽强本趣耕。"《轻重乙》曰："强本节用，可以为存乎？"

又曰:"昔者纪氏之国,强本节用者,其五谷丰满而不能理也。……则纪氏其强本节用,适足以使其民谷尽而不能理。"

(7)立相始于战国中世以后,而在《轻重己》曰:"路有行乞者,则相之罪也。"

(8)《史记·平准书》:"齐桓公用管仲之谋,通轻重之权。"《齐太公世家》曰:"桓公既得管仲……设轻重鱼盐之利。"《货殖传》亦云:"管子修之,设轻重九府。"《平准书》《世家》"轻重"之意,尚难确定所指。《货殖传》以之冠于"九府"之上,"九府"乃钱法。《史记正义》曰:"管子云:'轻重谓钱也,夫治民有轻重之法。'周有大府、玉府、内府、外府、天府、职内、职金,皆掌财币之官,故云九府也。"(按《正义》实只举七府)则轻重乃指钱法之轻重。今《管子·轻重》共十九篇,《盐铁论》亦有《轻重篇》,其作用全以经济手腕,操纵居稽,使百物贵贱轻重,而收售买卖,以从中取利。此例在《管子·轻重》诸篇,及《盐铁论》中,触处皆是,不克备举;略举一二,《盐铁论·轻重篇》曰:"上大夫君与(当依《平准书》《食货志》作为)治粟都尉,管领大农事,灸刺稽滞,开利百脉,是以万物流通,而县官富实。当此之时,四方征暴乱,车甲之费,克获之赏,以亿万计,皆赡大司农。"《管子·揆度篇》曰:"桓公问于管子曰:'轻重之数恶终?'管子对曰:'若四时之更举,无所终。国有患忧,轻重五谷以调用,积余臧羡以备赏。'"又曰:"今谷重于吾国,轻于天下,则诸侯之自泄,如原水之就下。故物重则至,轻则去,有以重至而轻处者,我动而错之,天下即已于我矣。物臧则重,发则轻,散则多。币重则民死利,币轻则决而不用。故轻重调于数而止。"两书相同,而与管子"轻重九府",则未见相符。知汉人造轻重之策,以世人贵耳贱目,崇古卑今,而管子又适有"轻重九府",于是以己意为说,而托之管子;托之管子尤不足,于是又托之古圣先王。《揆度篇》曰:"燧人以来,未有不以轻重为天下也。"《轻重戊》曰:"自理国虙戏以来，未有不以轻重而能成其王者也。"《荀子·非相篇》曰："五帝之外无传人，五帝之中无传政。"而谓燧人虙戏皆用轻重之策，其为捏造何疑？世人信古，故作书每托古人以坚人之信，其意固不恶；然后人信为所托者之言，据以研究其人之说，则学术系统，混淆不可理矣。

（9）王霸之分，在战国中世。而《山至数篇》曰："王者藏于民，霸者藏于大夫。"越之显名于诸侯，在春秋之末。而《轻重甲》曰："桓公曰：'天下之国，莫强于越，今寡人欲北举事孤竹离枝，恐越人之至。'"又曰："齐民之游水，不避吴越。"又曰："吴越不朝。"可知决非管子时书。管子之后以至战国，又决无轻重、平准、盐铁之政；而汉武昭之时，则恰与之合，乌能不谓为武昭时书耶。

（10）"石"为量名，以计五谷，盛于西汉，而起原盖在战国之世，前已略为之说矣。今《国蓄篇》曰："中岁之谷粜石十钱，大男食四石……大女食三石……吾子食二石。……岁凶谷贵籴石二十钱。"《山权数篇》曰："高田十石，闲田五石，庸田三石。"又曰："置之黄金一斤，直食八石。"（同句七）亦汉初之一证也。

（11）阴阳家言，肇于战国以至嬴秦统一之时，而盛于西汉，前已屡论之矣。今《轻重己》曰："清神生心，心生规，规生矩，矩生方，方生正，正生历。"又曰："以冬日至始，数四十六日冬尽而春始。天子东出其国四十六里而坛，服青而絻青，搢玉总，带玉监，朝诸侯卿大夫列士，循于百姓，号曰祭日，牺牲以鱼。发出令曰，生而勿杀，赏而勿罚，罪狱勿断，以待期年。教民樵室钻鐩，墐灶泄井，所以寿民也。"此下"春至"、"夏始"、"夏至"、"秋始"、"秋至"、"冬始"，皆为此类服饰政令，与《吕氏春秋·十二纪》相似，审为后世阴阳家缘律历为之，亦足以证明其时代甚晚。

（12）此十九篇：曰《臣乘马》第六十八，《乘马数》第六十九，《事语》第七十一，《海王》第七十二，《国蓄》第七十三，《山国轨》第七十四，《山权数》第七十五，《山至数》第七十六，《地数》第七十七，《揆度》第七十八，《国准》第七十九，《轻重甲》第八十，《轻重乙》第八十一，《轻重丁》第八十三，《轻重戊》第八十四，《轻重己》第八十五：共十六篇存。《问乘马》第七十，《轻重丙》第八十二，《轻重庚》第八十六：共三篇亡。亡者虽无实证可据以考辩；但以存者例之，谓为汉武昭时书，当亦不远也。

都《管子》八十六篇，亡者十篇。著作年代，早者在战国，晚者在汉初文景武昭之世；惟《幼官图》似在汉后，但止此一篇耳。著书托古，各附一人，除绝对妄诞者，率有依托之因。故列御寇、道家也，后人依为道家之书；孔臧、儒家也，后人托为儒家之言。《管子》书非管子作，毫无疑义。但管子相桓公，以泻卤之地，僻在海滨，九合诸侯，一匡天下，夸一世而存雄，其政治大端，必有可观者。史家记载，口碑流传，战国秦汉之际，当仍彪炳煊耀；学者摭其遗说，附会增益，托名以行，势所难免。书中阴阳五行之说，皇帝王霸之分，礼仪之节文（如《弟子职》），道法之诠谛，固与管子风马牛不相及。至《轻重》十九，全出汉儒，而所以不托他人，独托管子者，则以管子通鱼盐，设轻重九府。《牧民》诸篇，三《匡》（《大匡》《中匡》《小匡》等）诸记，与战国他书论述管子之言，未全背谬，虽非管子之书，而管子遗说，必有其存乎其间者，是在读者分别观之。

（十八年四月三日，罗根泽记于北平燕京大学国学研究所。）

附录一——战国前无私家著作说

章实斋曰:"古人不著书,古人未尝离事而言理,六经皆先王之政典也。"(《文史通义·易教上》)余读之而韪焉。惜所谓"古人",断自何代,章氏阙焉未及;且于古人无离事言理著作之说,亦未能详尽而足以折服泥古之口。故直至于今,托名黄帝以至春秋时人离事言理之书,尚有信以为真者。此于中国古代史实,古代学术思想,关系綦重,不可以不辩。余不敏,遍考周秦古书,参以后人议论,知离事言理之私家著作始于战国,前此无有也。非凭臆揣,确有证佐:

一曰战国著录书无战国前私家著作也 吾国传世著录书,最古有《庄子·天下篇》,次《尸子·广泽篇》,次《荀子·非十二子篇》、《天论篇》、《解蔽篇》,次《韩非子·显学篇》,次《吕氏春秋·不二篇》。(此诸篇虽不若后世之著录书;然先秦诸书,多著于此,则亦著录书之雏形矣。)《天下篇》所举者凡九家:曰墨翟、禽滑釐(相里勤、五侯、苦获、己齿、邓陵子,附及非特举),曰宋钘、尹文,曰彭蒙、田骈、慎到(彭蒙之师亦附及,且名亦不载,兹更不列举),曰关尹、老聃,曰庄周,曰惠施。(桓团公孙龙附及非特举。)除关尹老聃外,皆战国时人,尽人无异辞。旧传关尹为老聃弟子,而老聃则孔子尝问礼者。原问礼之说,虽载之《史记·孔子世家》、《老庄申韩列传》，及《礼记·曾子问》。然《史记》本之《礼记》，《礼记》为汉诸儒之所纂集，《曾子问》时代不可考，要之非曾子作。考孔子师老聃之说，始见《庄子》。《内篇·德充符》曰："无趾语老聃曰：'孔丘之于至人，其未耶？彼何宾宾以学子为？'"至《外篇·天地篇》更曰："夫子问于老聃曰：'有人治道若相放，可不可，然不然。……'老聃曰：'丘，予告若……'"云云。《天道篇》曰："孔子西藏书于周室……往见老聃。"其他载孔子问老聃遭老聃之讥诮教训者，尚屡见不一见。庄子寓言十九，书中所言王骀、无趾（《德充符》）、长梧、瞿鹊（《齐物论》）之流，竟其人而无从质实，即子綦子游之论（《齐物论》），孔子颜回之言（《人间世》等篇），亦皆子虚乌有，凭空结造，固当据研哲理，不能据论史实。至《外杂篇》又非庄子作，更难信据。盖道家推崇本宗，排抵儒家，造孔子师老聃之说，以谓儒家之祖，出于道家，亦如后世佛教盛行，造《老子化胡经》，谓释迦为老子之弟子者然。（此尚就作《外杂篇》诸道家言，若《庄子》则直寓言耳，事实非所计也。）韩愈《原道》曰："老者曰：'孔子吾师之弟子也。'……为孔子者习闻其说，乐其诞而自小也，亦曰：'吾师亦尝师之云尔。'不惟举之于其口，而又笔之于其书。"正谓此也。《史记·老子传》曰："盖老子百六十岁，或言二百余岁。"又曰："自孔子死之后百二十九年，而史记周太史儋见秦献公。……或曰即老子，或曰非也。"惝恍迷离，似神非人。其原因缘史公误信孔子问老聃之说，而又确知孔子卒后百二十九年太史儋见秦献公，故有老子寿二百余岁之妄，老聃史儋是否一人之疑。其实老聃即史儋。何以言之？一、聃儋音同字通，《吕氏春秋》作《老眈》（见后），亦即此人。古声音同则可假借，故荀卿一作孙卿，荆卿一作庆卿，厥例繁矣。二、聃为周柱下史，儋亦为周之史官。三、老子出函谷关；史儋入秦，亦必出函谷关。四、《史记》："老子之子名宗……宗子注，注子宫，宫玄孙假，假仕于汉孝文帝。"而考《孔子世家》，孔子十世孙襄，为孝惠博士；何老子先于孔子，反八世已至孝文？若谓即史儋，史儋后孔子百二十余年，则俱妥适无疑。近人张煦谓玄孙乃玄远之孙，非必为孙之孙。（见《晨报副刊》十一年三月份张氏《梁任公提讼老子时代问题一案判决书》）然考《史记·孟尝君列传》："文承间问其父婴曰：'子之子为何？'曰：'为孙。''孙之孙为何？'曰：'为玄孙。'"则玄孙为孙之孙之专称，战国已经成立。且见于史公之书，史公安能不知，而用为泛指玄远之孙？然则老聃亦战国时人，关尹更不必论矣。

或曰：庄子条举诸家皆曰："古之道术有在于是者，某某闻其风而悦之。"则所举虽皆战国时人，而明古已有也。曰古已有各种道术之胚胎之雏形，斯必然也；谓古已有分流别派之道术著作，则不然。然则各种雏形之道术，载之何书？庄子固已明言之矣。其言曰："古之所谓道术者，果恶乎在？……古之人其备乎：配神明，醇天地，育万物，和天下，泽及百姓，明于本数，系于末度，六通四辟，小大精粗，其运无乎不在；其明而在数度者，旧法世传之史，尚多有之；其在于《诗》《书》《礼》《乐》者，邹鲁之士，搢绅先生多能明之；其数散于天下而设于中国者，百家之学，时或称而道之。"此明言古之道术为全体的，无乎不在，而见于记载者，则有世传之史及《诗》《书》六艺，而百家之学亦时或称而道之；称而道之，非创作而为征引，正指"天下大乱，贤圣不明，道德不一，天下多得一察焉以自好"之"不该不遍，一曲之士"之"百家众技"。而庄子所列九家，亦括在内矣。故不能据"古之道术有在于是者"一言，谓战国以前，已有离事言理之私家著作也。

《广泽篇》所列凡六家：曰墨子，曰孔子，曰皇子，曰田子，曰列子，曰料子。皇子料子无考，余惟孔子为春秋末人。但孔子于《易》《书》《诗》《礼》《乐》，充其量不过整齐撰集而已；其《春秋》亦因鲁史旧文，稍事董理，自谓"述而不作"（《论语·述而篇》），盖质言也。况此皆章实斋所谓"政典"，非离事言理之私家著作。《论语》一书，可谓为私家著作；但成于再传弟子之手，已至战国时矣。

《非十二子》篇所列者凡十二家：曰它嚣、魏牟，曰陈仲、史鳅，曰墨翟、宋钘，曰慎到、田骈，曰惠施、邓析，曰子思、孟轲。《天论篇》所列者，凡四家：曰慎子，曰老子，曰墨子，曰宋子。《解蔽篇》所列者凡六家：曰墨子，曰宋子，曰慎子，曰申子，曰惠子，曰庄子。它嚣无考。余惟史鳅、邓析为春秋末人。史鳅，阎氏《四书释地又续》、高氏《姓名考》，并谓为史鲏之子，确否第弗深考；要之既姓史氏，必以官为氏，其家世为史官。他书从未言史鳅之书，《汉志》详列群籍，亦无及焉。然荀子论十二子，皆曰："言之成理，持之有故。"则其人固有论述，而非颛颛即其行实评骘者。盖史鳅为卫之史官，秉笔书事，时附褒贬式之言论。不然，若有离事言理之著作，不容于他书不一见也。《邓析子》今传世者为伪书（详拙撰《邓析子真伪年代考》），《左传》定公九年："郑驷歂杀邓析而用其竹刑。"杜注："邓析，郑大夫，欲改郑所铸旧制；不受君命，而私造刑法，书之竹简，故言竹刑。"受之君命与否，于古无征。杜氏之说，纯属悬测，但亦不必深究；要之邓析既为大夫，造竹刑必期用于行政，所谓政典，非私家离事言理之著作。刑书设置甚早，《尚书》有《吕刑篇》。《左传》昭公六年："郑人铸刑书。"二十九年："晋铸刑鼎，著范宣子所为刑书焉。"此皆行政典章，不得与后世法家言法理法意及法作用与功效之私家著作成一家言者，同日而语也。荀子论十二子，两两骈叙，故时举此家说而以他家之类似者，附及并论："大俭约而僈等差，曾不足以容辨异，县君臣。"此真墨子之说，宋钘不尽如此。而荀子总括之曰："此墨翟宋钘也。"宋钘之书虽亡，然即《孟子·告子篇》、《荀子·正论篇》、《庄子·逍遥游篇》、《天下篇》、《韩非子·显学篇》所称论者言之，其学为"禁攻寝兵"，"情欲寡浅"，"见侮不辱"，与《墨子》小同而不尽同。（详拙撰《宋子及其学说》）故荀子于他篇则分论墨宋曰："墨子有见于齐，无见于畸；宋子有见于少，无见于多。"(《天论篇》)又曰:"墨子蔽于用而不知文,宋子蔽于欲而不知得。"(《解蔽篇》)而此篇惟以相提并论之故,故不能分而强之使合。其论惠施邓析亦如此。其言曰:"不法先王,不是礼义,而好治怪说,玩奇辞,甚察而不惠,辩而无用,多事而寡功,不可以为治纲纪;然而其持之有故,其言之成理,足以欺惑愚众,是惠施邓析也。"于《不苟篇》又曰:"山渊平,天地比,齐秦袭,入乎耳,出乎口,钩有须,卵有毛,是说之难持者也,而惠施邓析能之。"于《儒效篇》又曰:"不恤是非然不然之情,以相荐撙,以相耻怍,君子不若惠施邓析。"《非十二子》《儒效》两篇皆泛斥诡辩之言,尚难质证。《不苟篇》所言,据《庄子·天下篇》皆惠施之说。若惠施前之邓析已有此言,庄子不容特表出之,而附之惠施。盖邓析竹刑对旧制有所驳斥,而其人又有善辩之名;故荀子举以与名家之惠施同论,非邓析已著有名学书也。

《显学篇》所列,先分两大派:曰儒,曰墨。复于儒分为八家:曰子张氏之儒,子思氏之儒,颜氏之儒,孟氏之儒,漆雕氏之儒,仲良氏之儒,孙氏之儒,乐正氏之儒。于墨复分为三家:曰相里氏之墨,相夫氏之墨,邓陵氏之墨。除两大派外,附及者有宋荣子,即宋钘。(篇中尚及澹台子羽、宰予、孟卯、马服、子产,似皆事的征引,而非论其学术,故不特举。)除孔子皆战国时人,而孔子之无私家著作,前固已论之矣。

《不二篇》所列者凡十家:曰老聃(老聃),曰孔子,曰墨翟,曰关尹,曰子列子,曰陈骈(即田骈),曰阳生(盖即杨朱),曰孙膑,曰王廖,曰儿宽。亦惟卒后其言论始由再传弟子纂集之。孔子为春秋时人,而老聃关尹则世人误以战国人为春秋人。他举生战国,无庸言也。

五子皆战国显学,于其已往学术,不为不悉,战国以前,若有私家著作,乌能不列?即流传至今者论之,若《六韬》,若《握奇经》,若《阴符经》,若《鹖子》,若《管子》,若《孙子》,皆卓然大家,果非后世依托，五子不得阙焉不述。至若《汉志》所载神农、黄帝、伊尹、太公，以至风后、力牧之徒，其著作自数种以至数十种，而五子无一著录，则其成书在五子之后无疑也。

二曰《汉志》所载战国前私家著作皆伪托也　《汉志》所载，《六艺略》《易》《书》《诗》《礼》《乐》《春秋》皆政典，非吾所谓离事言理之私家著作；《小学》类训诂文字，亦非吾所谓离事言理之私家著作；《论语》《孝经》虽可谓离事言理之私家著作，但《论语》成于孔子再传弟子之手，已至战国；《孝经》亦决非曾子作，不得认为春秋时书。《诗赋略》所载，其私家著作，最古者为《孙卿赋》，孙卿固战国人。其余如《河南周歌诗》，《河南周歌声曲折》，《周谣歌诗》《周谣歌诗声曲折》，《周歌诗》之类，固不得认为私家著作者也。《数术》《方技》，医卜星象诸官之书。二《略》所载战国前书，皆出伪托；即非伪托，亦不得认为离事言理之私家著作。故今于其赝伪踳驳，置弗深考；惟《诸子》《兵书》二略，须略为辩说耳。

《诸子略》儒家类，班氏自言五十三家，而所载只五十二家。曰《子思》，曰《曾子》，曰《漆雕子》，曰《宓子》，曰《景子》，曰《世子》，曰《魏文侯》，曰《李克》，曰《公孙尼子》，曰《孟子》，曰《孙卿子》，曰《芈子》（一本作《芉子》），曰《宁越》，曰《公孙固》，曰《羊子》，曰《董子》，曰《鲁仲连子》，曰《平原君》，曰《虞氏春秋》，曰《高祖传》，曰《陆贾》，曰《刘敬》，曰《孝文传》，曰《贾山》，曰《太常蓼侯孔臧》，曰《贾谊》，曰《河间献王对上下三雍宫》，曰《董仲舒》，曰《儿宽》，曰《公孙宏》，曰《终军》，曰《吾丘寿王》，曰《虞丘说》，曰《庄助》，曰《臣彭》，曰《钩盾冗从李步昌》，曰桓宽《盐铁论》，曰刘向《所序》，曰杨雄《所序》：三十九家，或明为战国时人，或班氏注为战国时人。唯曾子、漆雕子、宓子、为孔子弟子，生在春秋，殁于战国。古人著书，概在学成之后；则三书即真三子作，亦当在晚年。况《史记·仲尼弟子列传》未言三子有书，则其真伪又颇成问题。曰《河间周制》，班自注："似河间献王所述也。"则非周时书而为汉时书。曰《王孙子》（一曰《巧心》），王氏《考证》言："《太平御览》引'赵简子猎于重阳，抚辔而叹；楚庄王攻宋，将军子重谏'。《艺文类聚》引'卫灵公坐重华之台'。"考《史记·六国年表》周元王元年（西前四七五年），为赵简子四十二年，已入战国四年。（《春秋》绝笔于西前四八一年）上推四十二年为周敬王六年（西前五一四年），虽在春秋之世，而简子之卒，则在周定王（一作贞定王）十一年（西前四五八年），已入战国二十三年，《王孙子》征引其事，且言其谥，必在其卒后。卫灵公卒于鲁哀公二年（西前四九三年），十二年而《春秋》绝笔。入战国，《王孙子》称其谥，又在卒后。所以严可均谓："盖七十子之后言治道者。"（《铁桥漫稿·王孙子叙》）曰《徐子》，班自注："宋外黄人。"考《史记·魏世家》："惠王三十年，使庞涓将而令太子申为上将军，过外黄，外黄徐子谓太子曰"云云，则亦战国时人也。曰《周史六弢》，班自注："惠襄之间，或曰显王时，或曰孔子问焉。"师古曰："即今之《六韬》。"沈涛谓即"《庄子·则阳篇》仲尼问于太师大弢"。（《汉书艺文志讲疏》引）依班注或曰显王时，则已至战国；谓惠襄间，则远在春秋；谓孔子问焉，并依沈氏即《则阳》之大弢，则又为孔子之师。《则阳》在《庄子杂篇》；《庄子外杂篇》，除《寓言》《天下》二篇外，皆非庄子作，乃道家后学所为；其所言孔子问焉之人亦多矣，概诬蔑非事实，不得为据。若以为今之《六韬》，则其书出后人依托，前人已备论之。（宋濂《诸子辩》，胡应麟《四部正讹》，姚际恒《古今伪书考》。）此外曰《周政》，班自注："周时法度政教。"曰《周法》，班自注："法天地，立百官。"皆未注作者，其书举亡，谅皆六国时依托；即果周时书，曰《周史》，曰《周政》，曰《周法》，亦所谓政典而非离事言理之私家著作。曰《晏子》，非晏婴自撰，乃后人采婴行事而成，已经前人考订，成为定谳

（《崇文总目》，王氏《汉志考证》，晁氏《读书志》，柳宗元《读晏子春秋》，宋濂《诸子辩》，姚际恒《古今伪书考》，梁章钜《退庵随笔》），虽有孙星衍（《晏子春秋序》）顾实（《汉书艺文志讲疏》）之辩护，亦无益也。曰《俟子》，班无注，王先谦曰："《风俗通》有俟子，古贤人著书。"（《汉书补注》）即果如《风俗通》所言，《风俗通》亦未言为战国以前人。曰《内业》，曰《谰言》，曰《功议》，曰《儒家言》，班自注并云："不知作者。"曰《李氏春秋》，班无注。此五家其书皆亡，无从考其年代。但班氏既言不知作者，战国以前书又不见征引或论述，则盖亦战国或战国以后书。无论如何，无法证明为春秋或春秋以前书，以推翻战国以前无私家著作之说也。

道家三十七家：曰刘向《说老子》、出汉时，曰《庄子》，曰《列子》，曰《公子牟》，曰《田子》、出战国时，曰《文子》，班自注："老子弟子与孔子并时，而称周平王问，似依托者也。"曰《黄帝君臣》，曰《杂黄帝》，班自注："六国时贤者所作。"曰《力牧》，班自注："六国时所作，托之力牧。"曰《孙子》，班自注："六国时。"曰《捷子》，班自注："齐人，武帝时说。"王念孙曰："捷子、六国时人，《人表》在尸子之后，邹子之前，《史记》作接子（《田完世家》《孟荀传》《正义》说同）注'武帝时说'四字，乃涉下条武帝时说于齐王而衍。"（《读书杂志》）曰《郑长者》，班自注："六国时。"则此七家亦出战国。曰《曹羽》，班自注："楚人，武帝时说于齐王。"曰《郎中婴齐》，班自注："武帝时。"曰《道家言》，班自注："近世，不知作者。"曰《臣君子》，班自注："蜀人。"考蜀虽见《尚书·牧誓》，而在春秋战国除秦司马错张仪尝议伐之外，与中原之交涉绝鲜。至汉通西南夷，始与中国接近。前《曹羽》注楚人，在汉时此曰蜀，疑亦在汉。则四家亦皆汉人书。曰《老子邻氏经传》，班自注："姓李名耳，邻氏传其学。"曰《老子傅氏经说》，班自注："述老子学。"曰《老子徐氏经说》，班自注："传老子。"

曰《蜎子》，班自注："老子弟子。"曰《关尹子》，班自注："名喜，为关吏，老子过关，喜去吏而从之。"老子前已考订即太史儋，在战国时，此四家更在其后。曰《黔娄子》，班自注："齐隐士，守道不诎，威王下之。"齐威王之立，依《六国表》在周安王二十四年（西前三七八年），为战国时，则黔娄子亦必战国时人。曰《周训》，师古曰："刘向《别录》云：'人间小书，其言俗薄。'"则盖亦后世依托。曰《伊尹》，隋、唐《志》均不著录，其亡已久，故其真伪亦无人论及。清马国翰《玉函山房辑佚书》从《逸周书》、《吕氏春秋》、《齐民要术》、刘向《七略》《别录》、《说苑》、《尸子》等书，辑得十一篇，马氏《自序》言："九主之名及阻职贡之策，与战国术士语近，殆所谓依托者乎？"今案篇中言"汤得伊尹"云云（《本味篇》采自《吕氏春秋》），已知必非伊尹作。孟子喜称伊尹，从未言其著书，若伊尹有书，孟子之辩割烹要汤，不容不举其书以折之。战国以前他书，亦从不引《伊尹》书。王氏《考证》谓："盖战国权谋之士，著书而托之伊尹。"不误也。曰《太公》（曰《谋》，曰《言》，曰《兵》：《太公》内之类别，非另有三书，钱大昭即主此说。今案《谋》八十一篇，《言》七十一篇，《兵》八十五篇，适符《太公》二百三十七篇之数；道家共三十七家，不数《谋》、《言》、《兵》适合，数之则多三家，知钱说甚是），班自注："或有近世，又以为太公术者所增加也。"沈钦韩曰："《谋》者，即太公之《阴谋》；《言》者，即太公之《金匮》……《兵》者，即太公之《兵法》。"（《汉书疏证》）顾实曰："隋、唐《志》《通志》著录太公书多种，《通考》仅余《六韬》而已。"（《汉书艺文志讲疏》）《六韬》前已言为伪书，《金匮》更非太公作（姚氏《古今伪书考》有详论），《阴谋》今不见专书。汪宗圻辑《太公兵法逸文》（见《渐西村舍丛书》），实兼《六韬》、《金匮》、《阴谋》三书，自序力诋今本《六韬》之伪，然其所辑亦必非太公之作。五帝之说，起于战国，三皇又在其后（详下

《附录三》），今其第二篇一再曰："武王问师尚父曰：'五帝之戒，可得闻乎？'"第六篇曰："古者三皇之世。"其他罅漏，触目皆是，一望而知为战国或战国以后所依托。曰《辛甲》。考辛甲之人，一见于《左传》襄公四年，又见于《韩非子·说林》，皆不言其有书，他书亦从未征引，则《辛甲书》之为伪托无疑。清马国翰《玉函山房辑佚书》采《左传》《虞箴》及《说林》所载。案《虞箴》为虞人之词，非辛甲所作，《左传》之言曰："昔周辛甲之为太史也，今百官官箴王阙，于虞人之箴曰"云云。杜注："阙、过也，使百官各为箴辞戒王过也。"则《虞箴》即真传出周初，亦非辛甲之书。况朝廷箴劝之词，非私家著作。《说林》所引，乃事的征引，即确信不疑，亦周史之言，非辛甲之书。（辛甲为周太史，此容即辛甲所记，但此所谓史，非离事言理之私家著作。今《辛甲》二十九篇，载之道家，似非史书；若为史书，则未必伪，惟非私家著作矣。）曰《鬻子》，班自注："名熊，为周师，自文王以下问焉。"考《史记·楚世家》："鬻熊事文王，早卒。"而其书于文王、周公、康叔皆曰："昔者"，知必非鬻子作。黄震（《黄氏日钞》）胡应麟（《四部正讹》）谓为"战国依托"，诚然。曰《老莱子》。老莱子之人，余颇疑为子虚乌有。《庄子·外物篇》记老莱子呵斥孔子，老莱之名此为初见。《庄子》书所言之人，不能质实者不一而足，后人据之伪书，遂若实有其人者，齐谐亢桑斯固然矣，老莱子亦何独不然：班氏"与孔子同时"之言，亦因袭《庄子》。史公附老莱子于《老子传》，即疑其为老子化身，而课虚叩寂，不能实证其人也。《史》言著书十五篇，《志》载十六篇，则史公后尚有伪托附入者。（余拟为专文论之，此处格于体裁，不得太详。）曰《长卢子》，班自注："楚人。"考《史记·孟荀列传》，于叙荀卿之后论曰："而赵亦有公孙龙为坚白同异之辩，剧子之言，魏有李悝尽地力之教，楚有尸子、长卢。"与战国诸子并称，且列在尸子之后，其为战国人，无可疑者。曰《老成子》，曰《王狄子》，曰《宫孙子》，曰《楚子》，班氏皆未注作者。曰《鹖冠子》，班氏言："楚人，居深山，以鹖为冠。"此五家时代不可考，他既无战国以前书，此亦不能独外，则其人容或有战国前者，而其书则必战国或战国以后人作。《鹖冠子》今行世犹有之，而其伪谬则前人已能言之（姚氏《古今伪书考》），兹不必再词费也。曰《黄帝四经》，曰《黄帝铭》，王氏《考证》引朱文公谓："战国术士笔之书。"顾实据《太平御览》三百九十引《孙卿子》有黄帝《金人铭》；又五百九十引《家语》孔子观金人节注云："《孙卿子》，《说苑》又载也。"遂信为真黄帝之铭。其实荀子去黄帝几二千年，正诸子托古改制之时，即果有此铭，充其极不过如刘勰之说："盖上古遗语，战代所记。"（《文心雕龙·诸子篇》）黄帝之时，文字未备，而谓有皇皇之著作，声音工整之铭词，人谁信之？曰《管子》，此余作书讨论之本题，而此则不能详论，姑置本证，就旁证言之：孔子迭称管仲，未举其书；桓公霸诸侯之后，列国君相，竞愿学之，而《春秋三传》及《国语》称其事者极多（如《左传》僖二十四年寺人披曰："齐桓公置射钩而使管仲相。"三十四年曰季曰："管敬仲，桓之贼也，实相以济。"《晋语》第十一："齐桓公亲举管敬子，其贼也"），而无称其书其语者。惟《晋语》第十，齐姜告晋文公有引管仲之语，但其发端曰："昔管敬仲有言，小妾闻之。"而齐姜又为桓公之女，则所引之言，非引自书，而实引自人。盖齐姜亲闻或传闻管仲言，告晋文公时，管仲已死，故曰昔耳。管仲如有书，诸国之欲法齐桓者，不能不奉为圭臬，而内、外《传》及《公》《榖》不能不见也。下至《墨子》、《孟子》、《荀子》，亦未言管仲有书。直至《韩非子》始曰："藏商管之法者家有之。"（《五蠹篇》）韩非已至战国之末，正伪书丛出之时，则知《管子书》之最早者盖在战国，为不误也。

阴阳家二十一家：曰《邹子》，曰《邹子终始》，曰《邹奭子》，皆在战国。曰《公梼生终始》，班自注："传邹奭《终始书》"，则更在邹后矣。曰《公孙发》，曰《乘丘子》，曰《杜文公》，曰《南公》，班自注并云："六国时。"曰《黄帝泰素》，班自注："六国时韩诸公子所作。"曰《将钜子》，班自注："六国时，先南公，南公称之。"曰《周伯》，班自注："齐人，六国时。"曰《闾丘子》，班自注："名快，魏人，在南公前。"魏立国在周威烈王二十三年（西前四零三年），已入战国。则八家亦皆在战国。曰《张苍》，班自注："丞相北平侯。"曰《五曹官制》，班自注："汉制，似贾谊所条。"曰《卫侯官》，班自注："近世，不知作者。"曰《于长天下忠臣》，班自注："平阴人，近世。"曰《公孙浑邪》，班自注："平曲侯。"则此五家皆在汉时。曰《宋司星子韦》，班自注："景公之史。"据《史记·十二诸侯年表》，周敬王四年（西前五一六年）为景公元年。《表》谱至敬王四十三年（西前四七七年），为景公四十年，后书："六十四卒。"由敬王四十三年，下推二十四年，为贞定王（一作定王）十六年（西前四五三年）。《春秋》绝笔为敬王三十九年（西前四八一年），则其卒年已入战国二十八年。司星子韦当春秋时，抑战国时，未深考；然《萧绮录》已言"司星氏至六国之末，著阴阳之书"。（《玉函山房·宋司星子韦书附录》引）马氏《玉函山房》从《吕氏春秋·制乐篇》、《淮南子·道应训》、刘向《新序·杂事篇》，辑得其逸说一篇，中有曰："可移于宰相。"相之立官，始于战国（详辩《立政篇》），知其书必成于战国。曰《容成子》，班无注，其书久佚。《世本》："黄帝使容成作调历。"（亦见《吕氏春秋·勿躬篇》）《庄子·则阳篇》称容成氏曰："除日无岁，无内无外。"盖相传容成氏明历象，好事者遂作书记之，亦如道家之托黄帝，农家之托神农耳。曰《冯促》，班自注："郑人。"书已亡。据其置于《闾丘子》、《将钜子》之间，当亦六国时。曰《杂阴阳》，班自注："不知作者。"其书已亡。按名思义，为杂集阴阳各家之说，是又在诸家之后也。

法家十家：曰《李子》，班自注："名悝，相魏文侯。"文侯已在战国。曰《商君》，曰《申子》，曰《慎子》，曰《韩子》，亦均在战国。曰《处子》，师古曰："《史记》云：'赵有处子。'"考今本《史记》作剧子。其言曰："而赵亦有公孙龙为坚白同异之辩，剧子之言，魏有李悝尽地力之教，楚有尸子、长卢、阿之、吁子焉。"其述在公孙龙之后，且与其他战国诸子并称，则必亦在战国。曰《晁错》，在汉时。曰《游棣子》，班无注。曰《燕十事》，曰《法家言》，班自注并云："不知作者。"此三书皆置之最末，则虽其书已亡，时代不可考，要之亦战国或战国以后书也。

名家七家：曰《邓析》，其书为后世依托，余有专文（《邓析子真伪年代考》）论辩。曰《尹文子》，曰《公孙龙子》，曰《惠子》，皆战国人。曰《黄公》，班自注："为秦博士。"曰《成公生》，班自注："与黄公等同时。"曰《毛公》，班自注："与公孙龙等并游平原君赵胜家。"则亦战国人。

墨家六家：曰《墨子》，战国人。曰《随巢子》，曰《胡非子》，班自注并云："墨翟弟子。"曰《我子》，师古引刘向《别录》云："为墨子之学。"曰《田俅子》，班自注："先我子。"考《吕氏春秋·首时篇》："墨者有田鸠。"高诱注："田鸠，齐人，学墨子术。"又《韩非子·外储说左上篇》："楚王谓田鸠曰：'墨子者，显学也。'"马骕《绎史》（卷一百三）："田鸠即田俅子，班氏亦以鸠俅为一人，故言先韩子也。"案鸠俅音同字通，马氏谓为一人甚是。四家或墨翟弟子，或为墨翟之学，则更在墨翟之后。此外尚有《尹佚》一家，班自注："周臣，在成康时也。"尹佚即史佚，其书久亡。马氏《玉函山房》据《逸周书》、《史记》、《左传》、《国语》、《淮南子》、《说苑》、贾谊《新书》等书，辑得若干事。《逸周书》晚出伪书，其言未可信据。《史记》、《淮南》、《说苑》、《新书》所载，杂采战国诸士之说，信否未敢确定。《左》《国》年代较古，似可依据。史佚为周之史官，自然与修《周史》（《墨子·明鬼》下引周之《春秋》，则《周史》至墨子时尚存。），懿言嘉话，《左》《国》每据以征引，非史佚别有离事言理之书也。今以马氏所辑而论，绝不似墨家，知墨家《尹佚》一书为后世依托也。

纵横家十二家：曰《苏子》，曰《张子》，皆在战国。曰《阙子》，班无注，书已亡。《水经注》卷十四，《艺文类聚》六十，《文选》左太冲《吴都赋注》，鲍明远《拟古诗注》，枚叔《七发注》，《太平御览》三百四十七，并引《阙子》云："宋景公使弓工为弓"云云。宋景公卒于周贞定王十六年（西前四五三年），入战国二十八年。（考见前）死然后有谥，《阙子》举其谥，必在卒后。曰《秦零陵令信》，班自注："难秦相李斯。"其时代可知矣。曰《蒯子》，班自注："名通。"曰《邹阳》，曰《主父偃》，曰《徐乐》，曰《庄安》（即《严安》），五子并在汉时。曰《待诏金马聊苍》，班自注："赵人，武帝时。"则亦在汉也。曰《庞煖》，班自注："为燕将"，《兵权谋》亦有《庞煖》，盖非一书，而为一人。《史记·燕世家》燕王喜十二年："剧辛故居赵，与庞煖善，已而亡走燕。燕见赵数困于秦，而廉颇去，令庞煖将也。欲因赵弊攻之，问剧辛，辛曰：'庞煖易与耳。'燕使剧辛将击赵，赵使庞煖击之，取燕军二万，杀剧辛。"（《六国表》燕王喜十三年，剧辛死于赵。）据此，庞煖为赵将，班氏盖涉见《燕世家》与燕战而误。燕王喜十二（或十三年）年已至战国矣。曰《国筮子》，班无注，其书久亡，他亦无可考，以班氏置《阙子》后，《秦零陵令信》之前，盖亦战国末年人也。

杂家二十家：曰《尉缭》，曰《尸子》，曰《吕氏春秋》，皆在战国。曰《淮南内》，曰《淮南外》，曰《东方朔》，皆在汉代。无烦考也。曰《大禹》，班自注："传言禹所作，其文似后世语。"曰《荆轲论》，班自注："轲为燕刺秦王不成而死，司马相如等论之。"曰《博士臣贤对》，班自注："汉世，难韩子商君。"曰《臣说》，班自注："武帝时作赋。"（沈涛谓赋字疑衍）亦无烦考也。曰《孔甲盘盂》，班自注："黄帝之史，或曰夏帝孔甲，似皆非。"则亦后世依托。曰

《伍子胥》。子胥处心积虑，报父兄之仇，何暇著书？《左》《国》亦不言其有书。《兵技巧》尚有《伍子胥》十篇，《图》一卷，并此均亡佚。行世有东汉人袁康托为子胥作之《越绝书》，今本篇次错乱，以末篇证之，本八篇曰《太伯》第一，《荆平》第二，《吴》第三，《计倪》第四，《请粜》第五，《九术》第六，《兵法》第七，《陈桓》第八，与此篇数适合，若果为一书，则知为东汉人作矣。曰《由余》，亦佚。马氏《辑佚书》从《史记·秦本纪》、《韩非子·十过篇》、《说苑·反质篇》、贾谊《新书·礼篇》辑得三事。据《史记》所载，谓篡弑灭宗，由于礼乐法度，似拾道家之唾余。《韩非子》《说苑》所载，则又极力倡俭，谓："昔者尧有天下，饭于土簋，饮于土铏，其地南至交趾，北至幽都，东西至日月之所出入者，莫不宾服。"则又酷类墨子。交趾至秦汉始通中国，尧所统辖，不出黄河流域，即此而言，亦必后人依托。且《韩非子》《史记》皆谓秦穆公闻由余之言，退问内史廖曰："寡人闻邻国有圣人，敌国之忧也。今由余、圣人也，寡人患之，吾将奈何？"（依《韩非子》，与《史记》文字小有异同。）于是如何以"女乐二人遗戎王"，如何由余遂降秦，事全同，而由余之语，则不同；至于一似道家，一似墨子，显为后人附会。曰《伯象先生》，班无注。应劭曰："盖隐者也。故公孙敖难以为无益世主之治。"考公孙敖难见《太平御览》八百十一引《新序》。（今本《新序》脱）其言曰："公孙敖问伯象先生曰：'今先生收天下之术，博观四方之日久矣，未能裨世上（疑为主上之误，应劭引作主上）之治，明君臣之义。"公孙敖有二，一为春秋时人，即孟穆伯；一为汉景武时人。今案"世主"二字，天下一统后称君上之词，春秋战国诸侯并峙，称国君固不得曰世主，称天子亦未闻曰世主者。（春秋称天子曰王，或曰天王，战国后天子益微，诸侯皆王，势同赘疣，人鲜称道；称者概冠以周字，曰周王，或曰周君。）又称人称书曰先生，亦不见于春秋战国，班氏列之于《东方朔》之后，则公孙敖必景武时之公孙敖，伯象先生之人及书，亦必在景武时矣。曰《吴子》，曰《公孙尼》，曰《解子簿书》，曰《推杂书》，班氏俱无注，其书全亡，其排列俱在极末，年代亦略可推矣。曰《杂家言》，班自注："王伯，不知作者。"师古曰："言伯王之道，伯读曰霸。"言王霸，始于战国，极于汉初（详下《附录三》），战国以前无有也。此外尚有一家，曰《子晚子》，班自注："齐人，好议兵，与《司马法》相似。"书亡，时代难考，然亦无法定为战国以前书也。总之，杂家"兼儒墨，合名法"，必在儒墨名法成立之后，儒墨名法尚无战国以前书，何况杂家？故杂家有时代古远者、不问而知为伪托，以诸家未成立，无可供其采获以成其博杂之学也。

农家九家：曰《神农》，班自注："六国时诸子疾时怠于农业，道耕农事，托之神农。"曰《野老》，班自注："六国时，在齐楚间。"曰《董安国》，班自注："汉代内史。"曰《氾胜之》，班自注："武帝时为议郎。"曰《蔡癸》，班自注："宣帝时。"曰《宰氏》，曰《尹都尉》，曰《赵氏》，曰《王氏》，班自注："不知何世。"《元和姓纂·十五海》宰氏姓下引《范蠡传》："陶朱公师计然，姓宰氏。"世人据此谓宰氏即计然。马氏《辑佚书》据《越绝书》、《吴越春秋》、《史记》及各类书辑为《范子计然》三卷。篇中言"某出三辅"者，不下数十事。此外曰："兔毫出乐浪""蜀椒出武都……秦椒出陇西天水。""梗枣出汉中。""蜀漆出蜀郡。""空青曾青出巴郡。"若此者甚众，皆汉郡，则其书必汉人依托。《尹都尉》，马氏《辑佚书》考为汉成帝以前人，确否未遑博考。都尉必为尹某职官，都尉汉置，以前无有，则必为汉人。《赵氏》，沈钦韩疑为赵过。（《汉书疏证》）《食货志》载过精农政，有新法，武帝末为搜粟都尉。据此，沈氏之言，似乎不误，而《赵氏》之人与书，亦知在汉武之世矣。惟王氏实无可考，但班氏置之最末，其时代可断非战国以前也。

小说家十五家：曰《伊尹说》，班自注："其语浅薄，似依托也。"曰《鬻子说》，班自注："后世所加。"曰《周考》，班自注：

"考周事也。"考为稽考之意，亦明后人作也。曰《师旷》，班自注："见《春秋》，其言浅薄，本与此同，似因托也。"曰《务成子》，班自注："称尧问，非古语。"曰《宋子》，即宋钘，战国人，与孟子同时。曰《天乙》，班自注："天乙谓汤，其言非殷时，皆依托也。"曰《黄帝说》，班自注："迂诞，依托。"曰《封禅方说》，班自注："武帝时。"曰《待诏臣饶心术》，班自注："武帝时。"曰《臣寿周纪》，班自注："宣帝时。"曰《虞初周说》，班自注："武帝时。"曰《待诏臣安成未央术》，班无注，置《待诏臣饶心术》下，《臣寿周纪》上。待诏为汉官，则亦汉时书。惟尚有《青史子》一家，班自注："古史官记事也。"书已佚，《大戴礼·保傅篇》，贾谊《新书·胎教杂事》，并引《青史氏》记胎教之文，浅近似秦汉语。即真为古史记，又非吾所谓离事言理之私家著作矣。曰《百家》，无注。

《兵书略》分四类：曰《兵权谋》，曰《兵形势》，曰《兵阴阳》，曰《兵技巧》。《兵权谋》十三家：曰《吴孙子》。《史记·孙武吴起传》："孙子者，齐人也，以兵法见于吴王阖庐。阖庐曰：'子之十三篇，吾尽观之矣。'"又载其为吴破楚入郢。既灼灼如是，何以《左传》《国语》并无其人？入郢之功，《左传》全系之伍子胥太宰嚭夫概，无一语及孙子。意史公之言，盖本之伪《孙子》者（伪《孙子》者必为序，或代序之篇章，铺叙孙子事功。）梅圣俞叶正则（《习学记言》）姚际恒（《古今伪书考》）等疑之是也。（《史》言十三篇，《志》载八十二篇，又《图》九卷，知史公之后，尚有陆续增附者。）曰《齐孙子》，师古曰"孙膑。"曰《公孙鞅》，曰《吴起》，真伪姑不论，固皆战国时人。曰《范蠡》，曰《大夫种》，书举亡。二人论兵之言，散见《越语》、《史记》、《吴越春秋》等书，而《越语》《史记》不言二人有书，盖后人附益《越语》为之。曰《李子》（一作《季子》），曰《娷》，曰《兵春秋》，班并无注，书全亡。依其排次之序，当亦战国时。曰《庞煖》，前已言与燕王喜同时。曰《兒良》，师古曰："六国时人也。"曰《广武君》，班自注："李左车。"知为汉人。曰《韩信》，其年代尽人知之，毫无问题。

《兵形势》十一家：曰《楚兵法》，班无注，书亡，疑后人记楚用兵。曰《蚩尤》，应劭曰："蚩尤古天子，好五兵。"案《荀子》曰："五帝之外无传人……五帝之中无传政。"（《非相篇》）故自五帝皆神话时代，诸子百家，恣意托附，其言皆不得据为史料。蚩尤好五兵，亦一种传说，信否应付阙疑；至其书则必依好五兵之说而附会者也。曰《孙轸》，班无注，无可考。曰《繇叙》，王氏《考证》谓即由余。由余无书，前已考定。李筌《太白阴阳经》曰："秦由余有《阵图》。"愈后愈多，何庸驳辩？曰《王孙》，班无注，时无考。曰《尉缭》，与梁惠王同时。曰《魏公子》，班自注："名无忌。"知亦战国人。曰《景子》，班无注，书亡。依排比之次。前者为战国，后者汉代，其时可想。曰《李良》，书亡。《史记·张耳陈馀传》："有李良者，为赵将。"当即其人，在秦末汉初。曰《丁子》，沈钦韩谓"疑即丁固。"（《汉书疏证》）丁固，项羽将。曰《项王》，真伪不论，其时代人举知在秦末。

《兵阴阳》十六家：曰《太壹兵法》，曰《天一兵法》，曰《神农兵法》，曰《黄帝》。考《武经总要》曰："太乙者，天帝之神也，其星在天一之南。"据此，太壹，天一，皆神，亦能为人世作书，荒谬何极！与《神农》、《黄帝》皆伪托无疑义。曰《封胡》，曰《风后》，曰《力牧》，曰《鬼容区》，班并云："黄帝臣，依托也。"至今之风后《握奇经》，又为唐宋以后之伪书。曰《鵊冶子》（冶一作治），曰《地典》，曰《孟子》，曰《东父》，班并无注，书亡。曰《师旷》，班自注："晋平公臣。"吾闻师旷明音律，未闻能兵，竟有作兵书托之盲目之师旷者；顾亦有因。《左传》襄十八年："晋人闻有楚师，师旷曰：'不害，吾骤歌北风，又歌南风，南风不竞，多死声，楚必无功。'"曰《苌弘》。苌弘亦博能兵之名，著兵家之书，此与《太壹》、

《天一》、《神农》、《黄帝》、《师旷》皆伪书之极无谓者，余实厌为之辩。曰《别成子望军气》，曰《辟兵威胜方》，班未注作者，而列之最末，必兵阴阳时代最后之作也。

《兵技巧》班言十三家，而实为十六家：曰《鲍子兵法》，班无注，后人亦无论者。余意伪托鲍叔牙，以鲍叔牙亦尝为将，作伪者固喜如此。曰《伍子胥》（一本作《五子胥》），子胥无书，已见前。曰《公胜子》，曰《苗子》，班无注，书亡，时无考。曰《逢门射法》，师古曰："即逢蒙。"考《孟子》："逢蒙学射于羿。"（《万章篇》）则逢蒙殷人。殷时决无私家著作，无须考辩。曰《阴通成射法》，班无注，书佚，时无考。曰《李将军射法》，师古曰："李广。"曰《魏氏射法》，班无注，书亡，时无考，以排次论，当为汉时。曰《强弩将军王围射法》，师古曰："围，郁郅人也，见《赵充国传》。"则亦汉人。曰《望远连弩射法具》，曰《护军射师王贺射书》，班并无注，书亡。考《汉书·百官公卿表》："护军都尉，秦官，武帝元狩四年，属大司马……平帝元始元年，更名护军。"望远亦疑为汉侯。果尔，固皆汉人书。曰《蒲苴子弋法》，《淮南子·览冥训》："蒲苴子之连鸟于百仞之上，而詹何之鹜鱼于大渊之中。"高诱注："蒲苴子，楚人，善弋射。"他无可考。（伪《列子》述之，晋人书，时代太晚，未可据。）依排列次序，当亦汉人书。（蒲苴子若为汉以前人，则书出依托。）曰《剑道》，书亡，无考。曰《手搏》，书亡。《刑法志》："战国稍增讲武之礼，以为戏乐，用相夸视，而秦更名角抵。"《武帝纪》："元封三年春，作角抵戏。"《哀帝纪》："时览卞射武戏。"师古注："手搏为卞，角力为戏。"据此，角抵手搏起于战国，盛于西汉，其书可以推矣。曰《杂家兵法》，班无注，此盖杂集用兵言兵之书，时代当极晚。曰《蹴鞠》，班无注。考刘向《别录》云："蹴鞠者，传言黄帝所作，或曰起战国之时。"（《史记·苏秦传集解》引）蹴鞠手搏类同，起亦当同时，或曰战国时，是也。

考辩至《兵书略》，烦乱无味。《诸子略》虽杂伪书，真者尚夥，兵书几于全伪；且不惟伪托神话时代之帝王君臣，且伪托缥缈无稽之天地鬼神。盖托古之风既开，甲托之文武周公，乙思驾而上之，则必托之尧舜禹汤；丙又思驾而上之，则必托之神农黄帝。如积薪耳，后来居上，势必伪造古帝，虚构三皇；犹以为未足，不得不离尘寰而上天入地，于是太一（泰壹）天一（天乙）皆有著作矣。至《数术》《方技》两略，更乌烟瘴气，不可究诘。（神书更多）堪注意者，班氏于《诸子略》伪托之书，概标明于注，而《兵书略》《太壹》《天一》诸书之显为依伪者反阙焉；《数术》《方技》尤不著一字。盖注以辩疑，不疑何注？此等书赝伪荒谬，已为人所共知，无庸再辩。故今所以置不考者，固以医卜星相，不得与离事言理之私家著作同论；亦以不值一辩，何必浪掷笔墨也哉！

三曰《左》《国》《公》《穀》及他战国初年书不引战国前私家著作也　投石于水，水为之波；掷靛于布，布为之染；水流湿；火就燥；一种学说发生，学术界未有不受其影响者也。故神农黄帝之书而果真，则殷墟文字，不能如此简陋；太公管子之书而果真，则春秋时代，不应无道家法家思想。此就其抽象之言，尚不足以折服泥古之口。就其具体实证而言，既有此书，则此后之书，必有征引或论述。战国以前若有私家著作，何能不一见于战国初年书也？战国初年书之可信据者，曰《左传》，曰《国语》，曰《公羊》，曰《穀梁》，曰《论语》，曰《墨子》前五十一篇，曰《孟子》，曰《庄子·内篇》，曰《荀子》。今一一述之于下：

《左氏》浮夸，最喜征引。全书引《诗》者一百五十四：

隐元年："《诗》曰。"三年："《商颂》曰。"六年："《诗》云。"桓十二年："《诗》云。"庄六年："《诗》云。"二十二年："《诗》云。"闵元年："《诗》

云。"僖五年："《诗》云。"九年："《诗》所谓"，"《诗》曰"，"又曰"。十二年："《诗》曰。"十五年："《诗》曰。"十九年："《诗》曰。"二十年："《诗》曰。"二十二年："《诗》曰"，"《诗》曰"，"又曰"。二十四年："召穆公思周德之不类，故纠合宗族，述成周而作《诗》曰"，"《诗》曰"，"《诗》曰"。二十八年："《诗》云。"三十三年："《诗》曰。"文元年："周芮良夫之《诗》曰。"二年："《诗》曰"，"又曰"，"《诗》曰"，"《鲁颂》曰"，"《诗》曰"。三年："《诗》曰：'于以采蘩，于沼于沚，于以用之，公侯之事'，秦穆有焉。'夙夜匪懈，以事一人'，孟明有焉。'诒厥孙谋，以燕翼子'，子桑有焉。"四年："《诗》曰"，"《诗》云"。六年："《诗》曰。"十年："《诗》曰。"十五年："《诗》曰"，"在《周颂》曰"。宣二年："《诗》所谓"，"《诗》曰"，"又曰"，"又：'自诒伊戚'，杜注：'逸诗》也。'"九年："《诗》云。"十一年："《诗》曰。十二年："《汋》曰，《武》曰（杜注：《汋》，《诗·颂》篇名；《武》，《诗·颂》篇名）"，"《诗》云"，"武王克商作《颂》曰"，"又作《武》曰"，"《诗》曰"。十五年："《诗》曰。十六年："《诗》曰。"十七年："《诗》曰。"成二年："《诗》曰"，"《诗》曰"，"《诗》曰"，"《诗》曰"，"《诗》曰"。四年："《诗》曰。"六年："《诗》曰。"七年："《诗》曰。"八年："《诗》曰"，"《诗》曰"。九年："《诗》曰。"十二年："故《诗》曰"，"故《诗》曰"。十四年："故《诗》曰。"十六年："《诗》曰。"襄二年："《诗》曰"，"《诗》曰"。三年："《诗》曰。"五年："《诗》曰。"七年：

"《诗》曰","又曰","《诗》曰","《诗》曰"。八年："《周诗》有之曰","《诗》曰"。十年："《诗》所谓。"十一年："《诗》曰。"十三年："其《诗》曰","《诗》曰","《诗》曰"。十四年："《诗》曰。"十五年："《诗》云。"二十一年："《诗》曰","《诗》曰"。"《诗》曰。"二十二年："《诗》曰。"二十四年："《诗》曰：'乐只君子，邦家之基（杜注《诗·小雅》）……上帝临女，无贰尔心（杜注《诗·大雅》）。'"二十五年："《诗》所谓","《诗》曰"。二十六年："《诗》曰","《商颂》有之曰"。二十七年："彼其之子，邦之司直。（杜注《诗·郑风》）……何以恤我，我其将之。（杜注《逸诗》）"二十九年："《诗》云","《诗》曰","《诗》曰"。三十年："《诗》曰","又曰"。三十一年："《诗》曰","《诗》云","《诗》云","《诗》云","《卫诗》曰","《周诗》曰","《诗》曰"。昭元年："《诗》曰","《诗》曰","《诗》曰","《诗》曰"。二年："《诗》曰。"三年："《诗》曰","《诗》曰"。四年："《诗》曰。"五年："《诗》云。"六年："《诗》曰","又曰"。"《诗》曰","《诗》曰"。七年："故《诗》曰","《诗》所谓","《诗》曰","又曰","《诗》曰","《诗》曰"。八年："《诗》曰。九年"《诗》曰。"十年："《诗》曰","《诗》曰","《诗》曰"。十二年："祭公谋父作《祈招之诗》，其《诗》曰。"十三年："《诗》曰。"二十年："《诗》曰","《诗》曰","《诗》曰","又曰"。二十一年："《诗》曰。"二十三年："《诗》曰。二十四年："《诗》曰","《诗》曰"。二十五年："《诗》曰。

二十六年："《诗》曰"，"《诗》曰"，"《诗》曰"。二十八年："《诗》曰"，"《诗》曰"，"《诗》曰"。三十二年："《诗》曰"，"《诗》曰"。定三年："《诗》曰。"十年："《诗》曰。"哀二年："《诗》曰。"五年："《诗》曰"，"《商颂》曰"。二十六年："《诗》曰。"

称《诗》者（不举其词者）六：

隐二年："《风》有《采蘩》《采蘋》，《雅》有《行苇》《泂酌》。"昭元年："《小旻》之卒章善矣。"定十年："臣之业在《扬水》卒章之四言矣。"

引《书》者四十二：

庄八年："《夏书》曰。"僖六年："故《周书》曰"，"又曰"，"又曰"。二十三年："《周书》有之。"二十七年："《夏书》曰。"三十三年："《康诰》曰。"文五年："《商书》曰。"十八年："《虞书》数禹之功曰。"七年："《夏书》曰。"宣六年："《周书》曰。"十二年："《仲虺》有言曰。"十五年："《周书》所谓。"成二年："《周书》曰"，"《大誓》所谓"。六年："《商书》曰"，"《周书》曰"。十六年："《周书》曰"，"《夏书》曰"。襄二年："《商书》曰。"五年："《夏书》曰。"十一年："《书》曰。"十三年："《书》曰。"十四年："《仲虺》有言曰"，"故《夏书》曰"。二十一年："《夏书》曰。"二十三年："《夏书》曰。"二十五年："《书》曰。"二十六年："故《夏书》曰。"三十年："《仲虺之志》曰。"三十一年:"《大誓》云","《周书》数文王之德曰。"昭元年:"《大誓》曰。"八年:"《周书》曰。"十年:"《书》曰。"十四年:"《夏书》曰。"十七年:"故《夏书》曰。"二十年:"在《康诰》曰。"二十四年:"《大誓》曰。"襄六年:"《夏书》又曰。"十一年:"《盘庚之诰》曰。"十八年:"《夏书》曰。"

引《易》者七:

宣六年:"其在《周易》。"十二年:"《周易》有之。"襄九年:"是于《周易》曰。"二十八年:"《周易》有之。"昭元年:"在《周易》。"二十九年:"《周易》有之。"三十二年:"在《易》。"

以《易》占者不可胜数。引《礼》者一:

文十八年:"先君周公制《周礼》曰。"

引《夏训》者一:

襄四年:"《夏训》有之曰。"

引《周志》者一:

文二年:"《周志》有之。"

引前志者二:

文六年："前志有之曰。"成十五年："前志有之曰。"

引军志者二：

宣十二年："军志曰。"昭二十一年："军志有之曰。"

引志者六：

襄四年："志所谓。"二十五年："志有之。"昭元年："志曰。"三年："志曰"，"又曰"。哀十八年："志曰。"

引《郑书》者二：

襄三十年："《郑书》有之曰。"昭二十八年："《郑书》有之。"

引箴铭者三：

襄四年："于《虞人之箴》曰。"昭三年："《谗鼎之铭》曰。"七年："故其《鼎铭》云。（杜注：正考父庙之鼎。）"

引史佚者五：

僖十七年："且史佚有言曰。"文十五年："史佚有言曰。"宣十二年："史佚所谓。"成四年："史佚之志有之。"昭元年:"史佚有言曰。"

引周任者二:

隐六年:"周任有言曰。"昭五年:"周任有言曰。"

引周文王者一:

昭七年:"周文王之法曰。"

引周武王者一:

昭七年:"昔武王数纣之罪以告诸侯曰。"

引楚庄王者一:

成二年:"且先君庄王属之曰。(楚庄王)"

引楚文王者一:

昭七年:"吾先君文王作《仆区之法》曰。(楚文王)"

引孔子者,二十二:

僖二十八年:"仲尼曰。"文二年:"仲尼曰。"宣二年:"孔子曰。"九年:"孔子曰。"成二年:"仲尼闻之曰。"十七年:"仲尼曰。"襄二十五年:"仲尼曰。"

三十一年："仲尼闻是语也，曰。"昭五年："仲尼曰。"七年："仲尼曰。"十二年："仲尼曰。"十三年："仲尼谓子产。"十四年："仲尼曰。"二十年："仲尼曰"，"仲尼曰"，"仲尼曰"。二十八年："仲尼闻魏子之举也，以为义曰。"二十九年："仲尼曰。"定九年："仲尼曰。"哀六年："孔子曰。"十一年："孔子曰"，"孔子曰"。

引子思者一：

哀五年："子思曰。"

引叔向者一：

哀十七年："叔向有言曰。"

引辛伯者一：

闵二年："昔辛伯谂周桓公云。"

引子犯者一：

宣十二年："先大夫子犯有言曰：师直为壮，曲为老。"

引臧孙纥者一：

昭七年："臧孙纥有言。"

引谣谚者十九：

　　隐十一年："周谚有之曰。"桓十年："周谚有之。"闵元年："且谚曰。"僖五年："谚所谓"，"童谣云"。七年："谚有之曰。"文七年："谚所谓。"宣四年："谚曰。"十五年："谚曰。"十六年："谚曰。"昭元年："谚所谓。"三年："且谚曰。"七年："抑谚曰。"十三年："谚曰。"十九年："谚曰"，"谚所谓"。二十五年："童谣有之曰。"二十八年："谚曰。"定十四年："谚曰。"

引古人之言者八：

　　僖七年："古人有言曰。"文十七年："古人有言曰"，"又曰"。宣十五年："古人有言曰。"成十七年："古人有言曰。"襄二十四年："古人有言曰。"二十六年："古人有言曰。"昭七年："古人有言曰。"

引人言者三：

　　昭七年："人有言。"二十二年："人有言曰。"二十四年："人亦有言曰。"

引先民之言者一：

　　哀十五年："先民有言曰。"

总观所引之书，除《诗》《书》《易》《礼》而外，曰《夏训》，曰

《周志》，曰前志，曰军志，曰志，曰《郑书》：皆史也，无一为离事言理之作。曰《虞箴》，曰《鼎铭》，箴铭之作，其源甚古，但不得与后世成一家言之私人著作同论。所引之人，曰史佚，曰周任，皆史官，其言必见其所修之史。（成四年引史佚之志，志即史。）曰周文、武，曰楚庄、文，曰叔向，曰辛伯，曰子犯，曰臧孙纥：皆历史人物，其言故见于史书。子犯之言即见《左传》僖二十八年。曰谣谚，曰泛引古人、先民，或史籍所载，或口碑所传，决非有私人著作。惟孔子子思虽亦历史人物，而实兼学术人物。但孔子述而不作，无私家著作之书，《三传》及他战国初年书，所引孔子之言，除荒缈无稽者（如庄子所引），概得之传闻，或孔门弟子之口授。子思已为战国时人，与《左传》作者相近。（《左传》作者虽不可考，然即其引子思言而论，知必非与孔子同好恶之左邱明，而其时代决不能前于子思也。）无论得之其人，见诸其书，与战国前无私家著作之说，固无抵也。昭十二年楚王谓左史倚相能读《三坟》、《五典》、《八索》、《九邱》，真伪姑不论，固史书而非私家离事言理之作也。

《国语》引《书》者六：

《周语》上第一："《夏书》有之曰"，"在《汤誓》曰"，"在《盘庚》曰"。《晋语》第十："《夏书》有之曰"，"《周书》有之曰"。《楚语》上第十七："《周书》曰。"

引夏令者一：

《周语》中第二："故夏令曰。"

引周制者二：

《周语》中第二："周制有之曰"，"周之制官有之曰"。

引志者二：

《晋语》第十五："志有之曰。"《楚语》上第十七："其在志也。"

引先王者一：

《周语》中第二："先王之令有之曰。"

引史佚者一：

《周语》下第三："昔史佚有言曰。"

书皆政典，人则史官，无一离事言理之作。

《穀梁》《公羊》不喜博引，所引概传《春秋》之人。《公羊传》引沈子者二：

隐十一年："子沈子曰。"庄十年："子沈子曰。"

引公羊子者二：

桓六年："子公羊子曰。"宣五年："子公羊子曰。"

引鲁子者三：

  庄三年："鲁子曰。"二十三年："鲁子曰。"僖二十八年："鲁子曰。"

引司马子者一：

  庄二十九年："子司马子曰。"

引女子（读汝子）者一：

  闵元年："子女子曰。"

引高子者一：

  文四年："高子曰。"

引北宫子者一：

  哀四年："子北宫子曰。"

引孔子者二：

  昭十二年："子曰。"二十五年："孔子曰。"

引或曰者三：

闵二年："或曰"，"或曰"。成元年："或曰。"

引不修《春秋》者一：

庄七年："不修《春秋》曰。"

引既修《春秋》者一：

庄七年："不修《春秋》曰……君子修之曰。"

《穀梁传》引穀梁子者一：

隐五年："穀梁子曰。"

引尸子者一：

定元年："尸子曰。"

引沈子者一：

定元年："沈子曰。"

引孔子者六：

桓二年："孔子曰。"三年："孔子曰。"十四年："孔子曰。"僖十六年："子曰。"成五年："孔子曰。"昭四年："孔子曰。"

引子贡者一：

　　桓三年："子贡曰。"

引《传》者四：

　　成八年："《传》曰。"十六年："《传》曰。"襄三十年："《传》曰。"昭元年："《传》曰。"

人皆传《春秋》之人，书曰《春秋》，曰《传》：皆史书也。
《论语》引《诗》者四：

　　《学而》第一："《诗》云。"《八佾》第三："相维辟公"，"巧笑倩兮"。《泰伯》第八："《诗》云。"

论《诗》者九：

　　《为政》第二："诵《诗》三百。"《八佾》第三："《关雎》乐而不淫。"《泰伯》第八："兴于《诗》"，"师挚之始，《关雎》之乱"。《子罕》第九："《雅》《颂》各得其所"，"《唐棣之华》"。《子路》第十三："诵《诗》三百。"《季氏》第十六："不学《诗》，无以立。"《阳货》第十七："小子何莫学乎《诗》，女为《周南》《召南》矣乎。"

引《书》者二：

《为政》第二："《书》云。"《宪问》第十四："《书》云。"

引《易》者一：

《子路》第十三："不恒其德，或承之羞。"（孔安国曰：此《易·恒卦》之辞也。）

论《易》者一：

《述而》第七："五十以学《易》。"

论《礼》者二：

《泰伯》第八："立于《礼》。"《季氏》第十六："不学《礼》，无以立。"

论乐者三：

《八佾》第三："子谓《韶》。"《泰伯》第八："成于乐。"《子罕》第九："然后乐正。"（此疑论《诗》，姑列入。）

引周任者一：

《季氏》第十六："周任有言曰。"

引人言者四：

《子路》第十三："子曰：'善人为邦百年，亦可以胜残去杀矣'，诚哉是言。"（孔安国曰：古有此言，故孔子信之也。）又"人之言曰"，"人言曰"，"南人有言曰"。

无私家著作也。

（附说）《论语》论礼乐之言甚多，如曰："礼云礼云，乐云乐云。"如曰："礼与其奢也，宁俭。"之类，泛言礼乐，非指《礼书》《乐书》而言，不得与引书论书同列。

《墨子》前五十一篇，引《诗》者十二：

《所染》："《诗》曰。"《尚贤》中："《诗》曰"，"《周颂》道之曰"。《尚同》中："《周颂》道之曰"，"《诗》曰"，"又曰"。《兼爱》下："《周诗》曰"，"《大雅》之所道曰"。《非攻》中："《诗》曰。"《天志》中："《皇矣》道之曰。"《明鬼》下："《大雅》曰。"《非命》上："在于商夏之诗曰。"

引《书》者三十二：

《七患》："《夏书》曰"，"《殷书》曰"，"《周书》曰"。《尚贤》中："《汤誓》曰"，"先王之书《吕刑》道之曰"，"先王之言曰"。《尚贤》下："于先王之书《吕刑》之书然王曰"，"于先王之书《竖年》之言然曰。"《尚同》中："是以先王之书《吕刑》之道曰。""是以先王之书《术令》之道曰", "是以先王之书《相年》之道曰"。《尚同》下: "于先王之书也《太誓》之言然曰。"《兼爱》下: "《泰誓》曰", "虽《禹誓》即亦犹是也", "禹曰", "虽《汤说》即亦犹是也", "汤曰"。《天志》中: "大誓之道之曰。"《明鬼》下: "《商书》曰", "《夏书》《禹誓》曰"。《非乐》上: "先王之书汤之官刑有之曰", "于《武观》曰"。《非命》上: "于《仲虺之告》曰", "于《太誓》曰", "先王之宪亦尝有曰", "先王之刑亦尝有曰", "先王之誓亦尝有曰"。《非命》中: "《仲虺之告》曰。" "《太誓》之言然曰"。《非命》下: "《禹》之《总德》有之曰", "《仲虺之告》曰", "《太誓》之言也于去发曰"。

（附说）《墨子》引商夏之诗,其词曰: "命令,暴王所作。"不似《诗》,但既标曰诗,故姑附引《诗》之中。所引《书》更多今本所无,即有之,亦大相出入。但古《尚书》百篇,今存者才二十八篇,则所引容在逸篇。惟曰"先王之宪,先王之刑",未必尽载于《书》,要之必见古史,故姑附焉。

引传者二:

《尚贤》中: "传曰。"《兼爱》中: "传曰。"

引各国《春秋》者四:

《明鬼》下: "著在周之《春秋》", "著在燕之《春秋》", "著在宋之《春秋》", "著在齐之《春秋》"。

引鲁语者一：

《公孟》："子亦闻夫鲁语乎？"（盖非《国语》之《鲁语》）

引古圣王者五：

《节用》中："昔者圣王为法曰"，"古者圣王制为节用之法曰"，"古者圣王制为饮食之法曰"，"古者圣王制为衣食之法曰"，"古者圣王制为节丧之法曰"。

引古语者六：

《尚同》下："古者有语焉曰。"《非攻》中："古者有语"，"古者有语"，"古者有语"。《天志》上："且语言有之曰。"（此容为当时语，只此一条，且难定时代，姑附于此。）《明鬼》下："于古曰。"

《诗》《书》之外，曰传，曰各国《春秋》，皆政典；古语当见古史，无私家言理之书也。至所引古圣王之法，疑为托古改制，否则《诗》《书》所载。《明鬼》下引禽艾之言，翟灏疑即《逸周书·世俘解》禽艾侯（《墨子间诂》引），他无所见，确否难定；要之亦历史人物，无私人著作。至公孟、公输、告子（与墨子同时，非与孟子言性恶之告子，见《公孟篇》）、程子（亦见《公孟篇》）之流，皆与墨子同时，不得与引古同论矣。

《孟子》引《诗》者三十三：

《梁惠王篇》："《诗》云：经始灵台"，"《诗》云：他人有心"，"《诗》云：刑于寡妻"，"《诗》云：畏天之威"。"《诗》云：王赫斯怒。""《诗》云：哿矣富人"，"《诗》云：乃积乃仓"，"《诗》云：古公亶父"。《公孙丑篇》："《诗》云：自西自东"，"《诗》云：迨天之未阴雨"，"《诗》云：永言配命"。《滕文公篇》："《诗》云：昼尔于茅"，"《诗》云：雨我公田"，"《诗》云：周虽旧邦"，"《鲁颂》曰：戎狄是膺"，"《诗》云：不失其驰"，"《诗》云：戎狄是膺"。《离娄篇》："《诗》云：不愆不忘"，"《诗》云：天之方蹶"，"《诗》云：殷鉴不远"，"《诗》云：永言配命"，"《诗》云：商之子孙"，"《诗》云：谁能执热"，"《诗》云：其何能淑"。《万章篇》："《诗》云：娶妻如之何？""《诗》云：普天之下"，"《云汉之诗》曰："，"《诗》曰：永言孝思"，"《诗》云：周道如底"。《告子篇》："《诗》曰：天生蒸民"，"《诗》云：既醉以酒"。《尽心篇》："《诗》云：不素餐兮"，"《诗》曰：忧心悄悄……肆不殄厥愠"。

称《诗》者（不举其词者）二：

《告子篇》："《小弁》、小人之诗也"，"《凯风》何以不怨"。

引《书》者二十一：

《梁惠王篇》："《汤誓》曰：时日曷丧？""《书》曰：天降下民"，"《书》曰：汤一征自葛始"，"《书》

曰：徯我后"。《公孙篇》："《太甲》曰：天作孽。"《滕文公篇》："《书》曰：若药不瞑眩。""放勋曰：劳之来之（虽不见今《尚书》，当为逸篇文字）"，"《书》曰：葛伯仇饷，汤始征，自葛载"，"《书》曰：徯我后……有攸不为臣"（赵注《尚书》逸篇之文），"《太誓》曰：我武维扬"，"《书》曰：洚水警余"，"《书》曰：丕显哉文王谟"。《离娄篇》："《太甲》曰：天作孽。"《万章篇》："《尧典》曰：二十有八载"，"《书》曰：祗载见瞽瞍"，"《太誓》曰：天视自我民视"，"《伊训》曰：天诛造攻自牧宫"，"《康诰》曰：杀越人于货"。《告子篇》："享多仪。"《尽心篇》："南面而征"，"武王之伐殷也"。（吴辟疆《孟子文法读本》云，此《尚书》逸文。）

论《书》者一：

《尽心篇》："吾于《武成》，取二三策而已矣。"

引《礼》论《礼》者二十三：

陈澧《东塾读书记》孟子说《礼》，有明言《礼》者：（如曰："诸侯耕助"云云，"《礼》朝廷不历位而相与言"云云是也。"诸侯失国"云云，"在国曰市井之臣"云云，下文皆云《礼》也。"丈夫之冠也，父命之"云云，上文云：子未学礼乎？"三年之丧，齐疏之服"云云，"天子一位"云云，皆曰尝闻。"君薨，听于冢宰。"引孔子曰："天子适诸侯"云云两见，一引晏子。）有不明言《礼》者：（"古者棺椁无度"云云，"夏后氏五十而贡"云云，"夏曰校"云云，

"卿以下必有圭田"云云，"岁十一月徒杠成"云云，"招虞人以皮冠"云云，"天子之制地方千里"云云，"牺牲既成"云云，"有布缕之征"云云。）有与人论《礼》者：（"景丑曰：《礼》曰父召无诺"云云，"淳于髡曰：男女授受不亲，《礼》与？""齐宣王曰：《礼》为旧君有服"，"万章曰：父母爱之，喜而不忘"云云，与《内则》略同。）根泽所数一时散乱，故姑就陈氏列之。《内则》在《礼记》，辑于汉人，孟子果否引《礼》，颇难臆定。他如此者尚多。

说《春秋》者三：

《滕文公篇》："孔子惧，作《春秋》。"《离娄篇》："《诗》亡然后《春秋》作。"《尽心篇》："春秋无义战。"（此似论春秋时事，非论《春秋》书。）

引《传》者一：

《滕文公篇》："《传》曰。"

说《传》者二：

《梁惠王篇》："于《传》有之"，"于《传》有之"。

引志者二：

《滕文公篇》："且志曰"，"且志曰"。

引孔子者二十九：

　　顾炎武《日知录》孟子引《论语》有详目，不赘列。此外有引孔子言而不明言孔子者，如曰："君子之德风也"，"生事之以礼"。（孟子引曾子曰）均见《论语》。"大人者、言不必信，行不必果"，似本《论语》"言必信，行必果，硁硁然小人哉"。"原泉混混，不舍昼夜"，似本《论语》"逝者如斯夫！不舍昼夜"。

引曾子者六：

　　《梁惠王篇》："曾子曰：戒之戒之。"《公孙丑篇》："曾子谓子襄曰，子好勇乎？""曾子曰：晋楚之富。"《滕文公篇》："曾子曰：生事之以礼（《论语》谓孔子语）""曾子曰：不可，江汉以濯之"，"曾子曰：胁肩谄笑"。

引曾西者一：

　　《公孙丑篇》："曾西艴然不悦曰。"

引子贡者二：

　　《公孙丑篇》："子贡问于孔子曰"，"子贡曰，见其礼"。

引宰我者一：

《公孙丑篇》:"宰我曰:以予观于夫子。"

引有若者一:

《公孙丑篇》:"有若曰:岂惟民哉?"

引颜渊者一:

《滕文公篇》:"颜渊曰:舜、何人也。"

引子路者一:

《滕文公篇》:"子路曰:未同而言。"

引公明仪者四:

《滕文公篇》:"公明仪曰:文王、我师也","公明仪曰:三月无君则吊","公明仪曰:庖有肥肉"。《离娄篇》:"公明仪曰:宜若无罪焉。"

引伊尹者二:

《万章篇》:"伊尹曰:何事非君?"《尽心篇》:"伊尹曰:予不狎于不顺。"

引龙子者二:

《滕文公篇》:"龙子曰:治地莫善于助。"《告子篇》:"龙子曰:不知足而为屦。"

引成覵者一:

《滕文公篇》:"成覵曰。"

引齐景公者二:

《梁惠王篇》:"齐景公问于晏子曰。"《离娄篇》:"齐景公曰:既不能令。"

引阳虎者一:

《滕文公篇》:"阳虎曰:为富不仁矣。"

引长息公明高者一:

《万章篇》:"长息问于公明高曰。"

引齐太师之诗者一:

《梁惠王篇》:"其诗曰:畜君何尤?"(齐太师为景公晏子所奏)

引孺子之歌者一:

《离娄篇》："有孺子歌曰：沧浪之水清兮！"

引夏谚者一：

《梁惠王篇》："夏谚曰：吾王不游。"

引齐人之言者一：

《公孙丑篇》："齐人有言曰。"

引恒言者一：

《离娄篇》："人有恒言。"

此外若称论尧、舜、文、武、伯夷、叔齐、伊尹、周公、孔子、曾子、柳季、子产，诸圣哲者，未遑枚数；但亦泰半未得与引书同论也。至告子、高子、宋牼、淳于髡，皆并时人，亦屡见于书中；稍前显学，若杨朱、墨翟、子莫之流，主张不同，未引其言，而评论之语，迭见不鲜；（此人举知之，不必具列）所引之人与书，不为少矣，而书无私家著作之书，人非历史人物，即为战国显学（墨翟、杨朱等），总之无战国前著书成一家言者也。

《庄子》寓言十九，所引半属子虚（《天下篇》为自序，皆实指，当别论），能质实者甚少。引《齐谐》者一：

《逍遥游》："《齐谐》之言曰。"

引宋荣子者一：

  《逍遥游》："而宋荣子犹然笑之。"

引列子者一：

  《逍遥游》："夫列子御风而行。"

引肩吾连叔者一：

  《逍遥游》："肩吾问于连叔曰。"

引肩吾狂接舆者一：

  《应帝王》："肩吾见狂接舆曰。"

引惠子者三：

  《逍遥游》："惠子谓庄子曰"，"惠子谓庄子曰"。《德充符》："惠子谓庄子曰。"

引南郭子綦颜成子游者一：

  《齐物论》："南郭子綦隐几而坐……颜成子游立侍乎前曰。"

引南伯子綦者一：

《人间世》："南伯子綦游乎商之丘。"（成疏：即南郭子綦也。）

引齧缺王倪者二：

《齐物论》："齧缺问乎王倪曰。"《应帝王》："齧缺问于王倪。"（尚附及蒲衣子）

引瞿鹊长梧者一：

《齐物论》："瞿鹊问乎长梧子曰。"

引罔两景者一：

《齐物论》："罔两问景曰。"（此显非人）

引庖丁文惠君者一：

《养生主》："庖丁为文惠君解牛。"（庖丁未必为人名，姑列入。）

引公文轩右师者一：

《养生主》："公文轩见右师而惊曰。"（右师非人名，亦姑列入。）

引老聃秦失者一：

  《养生主》："老聃死，秦失吊之。"

引仲尼颜回者三：

  《人间世》："颜回见仲尼。"《大宗师》："颜回问仲尼曰"，"颜回曰：回益矣"。"仲尼曰：何谓也？"

引仲尼叶公子高者一：

  《人间世》："叶公子高将使于齐，问于仲尼曰。"

引蘧伯玉颜阖者一：

  《人间世》："颜阖将傅卫灵公太子而问于蘧伯玉曰。"

引孔子接舆者一：

  《人间世》："孔子适楚，狂接舆游其门曰。"

引支离疏者一：

  《人间世》："支离疏者。"（此显非人）

引王骀者一：

《德充符》:"鲁有兀者王骀。"

引常季孔子者一:

《德充符》,载常季与孔子问答。

引伯昏无人及子产申徒嘉者一:

《德充符》:"申徒嘉,兀者也,而与郑子产同师于伯昏无人。"

引叔山无趾仲尼者一:

《德充符》:"鲁有兀者,叔山无趾踵见仲尼。"

引无趾老聃者一:

《德充符》:"无趾语老聃曰。"

引鲁哀公仲尼及哀骀它者一:

《德充符》:"鲁哀公问于仲尼曰,卫有恶人焉,曰哀骀它。"

引哀公闵子者一:

《德充符》:"哀公异日以告闵子曰。"

引闉跂支离无脤卫灵公者一：

　　《德充符》："闉跂支离无脤说卫灵公。"

引瓮㼜大瘿齐桓公者一：

　　《德充符》："瓮㼜大瘿说齐桓公。"

引南伯子葵女偊者一：

　　《大宗师》："南伯子葵问乎女偊曰。"（二人谈及副墨之子，诵洛之孙等等，不特列。）

引子祀子舆子犁子来者一：

　　《大宗师》："子祀、子舆、子犁、子来，相与语。"

引子桑户孟子反子琴张者一：

　　《大宗师》："子桑户、孟子反、子琴张，三人相与友。"

引孔子子贡者一：

　　《大宗师》："子贡反以告孔子曰。"

引许由意而子者一：

　　《大宗师》："意而子见许由。"

引子舆子桑者一：

　　《大宗师》："子舆与子桑友。"

引天根无名人者一：

　　《应帝王》："天根……遭无名人而问焉。"

引老聃阳子居者一：

　　《应帝王》："阳子居见老聃曰。"

引壶子列子季咸者一：

　　《应帝王》："郑有神巫曰季咸……列子见之而心醉，归以告壶子。"

引法言者二：

　　《人间世》："法言曰"，"法言曰"。

述儒墨者一：

《齐物论》:"故有儒墨之是非。"

可质实者如孔子,虽为战国以前人,而固无及身成立之私家著作(说见前)。惠子、列子、宋荣子,则已至战国矣。总之:庄子荒唐之言,不可据为史实,无论罔两无趾之无其人著;即孔子师徒之语,亦妄托耳。浅者见《齐谐》之言,伪为《齐谐记》,固不值识者一笑也。所引法言,郭象释为格言,则非书名。而堪注意者,于学术独言有儒墨之是非,则以于时儒墨之言已出,而他家之言举未立也。

(附说)所列《庄子》引人,无言而只为人之征引者,一并附入,以庄子述人述言,淆混难分,故索性全举也。

《荀子》引《诗》者八十二:

《劝学篇》:"《诗》曰","《诗》曰","《诗》曰"。《修身篇》:"《诗》曰","《诗》云","《诗》云"。《不苟篇》:"《诗》曰","《诗》曰","《诗》曰"。《荣辱篇》:"《诗》曰。"《非相篇》:"《诗》曰","《诗》曰"。《非十二子篇》:"《诗》云","《诗》云"。《仲尼篇》:"《诗》曰。"《儒效篇》:"《诗》曰","《诗》曰","《诗》曰","《诗》曰","《诗》曰"。"《诗》曰。"《王制篇》:《诗》曰。"《富国篇》:"《诗》曰","《诗》曰","《诗》曰","《诗》曰","《诗》曰","《诗》曰"。《王霸篇》:"《诗》曰","《诗》曰"。《君道篇》:"《诗》曰","《诗》曰","《诗》曰","《诗》曰"。《臣道篇》:"《诗》曰","《诗》曰","《诗》曰","《诗》曰"。《致士篇》:"《诗》曰","《诗》曰"。《议兵篇》:"《诗》曰","《诗》曰","《诗》曰",

"《诗》曰"。《强国篇》："《诗》曰"，"《诗》曰"。《天论篇》："《诗》曰"，"《诗》曰"。《正论篇》："《诗》曰"，"《诗》曰"。《礼论篇》："《诗》曰"，"《诗》曰"，"《诗》曰"。《解蔽篇》："《诗》曰"，"《诗》曰"，"《诗》云"，"《诗》曰"。《正名篇》："《诗》曰"，"《诗》曰"，"《诗》曰"。《君子篇》："《诗》曰"，"《诗》曰"，"《诗》曰"。《大略篇》："《诗》曰"，"《诗》曰"，"《诗》曰"，"《诗》曰"，"《诗》曰"，"《诗》云"，"《诗》云"，"《诗》云"，"《诗》云"，"《诗》云"，"《诗》曰"。《宥坐篇》："《诗》曰"，"《诗》曰"，"《诗》曰"，"《诗》曰"，"《诗》曰"。《法行篇》："《诗》曰"，"《诗》曰"。《尧问篇》："《诗》曰。"

论《诗》者十一：

《劝学篇》："《诗》者，中声之所止也"，"《诗》《书》之博也"。"《诗》《书》故而不切。"《荣辱篇》："《诗》《书》《礼》《乐》之分乎"，"夫《诗》《书》《礼》《乐》之分"。《儒效》篇："故《诗》《书》《礼》《乐》之归是矣，《诗》言是其志也。""故《风》之所以为不逐者，取是以节之也；《小雅》之所以为小雅者，取是而文之也；《大雅》之所以为大雅者，取是而光之也；《颂》之所以为至者，取是而通之也。"《大略篇》："而《诗》非屡盟"，"善为《诗》者不说"。"《国风》之好色也"，"《小雅》不以于污上"。

引《书》者十五，

  《修身篇》："《书》曰。"《王制篇》："《书》曰。"《富国篇》："《康诰》曰"，"《书》曰"。《君道篇》："《书》曰"，"《书》曰"。《臣道篇》："《书》曰。"《致士篇》："《书》曰。"《议兵篇》："《太誓》曰。"《天论篇》："《书》曰。"《正论篇》："《书》曰"，"《书》曰"。《君子篇》："《书》曰。"《大略篇》："舜曰：维予从欲而治。"（杨注：《虞书》美皋陶之辞。）《宥坐篇》："《书》曰。"

论《书》者五：

  《劝学篇》："故书者政事之纪也，《诗》《书》之博也"，"《诗》《书》故而不切"。《荣辱篇》："《诗》《书》《礼》《乐》之分乎！""夫《诗》《书》《礼》《乐》之分。"《儒效篇》："故《诗》《书》《礼》《乐》之归是矣，《书》言是其事也。"

引《易》者三：

  《非相篇》："《易》曰。"《大略篇》："《易》之《咸》"，"《易》曰"。

论《春秋》者五：

  《劝学篇》："《春秋》之微也"，"《春秋》约而不速"。《儒效篇》："《春秋》言是其微也。"《大略篇》："《春秋》贤穆公，以为能变也。""故《春秋》善胥命。"

至《礼》《乐》为荀子所传，篇中论述极多，惟《礼经》、《乐经》，亡佚殆尽，不知何为引书，何为立论，故宁阙焉。此外引传者二十：

《修身篇》："传曰。"《不苟篇》："传曰。"《非相篇》："传曰。"《王制篇》："传曰"，"传曰"。《王霸篇》："传曰。"《臣道篇》："传曰"，"传曰"。《致士篇》："传曰。"《议兵篇》："传曰。"《天论篇》："传曰。"《正论篇》："传曰"，"传曰"。《解蔽篇》："传曰"，"传曰"，"传曰"。《性恶篇》："传曰。"《君子篇》："传曰。"《大略篇》："传曰。"《子道篇》："传曰。"

引孔子者六：

《仲尼篇》："孔子曰。"《儒效篇》："孔子曰。"《王制篇》："孔子曰。"《富国篇》："孔子曰。""孔子曰。"《正论篇》："孔子曰。"

引孟子者三：

《性恶篇》："孟子曰"，"孟子曰"，"孟子曰"。

引公孙子者一：

《强国篇》："公孙子曰。"

引曾子者一：

《解蔽篇》："曾子曰。"

引语曰者六：

《君道篇》："语曰。"《正论篇》："语曰。"《大略篇》："民语曰"，"语曰。"《哀公篇》："语曰。"《尧问篇》："语曰。"

至《大略》《宥坐》以下数篇，多记孔门问答之言，似依托，不具列。统观所引书，非六艺，即传记，无离事言理者。所引之人，惟公孙子，不经见，杨倞疑为孟尝君客公孙成，则无论有无著作，固战国人也。荀子其生稍晚，各家学说，发生已夥。故书中于其以前或并世之学术，论述视《论》《孟》《墨》《庄》为多，除《非十二子》、《天论》、《解蔽》及他篇论惠施邓析之言已见前。论墨子者见于《儒效》、《富国》、《王霸》、《礼论》、《乐论》、《成相》六篇：

《儒效篇》："其言议谈说已无以异于墨子矣"云云。《富国篇》："墨子之言"云云。《王霸篇》："墨子之说也"云云。《礼论篇》："墨者将使人两丧之者也。"《乐论》几于全为墨子非乐而发，故篇中皆针对墨子立论。《成相篇》："慎、墨、季、惠，百家之说"云云。

又有论墨子而不明言墨子者：

《正论篇》："世俗之为说曰：太古薄葬"云云，此明对墨子而发。（《修身篇》言：术顺墨而精杂污，未必指墨子。）

论宋子者见于《正论篇》：

《正论篇》："子宋子曰：明见侮之不辱"云云。"子宋子曰：人之情欲寡"云云。

论孟子者见于《性恶篇》：

《性恶篇》几于全对孟子性恶而发。

论慎惠季三子者见于《成相篇》：

《成相篇》曰："慎、墨、季、惠之诚不祥。"

述杨朱者见于《王霸篇》：

《王霸篇》："杨朱哭衢涂。"

曰墨，曰宋，曰孟，曰慎，曰惠，曰杨：皆战国人。曰季，杨倞注："或曰季即庄子，或曰季梁，杨朱之友。"则亦战国人也。

（附说）各书征引，列其泛论事理者，但于一事发生伊始，同时人或亲见，或传闻，再加以评论，书籍记此，乃事的叙述，不得与引古同论，故不列。（如《左传》僖十四年沙鹿崩，晋卜偃曰：期年将有大咎，几亡国。如《公羊传》哀十四年颜渊死，子曰：噫！天丧予。）惟孔子整齐鲁史，据为《春秋》，对《春秋》之事，自有评论（未必尽笔于书，《史记·十二诸侯年表》言孔子次《春秋》，七十子之徒口授其传指，为有所刺讥褒讳挹损之文辞，不可以书见也），而定哀之后，又为及身所见，其言为论古（如为次《春秋》时所发，则为论古），抑为论时（如为事情发生时所言，则为论时），极难分析，故除显著易见者外，姑皆列焉。

《论》、《孟》、《庄》、《荀》、《左》、《国》、《公》、《榖》、《墨子》，率战国初年以至中年人作，为书九种，为卷数百，为字无虑百万，所引书皆《诗》《书》政典，皆史书，无私家著作。不惟天乙、泰壹、神农、黄帝、封胡、力牧之书不一见；即至今尚存且泥古者信以为真之《六韬》、《阴符》、《鹖子》、《管子》之书，亦不一见，则战国前之无私家著作，尚可疑乎？而浅者每据《韩非·储说》《说林》，不韦《吕览》，战国末年之作，及汉儒纂辑之《礼记》，以及《说苑》、《新序》、《列女传》，韩婴之《韩诗外传》，《淮南》之篇，桓谭桓宽之论，王充之《论衡》，董仲舒之《春秋》，班固之《白虎通德论》，应劭之《风俗通义》，以至赝伪踳驳之《晏子》《吴越》两春秋，商君贾谊两书，以为不惟春秋之时，已学说灿烂；即皇王鸿荒未辟之先，亦已道术大备，著作斐然。不古之据而后之从，其迷误不喻，岂不悖哉？

四曰春秋时所用以教学者无私家著作也 《楚语》："庄王使士亹傅太子箴……申叔时曰：'教之《春秋》，而为之耸善而抑恶焉，以戒劝其心；教之《世》，而为之昭明德而废幽昏焉，以休惧其动；（韦注：《世》、先王之《世系》。）教之《诗》，而为道广显德以耀其明志；教之《礼》，使知上下之则；教之《乐》，以疏其秽而镇其浮；教之《令》，使访物官；（韦注：令、先王之官法时令也。）教之《语》，使明其德，而知先王之务用明德于民；教之故志，使知废兴者而戒惧焉；教之《训典》，使知族类行比义焉。'"令语志典，尚皆教之，设有《汉志》所载神农黄帝以至伊尹太公之书，其关系政教，即流传至今者而论，极为重要，何以独不教之？至《鬻子》称楚祖鬻熊所作，如属事实，楚国君臣，自当奉为圭臬，视为宝典，教太子何能不列入教科？不惟士亹所教无私家著作也，直至孔子有教无类，弟子三千，为世界鲜有之大学问家、大教育家，其所以教其弟子者，亦只《诗》《书》六艺（见《论语》引书条），无私家著作。孔子数称管仲，谓"如其仁，如其仁，微管仲、吾其被发左衽矣"。设于时有《管子》之书，何能不喋喋称述以教门徒也？

有此四证，战国前无私家著作，可深信而不疑。抑所以至战国而诸家蔚起，且每托名古人；战国以前独阒无一家者，其亦有因：

一曰孔子以前书皆在官非其人不得诵习也　古者政教不分，书在官府，欲得诵习，颇非易易。故韩宣子、晋世卿也，必俟至鲁观书于太史氏，始得见《易象》与鲁《春秋》（《左传》昭二年）。季札、吴公子也、亦必俟至鲁，始得闻名国之诗与乐（《左传》襄二十九年）。一般平民，更无论焉。大凡典册深藏官府，则有承传，无发展；谨世守，乏研究。欧洲中古时代一切书为教会所专有，卒至学术黯然，非其例欤？荀子曰："循法则度量刑辟图籍，不知其义，谨守其数，慎不敢损益也，父子相传，以持王公（王念孙《读书杂志》谓持奉也）……是官人百吏之所以取禄秩也。"（《荣辱篇》）则各家学说又乌能产生？迨孔子以《诗》《书》《礼》《乐》为教，自行束修，未尝无诲，有教无类，门徒三千，开私人讲学之风，予平民读书之机。冯芝生先生言士农工商之士始自孔子。（见《燕京学报》第二期先生所为《孔子在中国史中之地位》）考"士"字在孔子以前，泰半指士大夫，或军士。如《书·牧誓》："是以为大夫卿士。"《左传》定元年："若立君，则卿士大夫与守龟在。"皆谓士大夫。《齐语》："士乡十五。"韦昭注："此士，军士也。"《左传》定十一年："士兵之。"杜预《集解》:"以兵击莱人。"则亦军士。间有泛指男子者,如《诗》:"女曰鸡鸣,士曰昧旦。"亦有指理官者。如《书·尧典》:"汝作士。"无解为士农工商之士者。《左传》昭二十六年:"民不迁,农不移,工贾不变,士不滥,官不滔,大夫不收公利。"于士下连举官大夫,杜预注为:"不失职",则亦指士夫。哀二年:"克敌者、上大夫受县,下大夫受郡,士田十万,庶人工商遂,人臣隶圉免。"士举于大夫之下,则亦非士农工商之士。文十四年:"公子商人骤施于国而多聚士。"襄十一年:"怀子好施,士多归之。"二十三年:"晋将嫁女于吴,齐侯使析父滕之,以藩载栾盈及其士,纳诸曲沃。"昭十二年:"南蒯之将叛也……乡人或歌之曰:'……已乎,已乎,非吾党之士乎!'"十三年:"我先君文公(晋文公)……生十七年,有士五人。"所谓士皆泛指人士;至孔子而"士"字始不得尽以古义解。《论语》载孔子谓:"士志于道,而耻恶衣恶食者,未足与议也。"(《里仁》第四)又曰:"士而怀居,不足以为士矣。"(《宪问》第十四)又曰:"志士仁人,无求生以害仁,有杀身以成仁。"(《卫灵公》第十五)则孔子所谓"士",为道德学问上之一阶级,与前为地位上一阶级者绝异,此实创自孔子,以前无有,故门弟子每疑而问之。"子贡问:'何如斯可谓之士矣?'子曰:'行己有耻,使于四方,不辱君命,可谓士矣。'曰:'敢问其次?'曰:'宗族称孝焉,乡党称悌焉。'曰:'敢问其次?'曰:'言必信,行必果,硁硁然小人也;抑亦可以为次也。'曰:'今之从政者何如?'子曰:'噫!斗筲之人,何足算也!'"(《子路》第十三)虽子贡有谓:"今之从政者",孔子亦曰:"使于四方",但曰:"宗族称孝,乡党称悌",则非士大夫之士,而为道德学问之士;"使于四方",以言其能,非言其职。盖学问道德之士,本以为士夫之候补者也。"子路问:'何如斯可谓之士矣?'子曰:'切切、偲偲、怡怡如也;朋友切切偲偲,兄弟怡怡如也。'"(同上)且《论语》于仕宦之仕作"仕",不作"士"。《阳货》第十七:"吾将仕矣。"《子张》第十九："仕而优则学，学而优则仕。"亦与前只作'士'者异。惟《穀梁传》成公元年曰："古者有四民：有士民，有商民，有农民，有工民。"《穀梁传》、其传甚古，而著于竹帛则甚晚。书中引及尸子（隐五年）。尸子与商鞅同时，知其成书时代必在商鞅之后，且单文孤证，于他无征，不得据以为古有讲学论道之士一阶级。则冯先生士农工商之士始自孔子之说，不误也。私家著作之事，几为士所专有，孔子以前既无士，无私家著作，又何足怪？至孔子后讲学之风既开，各家皆聚徒授书，《吕氏春秋》谓："孔墨徒属弥众，弟子弥丰，充满天下。"（《尊师篇》）"孔墨之后，显荣于天下者众矣，不可胜数。"（《当染篇》）墨子亦曰："臣之弟子禽滑釐等三百人。"（《公输篇》）孟子传食诸侯，后车数十乘，从者数百人。（《滕文公篇》）许行至滕，亦徒属数十。（《孟子·滕文公篇》）见于记载者已如此，则当时实以政教初分，忽得观书，人喜籀读，家好立说，河出伏流，一泻千里，与欧洲教会垄断学术之局一败，而文艺复兴，遂一发而不可遏，中西古今，同具伟观焉。

二曰战国前各国政治一赖传统之礼而无产生各家学说之必要也凡一种道术学说产生，无非所以解决当时之患难，俾社会国家渐进于理想。故诸子之说，方术不同，皆思所以救世之弊。三代无论矣。春秋二百四十二年，世已乱矣，而君臣士夫，言及政治人生，无不以礼；前期固然，后期亦何独不然？今就《左传》最末之定哀两代言之：定十年："孔丘谓梁丘据曰：'……且牺象不出门，嘉乐不野合，飨而既具，是弃礼也。……弃礼名恶，子盍图之？'"又："晋人遂杀涉佗，成何奔燕，君子曰：'此之谓弃礼，必不钧。《诗》曰：人而无礼，胡不遄死？涉佗亦遄矣哉！'"又："宋公子地嬖蘧富猎，十一分其室，而以其五与之。公子地有白马四，公嬖向魋，魋欲之，公取而朱其尾鬣以与之。地怒，使其徒扶魋而夺之。魋惧，将走，公闭门而泣之，目尽肿。母弟辰曰：'子分室以与猎也，而独卑魋，亦有颇焉。子为君礼，不过出竟，君必止子。'"十五年："春、邾隐公来朝，子贡观焉。邾子执玉高，其容仰；公执玉卑，其容俯。子贡曰：'以礼观之，二君皆有死亡焉。夫礼、死生存亡之体也，将左右周旋进退俯仰，于是乎取之；朝祀丧戎，于是乎观之。今正月相朝，而皆不度，心已亡矣。'"哀七年："吴来征百牢，子服景伯对曰：'先王未之有也。'吴人曰：'宋百牢我，鲁不可以后宋；且鲁牢晋大夫过十，吴王百牢，不亦可乎？'景伯曰：'晋范鞅贪而弃礼，以大国惧敝邑，故敝邑十一牢之。君若以礼命于诸侯，则有数矣；若亦弃礼，则有淫者矣。周之王也，制礼上物不过十二，以为天之大数也。今弃周礼而必曰百牢，亦唯执事。'吴人弗听，景伯曰：'吴将亡矣，弃天而背本；不与，必弃疾于我。'乃与之。太宰嚭召季康子，康子使子贡辞，太宰嚭曰：'国君道长而大夫不出门，此何礼也？'对曰：'岂以为礼，畏大国也。大国不以礼命于诸侯；苟不以礼，岂可量也？寡君既共命焉，其老岂敢弃其国？大伯端委以治周礼，仲雍嗣之，断发文身，裸以为饰，岂礼也哉？有由然也。'"八年："吴为邾故，将伐鲁，问于叔孙辄。叔孙辄曰：'鲁有名而无情，伐之必得志焉。'退而告公山不狃。公山不狃曰：'非礼也，君子违，不适仇国。'"十二年："卫侯会吴于郧……吴人藩卫侯之舍，子服景伯谓子贡曰：'夫诸侯之会，事既毕矣，侯伯致礼，地主归饩，以相辞也。今吴不行礼于卫，而藩其君舍以难之。'"十五年："楚子西子期伐吴，及桐汭，陈侯使公孙贞子吊焉，及良而卒，将以尸入，吴子使太宰嚭劳且辞。……芊尹盖对曰：'……臣闻之，事死如事生，礼也。于是乎有朝聘而终以尸将事之礼，又有朝聘而遭丧之礼。若不以尸将命，是遭丧而还也，无乃不可乎？以礼防民，犹或逾之。今大夫曰：死而弃之，是弃礼也，其何以为诸侯主？'"十六年："孔丘卒，公诔之。……子赣曰：'君其不没于鲁乎？夫子之言曰：礼失则昏，名失则愆。失志为昏，失所为愆。生不能用，死而诔之，非礼也。'"礼之信用，春秋时已不如三代，春秋后期又不如前期，而定哀四十余年中，言礼者尚如此之多。则春秋及春秋以前所以经纬万端者，无不以礼。故各种学说，无产生之必要与可能。及至战国，世乱日亟，人心益诈，学者见先王之礼仍不能维持和平，于是各就所见，求所以维系改善之方。惟儒家仍思以礼治天下，而其所谓礼，亦益以制裁力，不若先王之只恃欷动力。（参看拙撰《荀子论礼通释》）自余若老庄之非薄礼者无论矣。《国策》所载，诸子所论，言礼由礼之说，不经见也。（参阅顾炎武《日知录·周末风俗》）则百家思救世弊，应时而出，亦如希腊之智者（Sophist）；清末民初之新学，风起云涌，有由然也。

三曰所以伪托古人者以坚人之信也　返古思想，为人类通性之一，中国尤甚。况当战国乱离之时，颠沛失所，更易引起慕古返古之思，故各家著书立说，每每托古。即彰彰较著者言之：儒墨两家，俱祖尧舜，道家为黄帝之说，许行托神农之言，其非神农黄帝尧舜之真，而为诸家之托，不惟今人言之，战国诸家已言之。墨子曰："今逮至昔者，三代圣王既没，天下失义，后世之君子，或以厚葬久丧以为仁也，义也，孝子之事也；或以厚葬久丧以为非仁义，非孝子之事也。曰，二子者言则相非，行即相反，皆曰吾上祖述尧、舜、禹、汤、文、武之道也；而言即相非，行即相反于此乎？后世之君子，皆疑惑乎二子者言也。"（《节葬下》）韩非子曰："孔子墨子俱道尧舜，而取舍不同，皆自谓真尧舜，尧舜不复生，将谁使定儒墨之诚乎？"（《显学篇》）孟子于舜南面而立、尧率诸侯北面朝之说曰："此非君子之言，齐东野人之语也。"于孔子主痈疽瘠环，百里奚以饭牛干秦穆公之说，皆曰："好事者为之也。"（并《万章篇》）《荀子·正论篇》于当时言古之说，力斥其非，而《儒效篇》又诋言议谈说之士曰："呼先王以欺愚者。"言"道过三代谓之荡"。则谓诸子托古，不为诬蔑。公孟子托法于周，墨子谓："子法周而未法夏也，子之古非古也。"（《墨子·公孟篇》）然则墨子之所以述尧舜道夏禹者可知矣，以其古尤古也。故愈至后世，所言益古，驯至而法黄帝，驯至而法神农，驯至而法天乙泰一，无非所以使其古尤古，以压倒他家，谓其古非也。荀子曰："五帝之外无传人……五帝之中无传政……禹汤有传政，而不若周之察也。"（《非相篇》）则凡五帝以前之书，皆荀子所未见，其为后人之伪，尚何疑哉？《汉志》神农黄帝以来伪书之多，半由托古著说，而作者名佚，后人以其多述某人，即谓某人撰著；半由托古为说，尚不如托名古人著作之尤为古而真切，可以益坚世人之信，在托古学上诚为进步之法也。

附录二——古代经济学中之本农末商学说

吾国虽自古号称以农业立国，而于工商则三代未尝卑弃。抑弃工商，提倡耕农，盖在荀卿之时。制为本农末工商之口号，则当在战国之末，而盛行于西汉之初。战国之末，最斥綦组刻画末技游食之民，偏于工；西汉之初，最斥富商大贾，则渐偏于商矣。（此比较轻重言，非谓战国之末不非商，汉初不非工也。）

《虞书》曰："懋迁有无化居。"《周书》曰："农不出则乏其食，工不出则乏其事，商不出则三宝绝，虞不出则财匮少。……比四者，民所衣食之源也。"（《史记·货殖列传》引）由此知唐虞以至三代，无抑商之事。

至春秋，卫文中兴，史记其政曰："务材，训农，通商，惠工，敬教，劝学，授方，任能。"（《左传》闵二年）晋文修霸，始入国而"轻关，易道，通商，宽农，懋穑，劝分，省用，足财，利器，明德，以厚民性"。（性读为生）且使"工商食官"以倡之。（《晋语》四）周内史过之言曰："庶人工商，各守其业。"（《国语·周语》上）随会之论楚曰："商农工贾，不败其业。"（《左传》宣十二年）则春秋时对于工商亦甚重视。《论语》载子贡货殖，孔子责以"赐不受命"。但孔子之意，不在排抵商业，而在提倡道术，恶其不专力道术而货殖分勤也。故樊迟请学稼，孔子亦斥之曰："小人哉樊须也。"不能谓其弃农也。

战国中世以前，孟子言王政，亦曰："商旅皆欲出于王之涂"，无贱商之论。不惟孟子，《墨子》《国策》，举无贱商之论也。《庄子·德充符》曰："不货，恶用商？"言不用货物，何须通商？非以商业为贱也。惟商鞅相秦孝公，僻在西陲，首为富国强兵之策，重农战，抑商贾。但《史记·商君列传》言："僇力本业耕织致粟帛多者，复其身；事末作及怠而贫者，举以为收孥。"其政则确为商君之政，"本""末"二字则史公追叙之言，非商鞅已谓农为本，谓商为末也。史公所引古书，多易以今字，此篇即为引《秦记》，或其他记载商鞅行政之文，曰本曰末，亦当为史公所改。《货殖列传》引计然曰："粜二十病农，九十病末。"计然之时，绝无卑商之说，当然不能名商曰末，"病末"之末，为史公以今文改易无疑。以彼例此，《商君传》"本""末"二字，亦应出之史公也。

至荀子始曰："轻田野之税，平关市之征，省商贾之数，罕兴力役，无夺农时，如是则国富矣。"又曰："士大夫众则国贫，工商众则国贫。"（并《富国篇》）又曰："省工贾，众农夫，禁盗贼，除奸邪，是所以生养之也。"（《君道篇》）则有重农抑工商之说矣。盖此与社会状况，国家政策，有密切之关系。战国自中世以下，侯国并峙，战祸相寻，杀人盈城，死人盈野，因之社会秩序，极感不安。农之为业，利于平定，不利于变乱，因之农失作业，而衣食乏绝。商之为事，则社会愈有变动，愈可居奇操纵，以得厚利。此战国中世以下，重农抑工商之源于社会状况者也。战国久战之后，各国有人寡之患，争思所以徕民。农有地著，安土重迁；商恃行贾，迁徙靡定。此战国中世以下，重农抑工商之源于国家政策者也。但荀子虽有重农抑商之趋势，尚无本农末商之口号。《君道篇》曰："知务本禁末之为多材也。"《天论篇》曰："强本而节用，则天不能贫。"《成相篇》曰："务本节用财无极。"《君道》《成相》之言,杨倞无注。《天论篇》杨倞注曰:"本谓农桑。"按《说文·朩部》:"朩,木下曰本,从木从丁。朩,木上曰末,从木从丄。"此其本义也。引申之,凡事理之初源皆曰本,其究竟皆曰末;而凡标榜之则尊之为本,抑制之则斥之为末;随人而异,因用为殊,亦綦繁矣。《论语》:"孝悌也者,其为人之本与?"《礼记·大学》则曰:"德者本也,财者末也。"即以荀子之言,所指亦不可以一端概也。《臣道篇》曰:"道之与法也者,国家之本作也。"《议兵篇》则曰:"礼者,治辨之极也,强国之本也。"此明有所指而绝不同者也。至未明所指者,《议兵篇》曰:"今汝不求之于本,而索之于末。"《哀公篇》曰:"行中规绳,而不伤于本。"若此者甚多。《君道》《天论》《成相》所谓本末,未明所指,确定为何,极为困难。杨氏言:"本谓农桑",以后世之说,强加附会,非笃论也。《天论篇》以"强本而节用,则天不能贫";与"养备而动时,则天不能病;修道而不二,则天不能祸"并举。且从反面为言曰:"本荒而用侈,则天不能使之富;养略而动罕,则天不能使之全;倍道而妄行,则天不能使之吉。"曰"养备",曰"修道",曰"节用",曰"动时",曰"不二",皆就全体泛论,非专指一事。则所谓"本",不容独指一实物之农桑,而必为指一切富厚之本源。《成相篇》:"务本节用财无极"之上,有"臣下贱,莫游食"二句,则"本"字指守职而不游食。《君道篇》:"务本禁末",难定所指,然亦无法谓其确指农商也。

下逮韩非著书,始有以农为本、以工商为末之明简口号。《诡使篇》曰:"仓廪之所以实者,耕农之本务也,而綦组锦绣刻画为末作者富。"《五蠹篇》曰:"夫明王治国之政,使其商工游食之民少,而名卑以寡,趣本务而趋末作。"(王先慎《集解》:"《拾补》趋作外。卢文弨云:'趋旧作人改。'先慎按,张榜本作减,较旧义为近。")所以谓工商游食之民为末者,冀"名卑以寡"也;则所以谓耕农为本者，冀"名尊以多"也。自韩非始讲明本农末工商之作用，则前者之无此说明矣。《八说篇》曰："不能具美食而劝饿人饭，不能为活饿者也；不能辟草生粟而劝贷施赏赐，不能为富民者也。今学者之言也，不务本作而好末事，知道虚圣以说民，此劝饭之说。"韩非既明谓耕农为本务，綦组锦绣刻画商工游食之民为末作，则此所谓"本作"，必指耕农，"末事"必指工商。而曰："今之学者之言也，不知务本作而好末事。"则直至韩非之时，尚有著论以提倡工商者；而重农抑工商之说，不甚炽也。至《吕氏春秋·孝行览》曰："凡为天下治国家，必务本而后末。所谓本者，非耕耘种植之谓务其人也（人疑为本之残文）。……务本莫贵于孝。"谓："所谓本者，非耕耘种植之谓务其本也"，足证于时已有以"耕耘种植"为本者，而此所谓本，则不指此也。然吕氏又有《上农》之篇，专论重农抑末之理。其言曰："古先圣王之所以导其民者，先务于农。民农非徒为地利也，贵其志也。民农则朴，朴则易用。易用则边境安，主位尊。民农则重，重则少私义，少私义则公法立，力专一。民农则其产复，其产复则重徙，重徙则死其处，而无二虑。……民舍本而事末，则其产约，其产约则轻迁徙，轻迁徙则国家有患，皆有远志，无有居心。民舍本而事末则好智，好智则多诈，多诈则巧法令，以是为非，以非为是。后稷曰：'所以务耕织者，以为本教也。'"（后稷无书，盖后世为耕农之说者所依托也。）其言本末，似指农与工商，而战国末所以重农抑工商者，亦可以知矣。

韩吕已至战国之末，始倡本农末工商之说，然尚未能披靡一世；（韩子谓今之学者为言，不知务本作而好末事，是其证。）其披靡一世，在西汉初年。西汉初年，此说之披靡一世，约分两期，而原因亦遂不一。自高祖以至文景，承战国楚汉久战之后，农民流亡，商贾过盛，故上自君相，下至撰言立论之士，举谋所以提倡农业，压抑商贾。《史记·平准书》："汉兴，接秦之弊，丈夫从军旅，老弱转粮饷，作业剧而财匮，自天子不能具钧驷，而将相或乘牛车，齐民无藏盖。……而不轨逐利之民，蓄积余业，以稽市物，物踊腾粜，米至石万钱，马一匹则百金。天下已平，高祖乃令贾人不得衣丝乘车，重租税，以困辱之。孝惠高后时，为天下初定，复弛商贾之律，然市井之子孙，亦不得仕宦为吏。"《文帝纪》："二年、上曰：'农、天下之本。'""十三年、上曰：'农、天下之本，务莫大焉。今勤身从事，而有租税之赋，是为本末者无以异，其于劝农之道未备，其除田之租税。'"《汉书·食货志》上："文帝即位，躬修俭节，思安百姓。时民近战国，皆背本趋末。贾谊说上曰：'……今背本而趋末，食者甚众，是天下之大残也；淫侈之俗，日日以长，是天下之大贼也。残贼公行，莫之或止；大命将泛，莫之振救；生之者甚少，而靡之者甚多，天下财产，何得不蹶？……今殴民而归之农，皆著于本，使天下各食其力，末技游食之民，转而缘南亩，则蓄积足而人乐其所矣。可以为富安天下。'……晁错复说上曰：'……今海内为一，土地人民之众，不避汤禹；加以亡天灾数年之水旱，而蓄积未及者，何也？地有遗利，民有余力，生谷之土未尽垦，山泽之利未尽出也，游食之民未尽归农也。……今农夫五口之家，其服役者不下二人，其能耕者不过百亩，百亩之收不过百石，春耕，夏耘，秋获，冬藏，伐薪樵，治官府，给繇役。……勤苦如此，尚复被水旱之灾，急政暴虐，赋敛不时，朝令而暮改，当具有者半贾而卖，亡者取倍称之息。于是有卖田宅，鬻子孙，以偿责者矣。而商贾大者积贮倍息，小者坐列贩卖，操其奇赢，日游都市，乘上之急，所卖必倍。故其男不耕耘，女不蚕织，衣必文采，食必粱肉，亡农夫之苦，有仟佰之得。因其富厚，交通王侯，力过吏势，以利相倾，千里游敖，冠盖相望，乘坚策肥，履丝曳缟。此商人所以兼并农人，农人所以流亡者也。'"统观诸书所言，知汉初高惠文景之世，所以朝野上下，异口同声，以倡农压抑商贾者，以久战之余，民弃本趋末，商贾兼并农人，而社会国家已呈不安之象也。

至武帝好大喜功，四出征讨，财匮不足，用桑弘羊孔仅之徒，兴盐铁平准之策，与民争利，朝廷之上，恶商贾累货积财，不佐国家之急；文学之士，卑县官以天下贸易，骚扰民间，于是殊涂同归，皆为抑卑商贾之论。《平准书》言武帝之时："县官大空，而富商大贾，或蹛财役贫，转毂百数，废居居邑，封君皆低首仰给，冶铸煮盐，财或累万金而不佐国家之急，黎民重困。于是天子与公卿议，更钱造币以赡用，而摧浮淫并兼之徒。"又曰："商贾以币之变多，积货逐利，于是公卿言：'……商贾滋众，贫者蓄积无有，皆仰县官。异时算轺车，贾人缗钱皆有差，请算如故。诸贾人末作贳贷，买居邑，稽诸物及商以取利者，虽无市籍，各以其物自占，率缗钱二千而一算；诸作有租及铸，率缗钱四千一算，非吏比者，三老北边骑士，轺车以一算；商贾人轺车二算；船五丈以上一算。匿不自占，占不悉，戍边一岁，没入缗钱，有能告者，以其半畀之。贾人有市籍者，及其家属，皆无得籍名田以便农。敢犯令，没入田僮。'"又曰："置平准于京师，都受天下委输，召工官治车诸器，皆仰给大农。大农之诸官，尽笼天下之货物，贵即卖之，贱则买之。如此富商大贾，无所牟大利则反本，而万物不得腾踊。"此朝廷之上，所以压抑商贾之故压抑商贾之策也。

《盐铁论·本议篇》文学曰："窃闻治人之道，防淫佚之原，广道德之端，抑末利而开仁义，毋示以利，然后教化可兴，而风俗可移也。今郡国有盐铁酒榷均输，与民争利，散敦厚之朴，成贪鄙之化，是以百姓就本者寡，趋末者众。夫文繁则质衰，末盛则本亏；末修则民淫，本修则民悫；民悫则财用足，民侈则饥寒生。愿罢盐铁酒榷均输，所以进本退末广利，农业便也。"又曰："夫导民以德，则民归厚；示民以利，则民俗薄。俗薄则背义而趋利，趋利则百姓交于道，而接于市。老子曰：'贫国若有余'，非多财也，嗜欲众而民躁也。是以王者崇本退末，以礼义防民欲，实菽粟货财，市商不通无用之物，工不作无用之器，故商所以通郁滞，工所以备器械，非治国之本务也。"又曰："国有沃野之饶，而民不足于食者，工商盛而本业荒也；有山海之货，而民不足于财者，不务民用而淫巧众也。……舜藏黄金，高帝禁商贾不得仕宦，所以遏贪鄙之俗，而醇至诚之风也。排困市井，防塞利门，而民犹为非也，况上之为利乎？"《力耕篇》文学曰："草莱不辟，田畴不治，虽擅山海之财，通百味之利，犹不能赡也。是以古者尚力务本而种树繁，躬耕趣时而衣食足，虽累凶年，而人不病也。故衣食者，民之本；稼穑者，民之务也。"若此者甚多，不必枚举。此在野持论之士，所以卑抑商贾之故也。

高惠文景时，以商贾之兼并农人，而致国家社会有不安之象；武昭时，更益以上恶商贾之不佐国家之急，士庶卑朝廷之以天下为商而示民以利，由是重农卑商之思，深入于一世人人之心，而尊农为本，抑商为末之标语口号，腾播炫耀，如云兴潮涌，而不可遏止；而本末二字，遂若农商之专用代名词者。即当时少数在朝主张盐铁酒榷之聚敛之臣，其对商贾固不十分反对（此辈半由贾竖出身，且躬当盐铁酒榷之吏，自然不便訾商贾），然亦称农曰本，名商为末。《盐铁论》一书，专记昭帝时御史大夫与贤良文学辩论盐铁酒榷均输事，御史大夫当时主张盐铁酒榷者也。《本议篇》记大夫之言曰："古之立国家者，开本末之途，通有无之用，市朝以一其求，致士民，聚万货，农商工师，各得所欲，交易而退。《易》曰：'通其变，使民不倦。'故工不出则农用乖，商不出则宝货绝，农用乏则谷不殖，宝货绝则财用匮。故盐铁均输，所以通委财，而调缓急，罢之不便也。"《力耕篇》曰："故善为国者，天下之下我高，天下之轻我重，以末易其本，以虚荡其实。今山泽之财，均输之藏，所以御轻重而役诸侯也。"又曰："富国何必用本农？足民何必井田也？"《通有篇》曰："农商交易，以利本末。"《复古篇》曰："今意总一盐铁，非独为利入也，将以建本抑末。"《刺权篇》曰："失之于本，而末不可救。"《相刺篇》曰："非商工不得食于利末。"《水旱篇》曰："本末异径，一家数事，而治生之道乃备。今县官铸农器，使民务本，不营于末，则无饥寒之累。"《轻重篇》记御史之言曰："昔太公封于营丘，辟草莱而居焉，地薄人少，于是通利末之道。"又曰："总一盐铁，通山川之利，而万物殖，是以县官用饶足，民不困乏，本末并利，上下俱足，此筹计之所致，非独耕桑农业也。"他尚众，不备引。身为国家之贾官，出为庇商之言论，而亦字商为末，名农为本，其他更不必言矣。故汉初之书，率以本末代农商，例不胜举，姑仍就《史记》《盐铁论》两书述之。《史记·秦始皇本纪》："上农除末。"《平准书》："先本绌末。"《货殖传》："其民益巧诈而事末也。"又："本富为上，末富次之，奸富最下。"又："夫用贫求富，农不如工，工不如商，刺绣文，不如倚市门，此言末业，贫者之资也。"又："以末致财，用本守之。"《太史公自序》："维币之行，以通农商，其极则玩巧，并兼兹殖，争于机利，去本趋末。"（见前者不再列）《盐铁论·力耕篇》曰："理民之道，在于节用尚本分土井田而已。"《通有篇》曰："民淫好末，侈靡而不务本。"又曰："宋卫韩梁好本稼穑。"又曰："溢利禁则反本。"又曰："男子去本尚末。"《轻重篇》曰："今天下合为一家，利末恶欲行？"又曰："利末之事析秋毫。"又曰："非力本农，无以富邦也。"《地广篇》曰："先救近务，及时本业也。"又曰："当今之务，在于禁苛暴，止擅赋，力本农。"《利议篇》曰："执事暗于明礼，而喻于利末。"《国病篇》曰："民朴而归本。"又曰："用约而财饶，本修而民富。"《水旱篇》曰："趣本业，养桑麻，尽地力也。"又曰："王者务本，不作末，去炫耀，除雕琢，湛民以礼，示民以朴，是以百姓务本，而不营于末。"（见前者不再列）然则西汉初年本农末商之空气，可以想矣。

自后时过境迁，无汉初商贾之盛，商贾之祸，而此说已形成中国人传统之思想，牢固而不可拔。故直至清末睹欧西之以工商富国强兵，而思所以变法兴实业之前，士夫学子，贱弃商贾，卑夷不一道；偶或道之，必被恶名于天下后世。而本农末商之词，遂至于今用之，其影响于国民经济，国民思想，讵可称量？固不颟顸焉有关于古代之经济史也。

附录三——古代政治学中之"皇""帝""王""霸"

旧说皇最古，帝次之，霸最后。夷考其实，则大谬不然。以皇为君，产于战国中世；三皇二皇之说，始自战国末至秦统一之时，以政治言皇，更在西汉之初。帝之名容或甚早，而铸成政治学之名词，则在战国之末。王始于周，霸始于春秋，而王政霸政之说，则在战国中世。故考四者之政治异同，须自王霸起。

王虽甚古，而必待霸之产生，始因对待而生出不同之政论。霸之始义，《说文》谓："月始生魄然也，承大月二日，小月三日，从月，霏声。"殷周时霸字皆作此解，无王霸之义也。

《史敖彝》："既生霸。"《口敦》："既生霸。"《史懋壶》："既死霸。"《封敦》："既生霸。"《允簋》："既生霸。"《守敦》："既死霸。"《受尊》："既生霸。"《伯裕父鼎》："既生霸。"《师遽敦》："既生霸。"《大鼎》："既霸。"《师奎父鼎》："既生霸。"《杨敦》："既生霸。"《大敦盖》："既生霸。"《兮田盘》："既死霸。"《颂壶》："既死霸。"《颂鼎》："既死霸。"《卯敦盖》："既生霸。"《颂敦》："既死霸。"《智鼎》："既生霸。"《竞卣》："既生霸。"《弭叔簋》："既生霸。"《周书》："哉生霸。"（《说文》霸下引）《武成》："旁死霸。"（《汉书·律历志》引，与《周书》今皆作魄。）他证尚多，不必悉举。要之皆生霸死霸之霸，无王霸之霸也。

王霸之霸，时亦作伯。但伯义《说文》训长，在周为制度名词，为侯伯之伯，无后世王霸之义也。后世王霸之霸，盖因伯长之义，遂谓势能为诸侯之长者为伯；而又恐与侯伯字溷，故时借霸字为之。（《正韵》已主此说）

《诗》《书》《易》《礼》（《仪礼》）无王霸，人举知之信之，今无论矣。《春秋》并霸字而无之，即训霸之伯，亦无有也。

隐元年："伯姬归于纪。"七年："冬、天王使凡伯来聘；戎伐凡伯于楚丘以归。"八年："郑伯使宛来归祊。"桓三年："天王使宰渠伯纠来聘。"庄二十五年："伯姬归于杞。"二十七年："公会伯姬于洮。"凡此伯字，皆不与霸字同训，他更无伯字。

至《论语·宪问》第十四始曰："管仲相桓公，霸诸侯，一匡天下。"其为霸之昉乎？自后《左传》遂屡见霸字，而伯亦有训霸者矣。

庄十五年："齐始霸也。"（桓公）闵元年："间携贰，覆昏乱，霸王之器也。"僖十五年："秦可以霸。"十九年："将以求霸。"二十二年："是以知其不遂霸也。"二十七年："取威定霸。"又："一战而霸。"文三年："遂霸西戎。"宣十二年："晋所以霸。"又："由我失霸。"成二年："四王之王也，树德而济同欲焉；五伯之霸也，勤而抚之，以役王命。"八年："士之二三，犹丧妃耦，而况霸主？霸主将德是以。"十八年："所以复霸也。"又："成霸安疆。"昭三年："昔文襄之霸也。"四年："霸之济否，在此会也。"十年："桓公是以霸。"哀七年："疆言霸说于曹伯。"十二年："或者难以霸乎。"

又僖十九年："诸侯无伯。"成十六年："君唯不遗德刑以伯诸侯。"襄二十七年："宜晋之伯也。"昭元年："王伯之令也。"九年："文之伯也，岂能改物？"十六年："诸侯之无伯，害哉。"又："无伯也夫。"十九年："晋之伯也。"哀元年："以是求伯，必不行矣。"诸伯字均与霸义无殊。

《墨子·亲士》亦言："桓公去国而霸诸侯。"《所染》言："故霸诸侯。"《辞过》言："故霸王之业，可行于天下。"但诸书所谓霸，乃就形势言，非就政治言，言势为诸侯之长而成霸者，非言行如何之政而为霸政。故霸为制度名词，非政治名词也。唯《左传》成二年："四王之王也，树德而济同欲焉；五伯之霸也，勤而抚之，以役王命。"似谓王者以德，霸者以勤。然成十六年又曰："君唯不遗德刑，以伯诸侯。"则邃古以至战国初年，无以政治分别王霸者。

及战国中叶，经五霸之后，当七雄之秋，争城争地，日无暇晷，功利思想，侵略主义，深入一世之人心。（如梁惠王一见孟子而问何以利吾国，齐宣王一见孟子而问齐桓晋文之事。）儒家孟子思以仁易天下之利，标出王霸二字，以为代替仁利而资以宣传之口号。故一再诠释二者之别，谓："以力假仁者霸，霸必有大国；以德行仁者王，王不待大。"（《公孙丑篇》）"霸者之民，欢虞如也；王者之民，皞皞如也。"(《尽心篇》)力言"仲尼之徒,无道桓文之事者。"(《梁惠王篇》)谓管仲:"功烈如彼其卑。"(《公孙丑篇》)而极力提倡王政。

《孟子》全书,几全为昌明王政之言,例不胜举,略举一二。《梁惠王篇》:"齐宣王问曰:'人皆谓我毁明堂,毁诸已乎?'孟子对曰:'夫明堂者,王者之堂也,王欲行王政,则勿毁之矣。'"《滕文公篇》:"万章问曰:'宋,小国也,今将行王政,齐楚恶而伐之,则如之何?'孟子曰:'……不行王政云尔。苟行王政,四海之内,皆举首而望之,欲以为君,齐楚虽大,何畏焉?'"

王霸之分,就形势言,王者兼有天下,霸者仅为诸侯之长;就政治言,则王植基于仁,霸植基于力。孟子以前,春秋之世,犹尊王室,不轻言王。晋侯请隧,楚子问鼎,且见讥于世。(俱见《左传》)而霸亦遂不为世人所厚非。孔子虽谓:"管仲之器小哉。"然又言:"桓公九合诸侯,不以兵车,管仲之力也,如其仁!如其仁!""微管仲,吾其被发左衽矣!"其推之至矣。故《春秋》叹:"下无方伯",而于霸者内之,大之,且为之讳也。

《公羊传》:"上无天子,下无方伯"之言,一见庄四年,两见僖元年,两见僖二年,两见僖十四年,一见宣十一年。

《公羊传》哀十三年:"公会晋侯及吴子于黄池。吴何以称子?吴主会也。吴主会,则曷为先言晋侯?不与夷狄之主中国也。其言及吴子何?会两伯之辞也。不与夷狄之主中国,则曷为以会两伯之辞言之?重吴也。"《穀梁传》庄二十七年:

"公会齐侯宋公陈侯郑伯同盟于幽。同者，有同也，同尊周也，于是而后授之诸侯也。其授之诸侯何也？齐侯得众也。桓会不致，安之也。桓盟不日，信之也。信其信，仁其仁，衣裳之会十有一，未尝有歃血之盟也，信厚也；兵车之会四，未尝有大战也，爱民也。"三十年："齐人伐山戎。齐人者，齐侯也。其曰人何也？爱齐侯乎山戎也。"三十一年："齐侯来献捷者，内齐侯也。"三十二年："宋公齐侯遇于梁丘……大齐桓也。"闵元年："齐人救邢，善救邢也。"僖元年："齐师宋师曹师城邢……美齐侯之功也。"四年："侵蔡而蔡溃，以桓公为知所侵也，不土其地，不分其民，明正也。"又："来者何？内桓师也。"

《公羊传》僖元年狄灭邢："曷为不言狄灭之？为桓公讳也。"二年狄灭卫："曷为不言狄灭之？为桓公讳也。"十年："晋之不言出入者，踊为文公讳也。"十四年徐莒胁杞："曷为不言徐莒胁之？为桓公讳也。"十七年齐灭项："曷为不言齐灭之？为桓公讳也。"二十一年："恶乎捷？捷乎宋。曷为不言捷乎宋？为襄公讳也。"《穀梁传》僖元年："夫人氏之丧至自齐。……或曰：'为齐桓讳杀同姓也。'"十六年："灭项。孰灭之？桓公也。何以不言桓公也？为贤者讳也。"

其他《左传》《墨子》言及霸者，亦无贬词也。

例详前

孟子之后，荀子著《王霸》之篇，专释王霸之义。谓："用国者义立而王，信立而霸。"复自加申明曰："挈国以呼礼义而无以害之，行一不义，杀一无罪，而得天下，仁者不为也，擽然扶持心国，且若是其固也。之所与为之者之人，则举义士也；之所以为布陈于国家刑法者，则举义法也。主之所极然，帅群臣而首乡之者，则举义志也。如是，则下仰上以义矣，是綦定也。綦定而国定，国定而天下定。……今亦以天下之显诸侯，诚义乎志意，加义乎法则度量，箸之以政事，案申重之以贵贱杀生，使袭然终始犹一也。如是，则夫名声之部发于天地之间也，岂不如日月雷霆然矣哉？故曰，以国齐义，一日而白，汤武是也。汤以亳，武王以鄗，皆百里之地也。天下为一，诸侯为臣，通达之属，莫不从服，无它故焉，以济义矣。是所谓义立而王也。德虽未至也，义虽未济也，然而天下之理略奏矣，刑赏已诺信乎天下矣，臣下晓然皆知其可要也。政令已陈，虽睹利败，不欺其民；约结已定，虽睹利败，不欺其与。如是，则兵劲城固，敌国畏之，国一綦明，与国信之，虽在僻陋之国，威动天下，五伯是也。非本政教也，非致隆高也。非綦文理也。非服人之心也。乡方略，审劳佚，谨畜积，修战备，龁然上下相信，而天下莫之敢当。故齐桓、晋文、楚庄、吴阖闾、越勾践，是皆僻陋之国也，威动天下，强殆中国，无它故焉，略信也。是所谓信立而霸也。"

篇中又曰："与积礼义之君子为之则王，与端诚信全之士为之则霸，与权谋倾覆之人为之则亡。"又曰："国者巨用之则大，小用之则小，綦大而王，綦小而亡，小巨分流者存。巨用之者先义而后利，安不恤亲疏，不恤贵贱，唯诚能之求。夫是之谓巨用之。小用之者，先利而后义，安不恤是非，不治曲直，唯便僻亲比己者之用。夫是之谓小用之。巨用之者若彼，小用之者若此，小巨分流者，一若彼一若此也。故曰，粹而王，驳而霸，无一焉而亡，此之谓也。"虽移于用人，仍王义霸信之义也。

他篇亦迭言王霸。《仲尼篇》曰："仲尼之门人，五尺之竖子，言羞称乎五伯，是何也？曰，然，彼非本政教也（王引之谓本应作平），非致隆高也，非綦文理也，非服人之心也；乡方略，审劳佚，畜积修斗，而能颠倒其敌者也，诈心以胜矣。彼以让饰争，依乎仁而蹈利者也，小人之杰也，彼固曷足称乎大君子之门哉？彼王者则不然：致贤而能以救不肖，致强而能以宽弱，战必能殆之，而羞与之斗，委然成文以示之天下，而暴国安自化矣。有灾缪者，然后诛之。故圣王之诛也綦省矣。"《王制篇》曰："辟田野，实仓廪，便备用，案谨募选阅材技之士。然后渐庆赏以先之，严刑赏以纠之，存亡继绝，卫弱禁暴，而无兼并之心，则诸侯亲之矣。修友敌之道以敬接诸侯，则诸侯说之矣。所以亲之者，以不并也；并之见，则诸侯疏之矣。所以说之者，以友敌也；臣之见，则诸侯离矣。故明其不并之行，信其友敌之道，天下无王霸主，则常胜矣。是知霸道者也。……彼王者不然：仁眇天下，义眇天下，威眇天下。仁眇天下，故天下莫不亲也；义眇天下，故天下莫不贵也；威眇天下，故天下莫敢敌也。以不敌之威，辅服人之道，故不战而胜，不攻而得，甲兵不劳而天下服。是知王道者也。"《强国》《天论》《大略》三篇并曰："人君者论礼尊贤而王，重法爱民而霸。"《强国篇》《赋篇》并曰："粹而王，驳而霸。"（《赋篇》作伯）他尚多，然大义无殊焉。

《王制篇》几于全言王霸，《议兵篇》亦以兵分王霸，他篇亦屡言之，兹不备列。

荀子虽谓："信立而霸"，然又谓五霸："以让饰争，依乎仁而蹈利者也。"则与孟子以霸为功利思想，侵略主义，无大差异。惟孟子是王非霸，而荀子则大王小霸。屡言："上可以王，下可以霸。"（一见《王霸篇》，两见《君道篇》。）又于《儒效篇》曰："用大儒，则百里之地久，而后三年天下为一，诸侯为臣，用万乘之国，则举错而定，一朝而伯。"于《议兵篇》曰："齐桓晋文楚庄吴阖闾越勾践，是皆和齐之兵也，可谓入其域矣，然而未有本统也，故可以霸，而不可以王。"自后言王霸者，多祖荀卿之说者也。

韩非出荀卿之门，为法家之雄，于霸更不卑视。其书虽有时分言王或霸，谓："明主之国，无书简之文，以法为教；无先王之语，以吏为师；无私剑之捍，以斩首为勇。是境内之民，其言谈者必轨于法，动作者归之于功，为勇者尽之于军。是故无事则国富，有事则兵强。此之谓王资。既畜王资，而承敌国之釁，超五帝，侔三王者，必此法也。"（《五蠹》）又谓："法者，王之者也。"（《心度》。顾广圻曰："藏本今本作本。"）又谓："能越力于地者富（顾广圻曰：越当作趋，下句能起力句，起亦当作趋），能起力于敌者强，强不塞者王。故王道在所闻（顾广圻曰：藏本同，今本闻作开。按当作闭，下文云，能闭外塞私），在所塞，塞其奸者必王。故王术不恃外之不乱也，恃其不可乱也。……好力者其爵贵，爵贵则上尊，上尊则必王。……能闭外塞私，而上自恃者，王可致也。"（《心度》）又谓："越王之霸也不病宦，武王之王也不病昬。"（《喻老》）又谓："是桓公不霸，成汤不王也。"（《难一》）然最喜霸王混言，谓："官治则国富，国富则兵强，而霸王之业成矣。霸王者，人主之大利也。"（《六反》）又曰："此谓君不仁，臣不忠，则可以霸王矣。"（可上原有不字，顾广圻曰："不字当衍，《外储说右篇》云：'君通于不仁，臣通于不忠，则可以王矣。'此其证也。"）他以霸王二字为一词以论者尚多。

《初见秦》："霸王之名不成。……然则是一举而霸王之名可成也。……此固以失霸王之道，一矣。……然则是一举而霸王之名可成也。……此固以失霸王之道，二矣。……霸王之名不成，此固以失霸王之道，三矣。……霸王之名可成。……弃霸王之业。……以成霸王之名。……霸王之名不成。"《和氏》："此世所以乱无霸王也。"《奸劫弑臣》："可以致霸王之功。……明于霸王之术。"《喻老》："霸王其可也。"
《定法》："七十年而不至于霸王者。"《说疑》："此霸王
之佐也。"《显学》："儒者饰辞曰，听吾言则可以霸王。"

盖韩非言政，贱仁义，重法尚力，以孟荀视之，固皆所谓霸也。故其视王霸，不过兼有天下与否之殊耳，其施设之政治则一。故其言王，言霸，言霸王，以政治论之，含义同也。

《墨子·辞通》曰："故霸王之业，可行于天下。"《孟子·公孙丑篇》公孙丑问孟子加齐之卿相："虽由此霸王不异矣。"《荀子·君道篇》曰："既知且仁，是入主之宝也，而霸王之佐也。"虽亦霸王连举，但观三家书，王霸分析甚明，则此亦谓霸及王耳，非混霸王为一也。

《吕氏春秋》言王霸之政，与韩子无大差异。《简选》曰："简选精良兵械铦利，令能将将之，古者有以王者，有以霸者矣，汤武齐桓晋文吴阖庐是矣。"《爱类》曰："匡章曰：'齐王之所以用兵而不休，攻击人而不止者，其故何也？'惠子曰：'大者可以王，其次可以霸也。'"《去私》曰："诛暴而不私，以封天下之贤者，故可以为王伯。若使王伯之君，诛暴而私之，则亦不可以为王伯矣。"《不侵》曰："说义听行，其能致主霸王。"《赞能》曰："沈尹茎（毕沅校作筮）谓孙叔敖曰：'说义以听方术信行，能令人主上至于王，下至于霸，我不若子也。'"《贵当》曰："霸王有不先耕而成霸王者，古今无有。"足以证其言政混王霸为一，而实皆孟荀所谓霸也。

《下贤》："士骜禄爵者固轻其主，其主骜霸王者亦轻其士，纵夫子骜禄爵，吾庸敢骜霸王乎？"《勿躬》："君欲

霸王，则夷吾在此。"（案管夷吾，实虽为霸，而霸之名称则后人所加，故此必非管夷吾言，后世依托耳。他引春秋初叶之言霸，皆然。）《知度》："霸王者托于贤，伊尹吕尚管夷吾百里奚，此霸王者之船骥也。故小臣吕尚听，而天下知殷周之王也；管夷吾百里奚听，而天下知齐秦之霸也。……夫成王霸者，固有人。"《赞能》："鲍叔曰：'吾君欲霸王，则管夷吾在彼。'"虽不言政治，亦足为混合王霸之证。

即其专言王者，其意亦与此无大别。《慎势》曰："王也者势也，王也者势无敌也；势有敌，则王者废矣。"《壹行》曰："强大未必王也，而王必强大，王者之所借以成也何？借其威与其利。非强大，则其威不威，其利不利。其威不威，则不足以禁也；其利不利，则不足以劝也。"又曰："强大之国诚可知，则其王不难矣。"不过谓王者兼天下（势无敌，自非兼天下不可），其政固仍为威与利，孟荀所谓霸也。

　　《爱类》："王也者，非必坚甲利兵选卒练士也，非必堕人之城郭、杀人之士民也；上世之王者众矣，而事皆不同，其当世之急，忧民之利，除民之害同。"则当世固有专以坚甲利兵选卒练士，堕人之城郭，杀人之士民，以求王者。而吕子亦未言王者之政若何，故其王政之主张，宜以前所引明言显示者为准，而不能据此以斥彼也。惟《开春论》曰："王者厚其德，积众善而凤皇圣人皆来至矣。"则以王霸固恃威，亦用德，未与霸对举，亦未足为王霸异政之证。

春秋以至战国之初，霸字只谓势为诸侯之长。及孟子始用为政治名词，以王表仁，以霸表力。荀子继之，无大差异。惟孟则是王非霸，荀仅大王小霸。韩非吕子以法与势言霸王，而王霸之政无殊。后有作者，无以轶于四家之说矣。

王霸之上，益之以帝，其时盖在战国之末。《左传》僖二十五年卜偃曰："今之王，古之帝也。"足证古帝与王无别。韩愈言："帝之与王，其号虽殊，其事一也。"（《原道》）诠释甚当。《墨子·所染篇》曰："舜染于许由伯阳，禹染于皋陶伯益，汤染于伊尹仲虺，武王染于太公周公，此四王者所染当，故王天下，立为天子。"称舜为王，知于时尚未分别帝王。庄子作书，以《应帝王》名篇，亦谓皆有天下之号，未加区别。《荀子·王霸篇》曰："海内之人，莫不愿得以为帝王。"《赋篇》曰："下覆百姓，上饰帝王。"亦帝王并举。其言政谓："尧伐驩兜，舜伐有苗，禹伐共工，汤伐有夏，文王伐崇，武王伐纣，此四帝两王，皆以仁义之兵行于天下也。"诚哉："其号虽殊，其事一也。"《国策》记秦客卿造穰侯曰："汤武之贤，不遭时不得帝王。"（《秦策》三）范雎说秦王曰："文王果收功于吕尚，卒擅天下，而身立为帝王。"（同上）公孙弘谓孟尝君曰："秦王，帝王之主也。"（《齐策》四）赵武灵王曰："帝王不相袭。"（《赵策》二）田单曰："单闻帝王之兵，所用者不过三万，而天下服矣。"（《赵策》三）鲁仲连曰："曷为与人俱称帝王，卒就脯醢之地也？"（同上）亦皆帝王并举，未加分别也。《韩非子·和氏篇》："然则有道者之不僇也，特帝王之璞未献耳。"（璞况法术）《定法篇》："君无术则弊于上，臣无法则乱于下，此不可一无，皆帝王之具也。"又："商君虽十饰其法，人臣反用其资，故乘强秦之资，数十年而不至于帝王者，法不勤饰于官，主无术于上之患也。"《六反》："故明主之治国也，适其时事，以致财物，论其税赋，以均贫富；厚其爵禄，以尽贤能；重其刑罚，以禁奸邪。使民以力得富，以事致贵，以过受罪，以功致赏，而不念慈惠之赐，此帝王之政也。"亦帝王同政，毫无分别也。

《史记·封禅书》言："齐宣王之时，邹子之徒，论著终始五德之运，及秦帝，齐人奏之。"学者或谓为"言五帝之运行"。（顾实《汉书艺文志讲疏》即主此说）考《文选·魏都赋》注引《七略》曰："邹子有终始五德，从所不胜，土德后，木德继之，金德次之，火德次之，水德次之。"而《史记·秦始皇本纪》，《汉书·郊祀志》皆曰："周得火德。"《史记·封禅书》曰："殷得金德。"二代固皆称"王"，不称"帝"。《吕览·应同篇》谓："黄帝曰，土气胜……禹曰，木气胜……汤曰，金气胜……文王曰，火气胜。"说者谓为"邹子佚文"。（马国翰《玉函山房辑佚书》即主此说，余颇韪之。）而其总括全文之发端曰："凡帝王之将兴也。"则邹衍之言，实泛指君天下之"帝王"，而未分别"帝"与"王"也。《大戴礼》及《孔子家语》有《五帝德篇》，言孔子告宰予曰："五帝用记，三王用度。"似稍带政治色彩。但司马迁已谓："孔子所传《宰予问五帝德》及《帝系姓》，儒者或不传。"（《史记·五帝本纪》）司马贞亦谓："《五帝德》、《帝系姓》，皆《大戴礼》及《孔子家语篇》，以二者皆非正经，故汉时儒者以为非圣人之言，故多不传学也。"（《五帝本纪索隐》）今《家语》又非汉时之旧，乃晋王肃之伪，更不足据。《汲冢周书》言："德象天地曰帝，静民则法曰皇，仁义所在曰王。"（《谥法解》）然亦晚出赝书，其言固不能据以考古也。

至《吕氏春秋》虽亦有时帝王连举，

《贵生》："帝王之功，圣人之余事也。"《当染》："帝王亦然。"《不侵》："秦王，帝王之主也。"《应同》："凡帝王之将兴也，天必先见祥乎下民。"

然谓："五帝先道而后德，故德莫盛焉；三王先教而后杀，故事莫功焉；五伯先事而后兵，故兵莫强焉。"（《先己》）又谓："帝者同气，王者同义，霸者同力。"（《应同》）又谓："士所归，天下从之帝。帝也者，天下之适也；王也者，天下之往也。"（《下贤》）则帝王不一,而王政之上复有帝政矣。

尔后汉淮南著书,遂曰:"帝者体太一,王者法阴阳,霸者则四时,君者用六律。"谓:"体太一者,明于天地之情,通于道德之伦,聪明耀于日月,精神通于万物,动静调于阴阳,喜怒和于四时,德泽施于方外,名声传于后世。法阴阳者,德与天地参,明与日月并,精与鬼神总,戴圆履方,抱表怀绳,内能治身,外能得人,发号施令,天下莫不从风。则四时者,柔而不脆,刚而不鞼,宽而不肆,肃而不悖,优柔委从,以养群类,其德含愚而容不肖,无所私爱。用六律者,伐乱禁暴,进贤而退不肖,扶拨以为正,坏险以为平,矫枉以为直,明于禁舍开闭之道,乘时因势,以服役人心也。帝者体阴阳则侵,王者法四时则削,霸者节六律则辱,君者失准绳则废。故小而行大,则滔窕而不亲;大而行小,则狭隘而不容。贵贱不失其体,而天下治矣。"(并《本经训》)而帝王霸君之政,遂如划鸿沟,不得相逾也。

皇字古训美大,引申为光,为宏,为盛,假借为煌(煌、晚出字,实即皇之本义),为遑,多为形容字。其训为名词之君或王者,乃晚出义,盖在战国中世以后。

皇字诸训俱见《经籍籑诂·七阳》皇字下,不具引。元和汪衷甫著《释皇篇》(载北京大学《国学季刊》),谓三皇之说,出自上古;殊不可信。先师王静安先生《说文讲义》曰:"三皇五帝之称颇晚,乃战国时后起之义。皇祖、皇考之称,亦大义。铜器中皇字有作🈚,作🈚,作🈚者,其上出为光芒,与王之从火,同为大义。"友人永嘉刘子植作《洪范疏证》(载《东方杂志》第二十五卷第二号),更引吉金文字,证成王先生之说;且将《诗》《书》六艺诸古人误训君训王之皇字,逐次纠正。今考《论语》无皇字。《左传》皇字凡四十见。庄十九年:"葬于经皇",杜注:"经皇,冢前阙。"僖十五年："君履后土而戴皇天，皇天后土实闻君之言。"文二年："《鲁颂》曰：'……皇皇后帝，皇祖后稷。'"昭五年："昔我皇祖伯父昆吾。"定元年："薛之皇祖奚仲居薛。"哀二年："敢告皇祖文王。"上八皇字皆训大。文十一年："司徒皇父帅师御之，彤班御皇父充石。"成三年："皇戌如楚献捷。"四年："皇戌摄郑伯之辞。"五年："楚人执皇戌。"十六年："苗贲皇在晋侯之侧。"襄九年："使皇郑命校正出马。"十年；"郑皇耳率师侵卫。"十七年："宋皇国父为大宰。"二十六年："郑皇颉戍之。"又："若敖之乱，伯贲之子贲皇奔晋。"昭五年："……苗贲皇，皆诸侯之选也。"二十二年："皇奄……出奔楚。"定三年："史皇谓子常。"哀九年："宋皇瑗围郑师。"十二年："公及卫侯宋皇瑗盟。"十四年："告皇野。"十八年："宋皇瑗之子麋。"又："宋杀皇瑗，公闻其情，复皇氏之族，使皇缓为右师。"二十六年："皇缓为右师，皇非我为大司马，皇怀为司徒。"上二十四皇字皆人名。襄八年："不皇启处。"昭七年："社稷之不皇。"三十二年："不皇启处。"哀五年："不敢怠皇。"上四皇字并训暇，后世改作遑者也。昭十七年："获其舟馀皇。"杜注："馀皇、舟名。"昭二十二年："次于皇……鄩肸伐皇。"上二皇字并地名。《墨子》除《天志中》引《诗·皇矣》道之曰云云，不见皇字。《国策》《孟子》及《庄子·内篇》亦不见皇字。《荀子》皇字两见：一《君道篇》曰："方皇周浃于天下。"一《礼论篇》曰："方皇周浃。"固皆不得以君王训也。

《庄子·天运篇》曰："天下戴之，此为上皇。"屈原赋《离骚》曰："岂予身之惮殃兮，恐皇舆之败绩。"又曰："诏西皇使涉予。"《九歌·东皇太一》曰:"穆将愉兮上皇。"诸皇字率宜训以君王,而前此则未有闻也。《天运篇》非庄子自作,其时代颇有问题。(详拙撰《庄子篇章真伪考证》)故皇为王义之产生,当以屈原赋为据;即或稍前,亦无几时也。

至《吕氏春秋》遂有三皇之说。《贵公》曰:"天地大矣,生而弗子,成而弗有,万物皆被其泽,得其利,而莫知其所由始,此三皇五帝之德也。"《用众》曰:"夫取于众,此三皇五帝之所以大立功名也。"《孝行览》曰:"夫孝、三皇五帝之本务,而万事之纪也。"

顾屈原赋以皇称君王,《吕氏春秋》有古三皇,而未以政治言皇,未以政治分别皇帝王霸也。以政治言皇,以政治分别皇帝王霸,盖在西汉。《尚书中候》曰:"尧曰:'皇道,帝德,非朕所事。'"(汉人托于尧,非尧言。凡纬书引古人者,皆宜如此观。)又曰:"皇道,帝德,为内外优劣,散则通也。"《春秋纬·运斗枢》曰:"皇者天,天不言,四时行焉,百物生焉。三皇捶拱无为,设言而民不违,道德元泊,有似皇天,故称曰皇。皇者,中也,光也,宏也,含宏履中,开阴布纲,上合皇极,其施光明,指天画地,神化潜通,煌煌盛美,不可胜量。"《春秋纬·说题辞》曰:"孔子曰:'皇象元,逍遥术,无文字,德明谧。德合天者称帝,河洛受瑞。可放仁义合称王,符瑞应,天下归往。"(《公羊传》成八年《注》只引作孔子曰。马国翰以为《春秋纬·说题辞》文,而又以"德明谧"以上数语,兼收入《元命苞》,未知孰是;要之此为纬书语,则无疑。)《孝经纬·援神契》曰:"三皇无文,五帝画象,三王肉刑。"《孝经纬·钩命诀》曰:"三皇步,五帝趋;三王驰,五霸骛。"又曰:"孔子曰:'三皇设言民不违,五帝画象事顺机,三王肉刑揆渐加,应世黠巧诈伪多。'"此诸纬书,多出西汉,知西汉即有以政治分别皇帝王霸者矣。

至东汉,其分别更显切著明。《白虎通德论·号篇》曰:"皇者何谓也?亦号也。皇,君也,美也,大也,天之惣美大称也,时质故惣之也。号之为皇者，煌煌人莫违也。烦一夫，扰一士，以劳天下不为，皇也。不扰匹夫匹妇，故为皇。故黄金弃于山，珠玉捐于渊，岩居穴处，衣皮毛，饮泉液，吮露英，虚无廖廓，与天地通灵也。号言为帝者何？帝者，谛也，象可承也。王者，往也，天下所归往。……霸者，伯也，行方伯之职，会诸侯，朝天子，不失人臣之义。……霸犹迫也，把也，迫胁诸侯，把持其政。……"《风俗通义》有《皇霸篇》，专分别三皇，五帝，三王，五伯。其论皇全采《运斗枢》之言。论帝言："易、尚书《大传》，天立五帝以为相，四时施生，法度明察，春夏庆赏，秋冬刑罚。帝者，任德设刑以则象之，言其能行天道，举错审谛。"论王言："擅国之谓王，能制割之谓王，制杀生之威之谓王。王者，往也，为天下所归往也。"论霸言："伯者，长也，白也，言其咸建五长，功实明白。或曰：霸者，把也，驳也，言把持天子政令，纠率同盟也。"至此而皇帝王霸之政治上之区别，厘然较著，此后虽尚有论者，无有出其范围者矣，故略不述焉。